T0111007

Printed in the United States
By Bookmasters

بسم الله الرحمن الرحيم

المركز القانوني الدولي للشركات
متعددة الجنسية

# المركز القانوني الدولي للشركات متعددة الجنسية

**إعداد**

طلعت جياد لجي الحديدي

**الطبعة الأولى**

**2007م**

الحامد

جميع الحقوق محفوظة

المملكة الأردنية الهاشمية
رقم الإيداع لدى دائرة المكتبة الوطنية
( 2007/3/759 )

338.88

- الحديدي، طلعت
  - المركز القانوني للشركات متعددة الجنسيات / طلعت جياد لجي الحديدي.
عمان : دار الحامد ، 2007 .
( ) ص .
- ر. أ. : ( 840 / 3 / 2007 ) .
- الواصفات : /الشركات متعددة الجنسيات // القانون الاقتصادي الدولي//قانون الشركات// الشركات

❖ أعدت دائرة المكتبة الوطنية بيانات الفهرسة والتصنيف الأولية .

رقم الاجازة المتسلسل لدى دائرة المطبوعات والنشر 2007/3/779
* (ردمك) ISBN 978-9957-32-305-9

دار الحامد للنشر والتوزيع

شفا بدران - شارع العرب مقابل جامعة العلوم التطبيقية
هاتف: 5231081 -00962 فاكس : 5235594 -00962
ص.ب . (366) الرمز البريدي : (11941) عمان – الأردن

Site : www.daralhamed.net
E-mail : info@daralhamed.net
E-mail : daralhamed@yahoo.com
E-mail : dar_alhamed@hotmail.com

بسم الله الرحمن الرحيم

# (ورحمة ربك خير مما يجمعون)

صدق الله العظيم
(الزخرف: آية 32)

# الإهــداء

إلى أصحاب الضمائر الصاحية والأقلام المبراة بالحق
إلى الطليعة الشبابية المثقفة ذات الفكر النير
إلى كل من عرف الحق فعمل به فهانت عنده التضحيات

# المحتويات

| الموضوع | الصفحة |
|---|---|

**المقدمة** 13

**الفصل الأول**

**المفهوم القانوني للشركات متعددة الجنسية** 19

المبحث الأول: التعريف بالشركات متعددة الجنسية 21

المطلب الأول: تسمية الشركات متعددة الجنسية 21

المطلب الثاني: التعريف الاقتصادي والقانوني للشركات متعددة الجنسية 29

الفرع الاول: التعريف الاقتصادي للشركات متعددة الجنسية 30

الفرع الثاني: التعريف القانوني للشركات متعددة الجنسية 34

المطلب الثالث: تمييز الشركات متعددة الجنسية عما يشابهها من اوضاع 38

الفرع الاول: الشركات متعددة الجنسية والشركة الوطنية 38

الفرع الثاني: الشركات متعددة الجنسية والشركة الدولية العامة 39

الفرع الثالث: الشركات متعددة الجنسية والمؤسسات العامة الدولية 40

المبحث الثاني: الأساليب القانونية لتكوين الشركات متعددة الجنسية 41

المطلب الأول: الشكل القانوني للشركات متعددة الجنسية 41

المطلب الثاني: الشركة الوليدة بوصفها عاملا من عوامل تكوين الشركات متعددة الجنسية 46

أ- تكوين شركات وليدة على المستوى الدولي 47

ب- السيطرة على شركات قائمة على المستوى الدولي 51

المطلب الثالث: الاندماج الدولي للشركات متعددة الجنسية 52

**الفصل الثاني**

**التنظيم الدولي للشركات متعددة الجنسية** 61

المبحث الأول: التنظيم الدولي لبعض نشاط الشركات متعددة الجنسية 63

المطلب الاول: نقل التكنولوجيا ومحاولة تنظيمها دوليا 64

الفرع الاول: المقصود بالتكنولوجيا ونقلها 64

الفرع الثاني: الأدوات القانونية لنقل التكنولوجيا 67

الفرع الثالث: محاولة تنظيم نقل التكنولوجيا دولياً 70

أولاً: دوافع التنظيم الدولي 70

ثانياً: الجهود الدولية لتنظيم نقل التكنولوجيا 76

المطلب الثاني: العمل في الشركات متعددة الجنسية ومحاولة تنظيمه دولياً 80

الفرع الأول: دوافع التنظيم الدولي للعمل 82

الفرع الثاني: الجهود الدولية لتنظيم العمل 87

المبحث الثاني: التنظيم الدولي الكلي للشركات متعددة الجنسية 95

المطلب الاول: دور الأمم المتحدة في تنظيم نشاط الشركات متعددة الجنسية 96

المطلب الثاني: دور المنظمات الدولية الاخرى في تنظيم نشاط الشركات متعددة الجنسية 104

**الفصل الثالث**

**الشخصية القانونية الدولية للشركات متعددة الجنسية** 117

المبحث الاول: ماهية الشخصية القانونية الدولية 119

المطلب الاول: تعريف الشخصية القانونية الدولية 120

المطلب الثاني: نطاق الشخصية القانونية الدولية 126

المبحث الثاني: موقف الفقه الدولي من الشركات متعددة الجنسية واعمالها التعاقدية. 130

المطلب الاول: موقف فقهاء وكتاب القانون الدولي من الشركات متعددة الجنسية. 131

المطلب الثاني: الطبيعة القانونية للعقود التي تبرمها الشركات متعددة الجنسية. 139

المبحث الثالث: منح الشخصية القانونية الدولية للشركات متعددة الجنسية 149

المطلب الاول: جنسية الشركة وستار الشخصية الوهمية. 149

المطلب الثاني: مبررات منح الشخصية القانونية الدولية للشركات متعددة الجنسية. 157

المطلب الثالث: النتـائج المترتبـة عـلى مـنح الشخصـية القانونيـة الدوليـة للشركـات متعـددة الجنسية. 162

**الفصل الرابع**

**المكانة الدولية للشركات متعددة الجنسية في ظل العولمة** 169

المبحث الاول: عولمة الشركات متعددة الجنسية 171

المطلب الاول: التعريف بالعولمة 171

المطلب الثاني: ازدهار الشركات متعددة الجنسية في ظل العولمة 176

المبحث الثاني: اثر الشركات متعددة الجنسية في الدولة وحقوق الانسان 183

المطلب الاول: التغيير الوظيفي للدولة لمصلحة الشركات متعددة الجنسية 184

المطلب الثاني: اثر الشركات متعددة الجنسية في مجال حقوق الانسان 197

**المصادر** 213

# مقدمة

يشهد المجتمع الدولي تحولات عميقة في مختلف الميادين، ولاسيما تلك التي ألقت بظلالها على التصور القانوني للدور الذي تؤديه الشركات متعددة الجنسية في ميدان العلاقات الدولية. و بدأ الفارق واضحا بين ذلك الدور الذي تؤديه بوصفها شركة وطنية و بين ذلك الدور الذي تؤديه بوصفها شركة متخطية للحدود القومية للدول.

إن النظرة المتأنية لتطور المجتمع الدولي، و المسار الذي يتخذه نمو العلاقات الدولية ينبئ بوضوح مدى أهمية الشركات متعددة الجنسية في حال استكمال المجتمع الدولي لبنيانه التنظيمي. فهي تعد بحق واحدة من أهم انجازات الرأسمالية و إحدى إفرازاتها و الاداة المثلى لتدويل رأس المال. لهذا لم يعد النشاط الدولي و خاصة في الميدان الاقتصادي منوطاً بالدول فحسب، و انما امتد ليشمل وحدات جديدة اخرى و خاصة الشركات متعددة الجنسية.

إن ظاهرة الشركات متعددة الجنسيسة و ان لم تكن جديدة تماما، الا انها قد تصاعدت على نحو لم يكن مألوفا من قبل تحت تأثير العولمة. فلقد تشابكت عملياتها وتصاعدت ارباحها في ظلها بمعدلات و نسب تفوق التصور أحيانا. لهذا فالعولمة قد عملت على ابراز المركز القانوني الدولي للشركات متعددة الجنسية بصورة واضحة.

إن فكرة الشركات متعددة الجنسية تعد واحدة من الافكار المهمة التي طرحت على بساط البحث في فقه القانون الدولي المعاصر، بغية الوصل الى وضع نظرية عامة تستوعب كافة الابعاد التي يثيرها التعاون الدولي في المجالات الاقتصادية. ذلك ان الفكرة القانونية للشركات متعددة الجنسية مازالت في مراحلها الاولى في مجال القانون الدولي العام، اذا ما قورنت بغيرها من الوحدات القانونية الدولية المستقرة كالدولة و المنظمات الدولية و غيرها من الكيانات الدولية الاخرى. لهذا

فالنظرية التي يمكن ان توضع للشركات متعددة الجنسية يجب ان تكون مستوحاة من الواقع و مستنبطة من السوابق الدولية التي احدثتها الشركات متعددة الجنسية.

(( فالقانون يحكم الواقع و لا يخلقه، ومن هنا فأن الوقائع تسبق القانون بالضرورة، فعندما تجري صياغة النظريات القانونية، فأنها تعتمد في الغالب الاعم على استقراء الواقع و تتبع تطور مساره، لاستنباط أفضل الحلول التي تحكمه. وتبدو هذه الحقيقة أكثر و ضوحا في اطار القانون الدولي العام. حيث تأتي النظريات استقراء للسوابق الدولية، ومحاولة لربطها بعدد من القواعد العامة، وبعبارة اخرى فأن النظريات لا تعدو في النهاية ألا أن تكون تنظيرا للسوابق ودلالاتها ))[1]

كل هذا فضلا عن تأثيراتها السلبية في الحياة السياسية و الاقتصادية و الاجتماعية و البيئة للدول المضيفة لها. قد دفع بنا الى مواجهة الشركات متعددة الجنسية كواقع جديد تفرضه اعتبارات التطور المتسارع في ميدان التعاون الدولي وخاصة في المجالات الاقتصادية، في محاولة منا للتعرف على ملامحها الرئيسية والوضع القانوني الذي تشغله في إطار القانون الدولي العام.

غير أن دراسة المركز القانوني للشركات متعددة الجنسية - بصورة عامة - تكتنفها العديد من الصعوبات و المحاذير، ذلك أن موضوع (( الشركات متعددة الجنسية )) بذاته موضوع ذو أوجه متعددة. فدراستها لا تمس فرعاً واحداً من فروع القانون بذاته و إنما تتدخل في العديد من فروعه و خاصة القانون التجاري و القانون الدولي الخاص و القانون الدولي العام و قانون العمل و القانون المالي، و بالتالي يتطلب اجتماع المتخصصين في تلك الفروع في سبيل وضع نظرية عامة حول الشركات متعددة الجنسية، و هذا أمر في غاية الصعوبة إن لم يكن ضربا من المستحيل في الوقت الحاضر هذا من ناحية، ومن ناحية أخرى التفاوت الهائل مابين التصور القانوني و الواقع الفعلي لها، ذلك أنها شركات عالمية يمتد نشاطها

---

[1] د.صلاح الدين عامر، المشروع الدولي العام: دراسة تحليلية تأصيلية، دار الفكر العربي، القاهرة، 1978، ص7.

الى العديد من دول العالم و يقابله عجز المفاهيم و الادوات القانونية الفنية القائمة على استيعاب هذه الظاهرة ذات الطابع الدولي، فلا يوجد أي نظام قانوني وطني يمكنه ان يستوعب جوانب هذه الظاهرة كافة كما انه لا يوجد مثل هذا النظام وبصورة واضحة على المستوى الدولي.[1]

وانطلاقا من هذا كله و تدعيما لمركزها القانوني الدولي، فأننا قد استعنا بمصادر اقتصادية و تجارية و سياسية بجانب المصادر القانونية الدولية. فعلى الرغم ان قسماً من هذه المصادر يبتعد عن عنوان الاطروحة الا ان فيها افكارا ومعلومات قيمة تدعم عنوان الاطروحة و تبرزه و تزيد من نضجه.

وعلى الرغم من أن عنوان الأطروحة يتعلق بالدراسة القانونية الدولية الا ان الفصل الاول قد تناول المفهوم القانوني للشركات متعددة الجنسية، بغية التعرف على حقيقة هذه الشركات، واساسها القانوني، اذ قد يبدو للوهلة الاولى، ان الفصل الاول يدخل في نطاق القانون الخاص، الا ان المتفحص لحقيقة موضوع الاطروحة يجد انه من منطق البحث يجب التعرف على مفهومها و اساسها القانوني الذي انطلقت منه اما بالنسبة للفصل الرابع فقد بحث في المكانة الدولية للشركات متعددة الجنسية في ظل العولمة اذ لا يمكن الوقوف على حقيقة مركزها القانوني الدولي ما لم يتم الاحاطة بجميع المتغيرات التي تلحق بمركزها فتتأثر به و تؤثر فيه والقول بغير هذا يجعل من الدراسة مبتورة و غير واضحة المعالم.

لقد تم تقسيم هذا الكتاب الى اربعة فصول:

تناول الفصل الاول المفهوم القانوني للشركات متعددة الجنسية في مبحثين تناول الاول التعريف بها وتناول الثاني الاساليب القانونية لتكوينها.

اما الفصل الثاني فقد تناول التنظيم الدولي للشركات متعددة الجنسية في مبحثين تناول الاول التنظيم الدولي لبعض نشاط الشركات متعددة الجنسية وخاصة في مجال نقل التكنولوجيا والعمل، اما المبحث الثاني فقد تناول التنظيم الدولي الكلي

[1] انظر د.حسام عيسى، الشركات المتعددة القوميات، مؤسسة العربية للدراسات و النشر، بيروت بدون سنة طبع، ص 40.

لنشاط الشركات متعددة الجنسية وذلك عن طريق ابراز دور الامم المتحدة والمنظمات الدولية الاخرى في رسم معالم هذا التنظيم.

اما الفصل الثالث الذي يعد لولب هذه الاطروحة ومحورها فقد تناول امكانية منح الشخصية القانونية الدولية للشركات متعددة الجنسية في ثلاثة مباحث تناول الاول ماهية الشخصية القانونية الدولية بصورة عامة اما الثاني فقد بحث موقف الفقه الدولي من الشركات متعددة الجنسية واعمالها التعاقدية، اما المبحث الثالث فقد تناول مبررات منح الشخصية القانونية الدولية لها والنتائج المترتبة عليها.

اما الفصل الرابع فقد تناول ابراز المركز القانوني الدولي للشركات متعددة الجنسية في ظل العولمة في مبحثين تناول الاول عولمة الشركات متعددة الجنسية اما الثاني فقد تناول اثر هذه الشركات في ظل العولمة في الدور الوظيفي للدولة وفي حقوق الانسان والقانون الدولي الانساني.


المؤلف

الفصل الأول

المفهوم القانوني للشركات متعددة الجنسية

# الفصل الأول

## المفهوم القانوني للشركات
## متعددة الجنسية

يعد ظهور الشركات متعددة الجنسية من اكبر الانجازات الاقتصادية على المستوى الدولي منذ نهاية الحرب العالمية الثانية، اذ لم تظهر منشاة اقتصادية تعقدت ونمت عملياتها كما حدث بالنسبة للشركات متعددة الجنسية.

فالنمو المتزايد للشركات متعددة الجنسية املى الحاجة الى اعادة النظر في العديد من الاسس المرتكزة عليها ولا سيما القانونية منها. فالشركات متعددة الجنسية اشخاص قانونية - وهي بهذا الوصف - تثير التباسا من حيث تحديد المفهوم القانوني الدقيق لها من اوجه متعددة، فتزايد نشاطها جذب اهتمام الحكومات والفقهاء نحوها, فالحكومات القائمة على اساس وطني تجد من الصعوبة بمكان فرض الرقابة او التحكم في نشاط الشركات متعددة الجنسية لان المنافسة بين الدول المضيفة لجذب الاستثمارات الأجنبية إليها أدت إلى أن تجعل اي سياسة مانعة او محددة لنشاط الشركات متعددة الجنسية غير ذي فائدة، اذ في حالة اتباع مثل هذه السياسة سيحمل هذا الامر المستثمرين الى نقل استثماراتهم من البلد الذي حاول ان يحد نشاطها الى بلد اخر يكون اكثر ملائمة لها.

ولهذا من الصعوبة ضبط نشاطها تحت مفهوم او مفاهيم قانونية محددة وهذا هو الذي دفع بالتشريعات الوطنية للدول الى ان تشكو من فراغ فكل ما هنالك لا يتعدى كونه نصوصا متفرقة موجودة في بعض التشريعات الوطنية للدول تحدد بموجبها بعض المفاهيم القانونية لهذه الشركات.

وازاء هذا النقص فقد حاول العديد من الفقهاء ابراز الجوانب القانونية لها الا ان التباين والاختلاف في ارائهم وتنظيراتهم حول طبيعة نشاطها وبنيتها القانونية قد جعل القصور يعتري الحلول التي قدموها.

ولغرض الإحاطة قدر الامكان بالمفهوم القانوني للشركات متعددة الجنسية فاننا قد قسمنا هذا الفصل الى مبحثين تناول الاول: التعريف بالشركات متعددة الجنسية من حيث تسميتها وتعريفها وتمييزها اما الثاني فقد تناول الادوات والاساليب القانونية لتكوين الشركات متعددة الجنسية اخذين بنظر الاعتبار الشكل القانوني الذي تفرغ فيه هذه الشركات.

# المبحث الاول
## التعريف بالشركات المتعددة الجنسية

ان وضع تعريف جامع ومانع للشركات متعددة الجنسية امر في غاية الصعوبة، ذلك ان هـذه الشركات تمارس انشطتها على المستوى الدولي. وهذا يعني انه ليس بمقدور التشريعات الوطنية الداخلية ان تضع لها تعريفا قانونيا محددا، غير ان الفقه تصدى لهذا النقص. فقام الفقهاء بوضع تعاريف عديدة للشركات متعددة الجنسية منها ما ركز على الجانب الاقتصادي ومنها ما ركز على الجانب القانوني ومنها ما اكتفى باظهار حقيقة التسمية التي تبناها اولئك الفقهاء، غير ان الطابع الوصفي دون التحليلي هـو الـذي اتسمت به تعاريف الفقهاء.

وبغية الإلمام قدر الامكان بالتعريف بالشركات متعددة الجنسية فإننا قد قسمنا هذا المبحث الى ثلاثة مطالب تناول الاول تسمية الشركات متعددة الجنسية و تناول الثاني تعريفها سواء من الناحية الاقتصادية ام القانونية اما الثالث فقد تعرض لتمييز الشركات متعددة الجنسية عما يشابهها من اوضاع.

## المطلب الاول
### تسمية الشركات متعددة الجنسية

يثير مفهوم النشاط الذي تمارسه الشركات متعددة الجنسية على المستوى العالمي اهتمام الكثير من الباحثين والدارسين لظاهرة نشاط هذه الشركات، ولقد وضعت مصطلحات ومفاهيم كثيرة لوصف النشاط العالمي لها، غير ان تحديد مفهوم نشاطها مثير للجدل، بسبب غموض مضمونه من ناحية، وتعدد التعبيرات التي تعكس نفس الظاهرة محل الدراسة من ناحية اخرى.

ويبدو من خلال استعراض المصطلحات والمفاهيم، ان الاختلاف قائم في اللفظ دون المعنى، وهذا يبدو واضحا من خلال عرض مضامين تلك المصطلحات والمفاهيم، ومن بينها "الشركات متعددة الجنسيات" و "الشركات متعدية الجنسية" و "الشركات متعددة الجنسية" و "الشركات فوق القومية" و "الشركات عابرة القومية" و "الشركات عبر الوطنية" و "الشركات متخطية الحدود القومية" و "الشركات دولية النشاط" و "الشركات الدولية الخاصة" و "الشركات العالمية" و "الشركات الكونية" وغيرها من التسميات، وتعد هذه المسميات مترادفة رغم ما يتضمنه التحديد القانوني لبعضها من اختلاف.

ان اعطاء البعد التاريخي حول المسميات التي وصف بها النشاط العالمي لهذه الشركات يتجسد في مصطلح "الشركات متعددة الجنسيات"، وحسب ما يعتقد كل من "باران وسويزي". ان هذا المصطلح قد استخدم "لاول مرة" في الدراسة التي قدمها "دافيد ليلنثال David E.Lilienthal الى معهد كارينجي للتكنولوجيا في نيسان 1960 تحت نفس العنوان وتم نشرها بعد ذلك بواسطة مؤسسة الموارد والتنمية... ثم استخدمتها المجلة الاسبوعية الامريكية "اسبوع الاعمال Business Week في تقرير خاص لها بعنوان "الشركات متعددة الجنسيات" في عددها الصادر بتاريخ 20 نيسان1963 [1].

وهناك من يذهب الى تعبير "متعددة الجنسية"، وقد تم استخدامه لاول مرة بواسطة شركة "IBM" الامريكية للحاسبات الالكترونية، بغية تغطية النشاط الذي تمارسه بواسطة فروعها في الخارج [2].

ويرى الأستاذ برمان"Bherman" اعطاء هذه الشركات تسمية الشركات العالمية، على اعتبار انها مشروع وطني ضخم له استثماراته الخارجية الكبيرة المتمثلة بالفروع والتوابع المنتشرة في دول مختلفة [3].

[1] انظر د.محمد صبحي الاتربي، مدخل الى دراسة الشركات الاحتكارية المتعددة الجنسية، دار الثورة للصحافة والنشر، بغداد، 1977، ص23.
[2] انظر د.ريمون حداد، العلاقات الدولية، ط1، دار الحقيقة، بيروت، 2000، ص348.
[3] انظر: د. محمد صبحي الاتربي، المصدر السابق، ص29.

ومن الفقهاء من حاول ان يضع انشطة تلك الشركات في نماذج معينة، بحيث اذا ما تحققت شروط انطباق نموذج ما، فانه هو الذي يحكم نشاط تلك الشركات، فمثلا يحاول الاستاذ رولف "Rolf" ان يضع تصنيفا شاملا لهذه الشركات عن طريق تقسيمها الى اربع مجموعات رئيسية هي: الدولية، متعددة الجنسيات، العابرة للحدود القومية، وما فوق القومية"، وعلى وفق تقسيم الاستاذ رولف "Rolf" فان المجموعة الاولى والثانية تضم شركات وطنية لها انشطة على المستوى الدولي، والاختلاف يكمن في ضيق او اتساع المجال الجغرافي الذي يغطيه نشاط هذه الشركات.

اما المجموعة الثالثة فياخذ بعين الاعتبار فيها بملكية راس المال، أي ان راس المال يدار من جنسيات مختلفة، في حين تمثل المجموعة الاخيرة شركات لها انشطة فوق القوميات، بحيث لا يمكن اخضاعها لقوانين او انظمة دولية معينة، ولكن يمكن ان يحكم من قبل هيئة او سلطة دولية.[1]

ويقترح الأستاذ محمد توفيق صلاحية تسميتها بـ "المؤسسات الثلاثية التخصص" للتعبير عن العمليات والنشاطات الاقتصادية التي يتم تنظيمها على اساس ثلاث درجات من التخصص وهي اليد العاملة وراس المال والادارة.

بينما يفضل الدكتور محسن شفيق تسميتها بـ "المشروع ذي القوميات المتعددة"[2]، في حين يرى الدكتور حسام عيسى ان الشركة المتعددة القوميات "تعبير غير دقيق، بل واكثر من هذا فهو تعبير خاطئ ومضلل من الوجهة القانونية" حيث

[1] انظر: د. محمد صبحي الاتربي، المصدر السابق، ص29.
[2] انظر: د. محسن شفيق، المشروع ذو القوميات المتعددة، مجلة القانون والاقتصاد، العددان الاول والثاني، مطبعة جامعة القاهرة، 1977، هامش(4)، ص216.

ان هذا التعبير يترك انطباعا باننا ازاء شركة واحدة، ولكن في الحقيقة اننا امام مجموعة شركات مستقلة قانونا كل واحدة عن الاخرى، وتعمل كل منها في بلد مختلف، مما يترتب عليه اختلاف جنسية كل منها عن الاخرى[1].

وبالرغم من الانتقاد الذي وجه الى تعبير "الشركات المتعددة القوميات" الا انه يفضل استخدامه في ابحاثه المتعلقة بتلك الشركات، على اعتبار انه اكثر المصطلحات قدرة على الالمام بنشاطها.

وبخصوص كل من "بارنت وموللر" فلهما رأيهما الخاص حول تسمية الشركات متعددة الجنسية، اذ يسميانها باسم "المشروع الكوني" ويعرفانه بانه "اول مؤسسة في تاريخ البشرية مكرسة للتخطيط المركزي على نطاق العالم"[2].

ويمكن ملاحظة ان الأستاذين "بارنت وموللر" قد تاثرا في وضع هذه التسمية بكبر حجم هذه الشركات واتساع نشاطها.

وهناك من يسميها بالشركات الدولية واخرون يسمونها بالشركات ذات النشاط الدولي، بينما يطلق عليها الاستاذ "E.Libbrecht" تسمية المشروعات ذات الصفة القانونية الدولية[3].

ويبدو ان هؤلاء قد عمدوا الى هذه التسمية بالاستناد الى امتداد نشاط هذه الشركات في اكثر من دولة، وبهذا الامتداد قد اضفت على نشاطاتها صفة الدولية.

[1] انظر:د.حسام عيسى، الشركات المتعددة القوميات، المؤسسة العربية للدراسات والنشر، بيروت، بدون سنة طبع، ص46.
[2] د.فؤاد مرسي، الراسمالية تجدد نفسها، عالم المعرفة، الكويت، 1990، ص151.
[3] انظر: د.محسن شفيق، المشروع ذو القوميات المتعددة، مصدر سابق، ص216. كذلك أنظر بنفس المعنى د. سميحة السيد فوزي، ظاهرة الشركات دولية النشاط والدول النامية، مجلة مصر المعاصرة، العددان (415، 416)، الجمعية المصرية للاقتصاد السياسي والاحصاء والتشريع، القاهرة، 1989، ص 179.

في حين يرى الدكتور اسكندر النجار ان الشركات متعددة الجنسية او الشركات الدولية اسمان مختلفان لشئ واحد.[1]

وعلى النقيض من راي الدكتور اسكندر النجار، فان هناك ثمة كتاب يفرقون ما بين الشركات متعددة الجنسية والشركات الدولية على اعتبار انها مجموعتان مختلفتان تقومان بالاستثمارات الاجنبية المباشرة في عالمنا المعاصر، ويستخدمون في سبيل هذه التفرقة بعض المعايير لتحدد طبيعة الخلاف بينها. ومن هذه المعايير ما ياتي:

1- معيار امكانية دمج نشاطها في الانشطة الاقتصادية للدولة: فاذا كان من الصعوبة دمج نشاطها، فان هذه الشركة تسمى بالشركة متعددة الجنسية، اما اذا كان من السهل دمج نشاطها في انشطة الوحدات الاقتصادية للدولة فتسمى بالشركة الدولية.

2- معيار حجم الاستثمارات: فالشركة تعد وفقا لهذا المعيار متعددة الجنسية اذا كان حجم استثماراتها في الخارج 25% من اجمالي استثمارات الشركة، اما اذا تجاوز حجم الاستثمارات الى 50% فان هذه الشركة يطلق عليها تسمية الشركة الدولية.

3- معيار الادارة العليا: تعد الشركة متعددة الجنسية اذا كانت عناصر الادارة العليا مقصورة على شخصيات تحمل جنسية الدولة الام، في حين تعد الشركة دولية اذا كانت الادارة العليا مكونة من عناصر يحملون جنسيات مختلفة.[2]

[1] انظر: د.اسكندر النجار، الشركات متعددة الجنسية ودورها في التنمية الاقتصادية، مجلة العلوم الاجتماعية، العدد الاول، جامعة الكويت، 1976، ص53 هامش 3.

[2] انظر: د. سامي عفيفي حاتم، مركز الشركات متعددة الجنسية في الاقتصاد العالمي والاخطار السياسية التي تتعرض لها في الدول النامية، مجلة النفط والتعاون العربي، المجلد (12)، العدد (2)، الكويت، 1986، ص 51-52.

ويذهب بعض الكتاب الى استبدال تسمية الشركات متعددة الجنسية بتسمية "عبور الجنسيات"، ذلك ان عبارة متعددة الجنسية - على وفق هذا الراي- تجسد مصالح قومية لمجموعة من الدول، أي ان هذه الشركات وكانها تجمع تقيمه الدول وليس الأشخاص الخاصة.[1]

ويبدو ان هؤلاء الكتاب يخلطون ما بين الشركات الدولية العامة التي تنشئها الدول بموجب اتفاقية دولية وبين الشركات الدولية الخاصة التي ينشئها الاشخاص الخاصة داخل الدولة ليمتد نشاطها الى اكثر من دولة.

في حين يسميها الدكتور محمد طلعت الغنيمي بالشركات الدولية ذات الطابع الخاص.[2] ويسميها الاستاذ (فريد مان) بالشركات العامة الدولية على اعتبار انها ستكون واحدة من اهم العوامل في تحقيق التنمية الاقتصادية في المستقبل.[3] اما "ايفا نوف Ivaanov " فيستخدم عبارة الشركات متعددة الجنسيات كمرادف للمشروعات الدولية، أي انها تشمل كلا من الشركات الوطنية ذات النشاط العالمي والشركات التي تكون ملكية راس مالها مملوك لعدة راسماليين ينتمون الى دول مختلفة.[4]

اذا كانت تلك المصطلحات والمفاهيم تنظر للشركات من زاوية محايدة او ايجابية فان للفكر الماركسي نظرته ومسمياته الخاصة بتلك الشركات، حيث تميل اكثرية الادبيات الاقتصادية والسياسية الماركسية الى استخدام تعابير ومفاهيم مغايرة ومخالفة في الفاظها ومعانيها لتلك التي يستخدمها الفكر الراسمالي، ومن تلك المفاهيم "الاحتكارات الدولية او العالمية" او "المجموعات الاحتكارية" كمفهوم مرادف للشركات متعددة الجنسيات، فمثلا ذهب الاقتصادي السوفيتي

---

[1] انظر د.فائز محمد علي، الشركات الراسمالية الاحتكارية والسيطرة على اقتصاديات البلدان النامية، دار الرشيد للنشر، بغداد، 1979، ص60.

[2] انظر د. محمد طلعت الغنيمي، الوجيز في التنظيم الدولي(النظرية العامة)، ط 3، منشأة المعارف، الاسكندرية، 1973، ص85 هامش 2.

[3] انظر د. صلاح الدين عامر، مصدر سابق، ص 8.

[4] انظر د. محمد صبحي الاتربي، مصدر سابق، ص31.

"ت. بيلوس" في تقسيمه لنشاط الشركات على أساس احتكاري وانها تتضمن مجموعتين:

**الاولى**: الاحتكارات عبر القومية: وتعني ان الشركات تمتلك اصولا في الخارج مع بقاء ملكية راس المال قومية، ومن ثم فانها تكسب صفة الدولية من خلال مجال عملها وانشطتها كشركة "I.T.T" وشركة ستاندرد اويل اوف نيوجرسي.

**الثانية**: الاحتكارات الدولية: وهذه الاحتكارات يتوزع راس مالها على عدة دول، أي ان راس المال يكون مملوكا لمجموعة مختلفة من الراسماليين في اكثر من دولة، ويكون مجلس ادارة هذه الشركات متعدد الجنسيات، كشركة يونيلفر "Unilever" البريطانية - الهولندية وشركة شل الهولندية الملكية "Royal Dutch Shell" وهي بريطانية وهولندية.[1]

وبالنسبة لمنظمة الامم المتحدة فقد تبنت مؤشر "تعدي القوميات"[2] في وصفها للشركات ذات النشاط العالمي، حيث ان بعض المفاهيم قد طرحت في اروقة الامم المتحدة لاضفاء وصف "متعدية القومية" على نشاط تلك الشركات، واستخدمت بعض المؤشرات كمتغيرات يقاس من خلالها نشاط ما بانه متعدي القومية، وقد استقر راي الامم المتحدة على مؤشر ذي ثلاثة ابعاد هي "الموجودات والمبيعات والعمالة" وحسب هذا المؤشر الذي تم استخدامه عام 1998 فان شركة "Seagram Company" الكندية تعتبر في المرتبة الاولى من حيث الاماكن التي تتواجد فيها فروعها حيث بلغ مؤشر تعدي قوميتها 97.3%.[3]

---

[1] انظر المصدر نفسه، ص30.

[2] تحولت الجمعية العامة للامم المتحدة في استخدامها لعبارة متعددة الجنسية "MULTINATIONAL" الى عبارة متعدية القومية "TRANSNATIONAL" في قرارها رقم (S-VI) 3202 الصادر سنة 1976.

[3] انظر د.سرمد كوكب الجميل، نظرية الاعمال المالية المعاصرة، ط1، الحامد للنشر والتوزيع، عمان، 2001، ص54.

اما في العالم العربي فقد نجح النقاد في تعميم مصطلح (الشركات دولية النشاط). ولقد تبنى مركز التنمية الصناعية التابع لجامعة الدول العربية هذا المصطلح.[1]

من خلال استعراض المصطلحات والمفاهيم التي وضعت بشان وصف النشاط العالمي للشركات، يمكن القول ان اكثر المصطلحات شيوعا هي "الشركات متعدية القومية" و "الشركات الدولية" و "الشركات متعددة الجنسية"، وعلى الرغم من ان مصطلح الشركات متعدية القومية تستخدمه الامم المتحدة في دراسة نشاط هذه الشركات، الا اننا نفضل تسمية الشركات متعددة الجنسية للاسباب الاتية:

1- ان تعبير "متعدية القومية" هو تعبير اجتماعي -سياسي اكثر مما هو قانوني ولا يعكس حقيقة النشاط الذي تقوم به هذه الشركات من الناحية القانونية.

2- ان التسليم بتسمية "متعدية القومية" فيه مجافاة كبيرة للمنطق، حيث انه يعكس ان في كل بلد قومية، ومن ثم فان نشاطها يتعدى قومية البلد الاصل الى قومية البلد الفرع وهكذا، غير ان الواقع عكس ذلك فهناك من البلدان ما يوجد فيها عشرات القوميات دون تفضيل لاحداها على الباقي، ولذلك لا يمكن النظر اليها من زاوية المنطق المكاني وانما النظر اليها من زاوية المنطق القانوني المتمثل بملكية راس المال مثلا.

3- ان تعبير الشركة الدولية هو تعبير ذو شقين فالاول يعني ان الشركة قد تاسست بارادة الدول أي بموجب اتفاقية دولية وهذا يعني اننا نكون امام شركة دولية عامة، في حين ان الثاني يعني ان الشركة قد تاسست في اطار القانون الخاص وهنا نكون امام شركة دولية خاصة، مما يعني ان هناك خلطا في المصطلحات و المفاهيم، وتجنبا لهذا الخلط فاننا نفضل استخدام مصطلح "الشركات متعددة الجنسية".

[1] انظر د. محمد السيد سعيد، التبعية والشركات متعددة الجنسية، مجلة المنار، السنة الاولى العدد (3)، دار الفكر العربي للابحاث والنشر، باريس، 1985، ص 101

4- ان تعبير "متعددة الجنسية" على الرغم مما فيه من ماخذ وعيوب، الا انه اكثر التعابير صلاحية لوصف النشاط العالمي لهذه الشركات، فالجنسية فضلا عن انها تحدد هوية الانتماء، فانها تعد اداة لتوزيع انشطة هذه الشركات جغرافيا على المستوى الدولي.

فضلا عن ذلك فان "تعدد الجنسية" يجعل من الصعوبة لاي نظام قانوني في أي دولة تحمل الشركة جنسيتها ان تراقب اعمال وتصرفات تلك الشركات، مما يستدعي اعادة هيكلة مركزها القانوني بما يتناسب والدور الذي تلعبه في النظام الدولي، وهذا يستدعي بالضرورة اخضاعها لنظام قانوني اخر هو النظام القانوني الدولي.

المطلب الثاني
التعريف الاقتصادي والقانوني للشركات متعددة الجنسية

يثير تحديد مفهوم الشركات متعددة الجنسية جدلا واسعا في الاوساط السياسية و الاقتصادية والقانونية، نظرا لما لهذا المفهوم من الية عمل تتشابك معها المؤشرات التي يتحدد وفقها نشاط هذه الشركات.

ولقد تصدى العديد من رجال الفقه القانوني والاقتصادي لدراسة انشطة هذه الشركات بغية التعرف على مداها وتاثيراتها في الدول المضيفة لها. وان الاكثر اهمية في هذا الموضوع هو عجز المفاهيم والادوات القانونية عن استيعاب نشاط هذه الشركات الذي لفت انظار فقهاء القانون بالتحديد، نحو وضع تعريف تحليلي ووصفي لانشطتها، غير ان ما وضع من تعاريف لم تلم الالمام الكافي بنشاطها لذلك فانها كانت عرضة لان تتجاذبها الاراء والانتقادات حول طبيعة نشاطها.

## الفرع الأول: التعريف الاقتصادي للشركات متعددة الجنسية

ان دراسة النشاط الاقتصادي للشركات متعددة الجنسية يستوجب تحليل الإطار النظري لنشاط تلك الشركات، حيث ان لهذا الاطار مؤشرات متغيرة بحسب الزاوية التي ينظر منها اليه، وهذا مرتبط أساسا بالرأسمالية وما شهدته من تطورات ساهمت الى حد بعيد في بروز ظاهرة جديدة تسمى بـ "التدويل". فالاقتصاد القومي في تطور متسارع والحدود القومية عاجزة عن تلبية متطلبات هذا التطور، وهذا يعني ان كل بلد على حدة غير قادر على تكوين قاعدة تشجع "نمو القوى الإنتاجية نموا مضطردا" مما يدل على ان القوى الانتاجية لا يمكن ادارتها الا على مستوى دولي[1]، فكان بذلك بروز الشركات متعددة الجنسية كقوة محركة وناقلة للراسمالية.

ان الشركات متعددة الجنسية تعد ظاهرة حديثة في الادب الاقتصادي، ولقد وضعت لها تعاريف عديدة بعدد الكتاب والباحثين الذين انكبوا على دراستها.

ولقد احصى تقرير الامم المتحدة ان هناك ما يقرب على العشرين تعريفا وضع لها تم جمعها من مختلف المؤلفات والوثائق، فضلا عن التعريف الذي وضعته الامم المتحدة والتعاريف التي ظهرت في المؤلفات اللاحقة.[2]

ان تعدد التعاريف الاقتصادية وكثرتها يستلزم اتباع المعيارية في تصنيف تلك التعاريف[3]، وتبويبها على اساس المعيار الذي توصف به، ففهم الاطار النظري

---

[1] انظر: د.فؤاد مرسي، مصدر سابق، ص151. كذلك انظر د. عبد القادر محمد فهمي، النظام السياسي الدولي: دراسة في الاصول النظرية والخصائص المعاصرة، دار الشؤون الثقافية العامة، بغداد، 1995، ص 32.

[2] انظر: د.محسن شفيق، المشروع ذو القوميات المتعددة، مصدر سابق، ص231. وللمزيد من التعاريف التي اعطيت للشركات متعددة الجنسية انظر د. مازن الرمضاني، السياسة الخارجية: دراسة نظرية، مطبعة دار الحكمة، بغداد، 1991، ص 275.

[3] ان كثرة التعاريف التي وضعت للشركات متعددة الجنسية يجعل من الصعوبة بمكان ايرادها ووضعها على اساس معيارها الصحيح، فضلا عن ان ايراد تعاريف كثيرة يؤدي الى الابتعاد عن موضوع البحث المتمثل بالمركز القانوني الدولي لهذه الشركات.

للشركات متعددة الجنسية يكمن في معرفة الضوابط التي يتسم بها نشاط تلك الشركات، وحيث اننا التزمنا جانب المعيارية في تصنيف تلك الشركات فان تلك الضوابط يمكن ردها الى ثلاثة معايير اساسية هي: (1) معيار الحجم (2) معيار مركز الادارة والتنظيم (3) معيار استراتيجية الشركة.

**(1) معيار حجم الشركة:** يمكن تعريف الشركات متعددة الجنسية وفقا لهذا المعيار، اذا بلغ حجم نشاطها حدا معينا، غير ان الاقتصاديين لم يتفقوا على الحد الادنى الذي بتوافره يمكن ان يضفى على نشاط شركة ما بانها شركة متعددة الجنسية، فهناك من اعتبر ان الشركة تكون متعددة الجنسية اذا مارست نشاطها الرئيس في دولتين على الاقل، فعرفوا الشركة متعددة الجنسية بانها "اية شركة تمارس نشاطاتها الرئيسة سواء الصناعية او الخدمية في بلدين على الاقل"[1].

وهناك من اعتبر ان امتداد نشاط الشركة في اربع دول على الاقل، هو الاساس للقول باننا امام شركة متعددة الجنسية، فعرفوها وفقا لذلك بانها "مشروع واحد يقوم باستثمارات اجنبية مباشرة تشمل عدة اقتصاديات قومية (اربعة او خمسة كحد ادنى) ويوزع نشاطاته الاجمالية بين مختلف البلدان بهدف تحقيق الاهداف الاجمالية للمشروع المذكور"[2].

في حين عرفها بعضهم دون النظر الى عدد اماكن تواجدها بانها "مؤسسات اعمال مساهمة او غير مساهمة، تشمل على الشركة المقر وهي تسيطر على اصول وكيانات اخرى في بلدها الام".[3]

بل ان البعض نظر الى حجم المبيعات كاساس لاضفاء صفة متعددة الجنسية على شركة ما، ففي تقرير اوردته الامم المتحدة مفاده: ان الشركة تكون متعددة الجنسية اذا زاد ارقام مبيعاتها على الف مليون دولار سنويا.[4]

---

[1] محمد صبحي الاتربي، مصدر سابق، ص26.

[2] المصدر نفسه، ص26.

[3] انظر د.هناء عبد الغفار، الاستثمار الاجنبي المباشر والتجارة الدولية (الصين انموذجا)، بيت الحكمة، بغداد، 2000، ص86.

[4] انظر د.محسن شفيق، المشروع ذو القوميات المتعددة، مصدر سابق، ص230

**(2) معيار مركز الادارة والتنظيم:** يبحث هذا المعيار لاعطاء التعريف الاقتصادي للشركات متعددة الجنسية في مرجعية القرارات التي تتخذ على صعيد الشركة ككل.

فمركزة القرارات في الشركة الام وتبعية الشركات التابعة والفرعية لها فيما يخص الادارة والتنظيم هي التي تميز الشركة متعددة الجنسية عن غيرها.

فيرى الاستاذ جون دانتج "J.Dunning" في تعريفه للشركات متعددة الجنسية - وفق هذا المعيار- انها "تتميز بادارة وملكية رأسمالية لاكثر من دولة واحدة، اما سلطة اتخاذ القرارات فهي مركزية، والشركات المذكورة غير مرتبطة بقومية واحدة الا في الحدود التي يفرضها القانون[1].

ويذهب كل من ريتشارد بارنيت وورنالد موللر الى ان "ما تحقق من تقدم في علم المركزة جعل الشركة الكونية امرا ممكنا ويبقى التنسيق الدقيق على مستوى قيادة العالم هو سمتها الرئيسة المميزة"[2].

في حين يذهب الاستاذ برمان (Bherman) بالقول الى ان "المشروع يكون واحدا على الرغم من تشتته جغرافيا، وهذه الوحدة تكمن في وجود ادارة عليا مهمتها رسم السياسة الاقتصادية العامة للمشروع وعلى ادارات الشركات التابعة التقيد بتلك السياسة الا قتصادية على الرغم من وجودها في دول اخرى ونظم قانونية مستقلة"[3].

ويرى اصحاب هذا المعيار ان المشروع الاقتصادي رغم تشتته في مناطق جغرافية متعددة الا انه ينظر اليه من زاوية الادارة والتنظيم على انه كل متكامل كل جزء فيه يكمل الاخر، ومن ثم فاننا نكون امام مشروع واحد كما لو كان يمارس نشاطه في نطاق اقليمي واحد.

---

[1] Dunning, j. H, ed., (the multinational enterprise),1ed. London, 1971, P 50.

[2] مايكل تانزر واخرون، من الاقتصاد القومي الى الاقتصاد الكوني: دور الشركات متعددة الجنسية، ترجمة، عفيف الرزاز، ط1، مؤسسة الابحاث العربية، بيروت، 1981، ص52.

[3] Behrman, J.N, (Multinational Corporations, Transnational interests and national sovereignty), Columbia Journal of World Business, VOL.4, March, 1969, P.61.

اذن فهذا المعيار يرى في الشركة متعددة الجنسية عبارة عن شكل شديد المركزية هرمـي التنظـيم تذعن فيه الشركات التابعة والفروع من حيث الادارة والتنظيم لاوامر وتوجيهـات الشـركة الام، فـالقرارات المتعلقة بالنشاطات الرئيسية للشركة الوليدة تصدر من الخارج وفي اطار الخطة العالميـة للشركة متعـددة الجنسية.

(3) **معيار استراتيجية الشركة:** لا يمكـن ان ينظـر الى هـذا المعيـار في تعريـف الشركات متعـددة الجنسية تعريفا اقتصاديا بمعزل عن المعيارين السـابقين فضـلا عـن تـوفراهما أي "ضـخامة حجـم الشركة ومركزية الادارة" فلا بد للشركة متعددة الجنسية ان تتبنى استراتيجية موحدة في ممارسة نشاطاتها.

فتدويل ظاهرة الانتاج وراس المال والتسويق يتطلب من تلك الشركات ان تتبنى استراتيجية كونية تمكنها من لعب دورها كقوة اقتصادية مؤثرة في العلاقات الاقتصادية الدولية.

وفي معرض الكلام عن الاستراتيجية يرى الاستاذ "Michalet" ان الشركة متعددة الجنسية ينبغي لها ان تتبنى إستراتيجية وتنظيما على المستوى العالمي.[1]

وهناك من يرى ان الشركة متعددة الجنسية هي "تلك التي تسيطر على وحدات انتاجية في اكثر من دولة واحدة وتديرها في اطار استراتيجية انتاجية موحدة".[2] ويعطي الدكتور سعد غالب ياسين بعدا كونيا للشركات متعددة الجنسية في تبنيها استراتيجية معينة اذ عرفها "بانها منظمة اعمال كبرى. عابرة للحدود والبيئات والثقافات، منظمات متعددة الجنسيات، وتعمل في اسواق عديدة، وتتواجد في عشرات الدول المضيفة، وتستند في انشطتها المحورية على الاسواق الدولية في العالم، وبالتالي يكون لدى هذه الشركات اصول واستثمارات وعمليات وشركات تابعة او وحدات استراتيجية، وادارات اقليمية تتعامل مع بيئات اعمال مختلفة".[3]

---

[1] C. A. Michalet, Le Capitalisme Mondial, 2`ed, P.U.F, PARIS, 1985, P.5.

[2] د.حسام عيسى، الشركات المتعددة القوميات، مصدر سابق، ص36.

[3] د.سعد غالب ياسين، الادارات الدولية "مدخل استراتيجي"، ط1، دار اليازوري العلمية للتوزيع والنشر، عمان، 1999، ص291.

ان مفهوم الإستراتيجية يكاد يشكل محور نشاط الشركات متعددة الجنسية، اذ بدونه لا يمكن فهم طبيعتها واليات عملها. ومن النتائج التي تتمخض عن استراتيجية الشركات متعددة الجنسية هو تمييز الاخيرة بالمرونة وبقدرتها على التكيف وفقا لتغير الظروف الاقتصادية والسياسية والقانونية، ذلك ان مجال اتساع نشاطها على المستوى الدولي يؤهلها للاستفادة من المزايا التي تحققها "الاختلافات القائمة بين الدول والمناطق الاقتصادية والنقدية المتعددة، وبين التنظيمات القانونية والضريبية المتنوعة على المستوى الدولي".[1]

## الفرع الثاني: التعريف القانوني للشركات متعددة الجنسية

تعرف الشركة باعتبارها مفهوما قانونيا "عقد به يلتزم شخصان او اكثر بان يساهم كل منهم في مشروع اقتصادي بتقديم حصة من مال او عمل لاقتسام ما ينشا عنه من ربح او خسارة".[2]

ولكن بوصفها "متعددة الجنسية" تشكو من فراغ تشريعي، فلم يقم المشرع الوطني في أي دولة[3] في وضع تعريف لها، وهذا يجد اساسه في عدم استجابة النظم القانونية الوطنية لنشاط الشركات متعددة الجنسية، فعدم امكانية تاطير نشاطها في اطار قانوني وطني قد جعل الباب مفتوحا امام اراء الفقهاء وتنظيراتهم حول صياغة تعريف يتعلق بنشاط تلك الشركات واليات عملها، مما ادى بالتالي الى

---

[1] د.حسام عيسى، الشركات المتعددة القوميات، مصدر سابق، ص39.

[2] د.سميحة القليوبي، مبادئ القانون التجاري، مركز كومبيوتر كلية الصيدلة-جامعة القاهرة، 1993،ص166.

[3] يعد القانون الالماني اول القوانين التي تضمن تنظيما قانونيا شاملا لظاهرة الشركات متعددة الجنسية اذ اطلق عليه تسمية "مجموعة شركات" كذلك فان القانون الفرنسي الصادر في 22 تموز 1966 لم يتضمن تنظيما قانونيا لمجموعة الشركات الا بنصوص قليلة و محددة الاهمية، ومن بين هذه النصوص تنظيم مسالة اعلام المساهمين في الشركة الام بنشاط الشركات الوليدة التابعة لها وكذلك مسالة منع تبادل المساهمة في راس المال بين شركتين داخل مجموعة واحدة. انظر د.حسام عيسى، الشركات المتعددة القوميات، مصدر سابق، ص49.كذلك انظر بنفس المعنى: د.محمد شوقي شاهين، الشركات المشتركة: طبيعتها واحكامها في القانون المصري والقانون المقارن، من دون ناشر، بدون سنة طبع، ص66-67.

اختلاف التعاريف وتباينها من حيث القيمة القانونية التي تحملها تعاريف اولئك الفقهاء.

وقد صيغت للشركات متعددة الجنسية تعاريف عدة، فقد عرفها الدكتور محسن شفيق بانها "ذلك المشروع الذي يتركب من مجموعة وحدات فرعية ترتبط بالمركز الاصلي بعلاقات قانونية وتخضع لاستراتيجية اقتصادية عامة تتولى الاستثمار في مناطق جغرافية متعددة".[1]

في حين عرفها الدكتور عماد الشربيني بانها "عبارة عن مجموعة من الوحدات الفرعية المنشرة في مناطق جغرافية متعددة يربطها بالمركز الاصلي علاقات قانونية، وتلتزم في استثمار اموالها بسياسة اقتصادية موحدة".[2]

اما الدكتور محمد طلعت الغنيمي فقد عرفها بانها "شركات خاصة يستمد راس مالها من عدة دول وتكون لها عدة فروع ذات جنسيات متباينة"[3]

كما عرفت بانها " مؤسسات عبر قومية لاجنسية لها من الناحية القانونية، وتمتلك وحدات انتاجية موزعة على عدد من الدول الاجنبية، الامر الذي يمكنها من العمل بمناى عن أية رقابة وطنية وان تفلت من رقابة أي قواعد خاصة"[4]

ومن هذا يتبين انه من الصعوبة تنظيمها ضمن نظام قانوني داخلي لان طبيعة الانظمة القانونية الداخلية تتنافى وطبيعة انشطتها ذات الصفة الدولية.

وللدكتور حسام عيسى نظرته الخاصة حول الشركات متعددة الجنسية، اذ عرفها بانها "مجموعة من الشركات الوليدة او التابعة التي تزاول كل منها نشاطا انتاجيا في دول مختلفة وتتمتع كل منها بجنسية مختلفة، والتي تخضع لسيطرة

---

[1] د.محسن شفيق، المشروع ذو القوميات المتعددة، مصدر سابق، ص239.

[2] د.عماد الشربيني، موقف المشرع المصري من المشروعات متعددة القوميات، مجلة مصر المعاصرة، العدد (380)، الجمعية المصرية للاقتصاد السياسي والاحصاء والتشريع، القاهرة، 1980، ص220.

[3] د. محمد طلعت الغنيمي، الوجيز في التنظيم الدولي، مصدر سابق، ص85, هامش 2.

[4] د. عبد القادر محمد فهمي، مصدر سابق، ص31.

شركة واحدة هي الشركة الام التي تقوم بادارة هذه الشركات الوليدة كلها في اطار استراتيجية عالمية موحدة".[1]

كما وضع معهد القانون الدولي عام 1977 تعريفا للشركات متعددة الجنسية حيث عرفها بانها "المؤسسات المتكونة من دائرة قرار مركزة في بلد ودوائر نشاط تتمتع بالشخصية القانونية الذاتية ومتواجد في واحد او عدة بلدان".[2]

كما ان خبراء الامم المتحدة صاغوا تعريفا[3] عاما للشركات متعددة الجنسية هو "الشركات المالكة لاجهزة انتاج وخدمات او انها تشرف عليها من الخارج بالنسبة لمكان وجودها".[4]

في حين عرفها السكرتير العام للمجلس الاقتصادي والاجتماعي التابع للامم المتحدة في تقريره الذي قدمه للامم المتحدة عام 1974 بقوله انها " مشاريع تمتلك وتسيطر على العناصر الانتاجية وتقدم خدمات خارج دولة انشائها وقد تكون هذه المشاريع اشخاص قانون عام او اشخاص قانون خاص"[5]

ومن خلال عرض هذه التعاريف يبدو واضحا ان اغلبها يشتمل على جملة عناصر، ثلاثة منها اساسية تمثل محورا لاي تعريف يوضع للشركات متعددة الجنسية وهي:

---

[1] د.حسام عيسى، الشركات المتعددة القوميات، مصدر سابق، ص61.

[2] د.عبد المجيد العبدلي، قانون العلاقات الدولية، ط2، أوريس للطباعة، تونس، 2000، ص361.

[3] على الرغم من ان هذا التعريف ليس تعريفا قانونيا، الا اننا اوردناه ضمن موضوع التعريف القانوني للشركات متعددة الجنسية على اعتبار انه صادر عن جهة قانونية هي منظمة الأمم المتحدة.

[4] د. ريمون حداد، مصدر سابق، ص349.

[5] د. شريف محمد غنام، مدى مسؤولية الشركة الام الاجنبية عن ديون شركاتها الوليدة المصرية" دراسة في بعض جوانب الافلاس الدولي لمجموعة الشركات متعددة الجنسيات", مجلة الحقوق، السنة السابعة والعشرون، العدد الاول، مجلس النشر العلمي- جامعة الكويت، الكويت، 2003،ص335.

1- وجود عدة وحدات قانونية مستقلة تتمتع كل منها بشخصية قانونية منفصلة ومن ثم بذمة مالية خاصة بها، وهذه الوحدات هي الشركات الداخلة في المجموعة.

2- خضوع كل هذه الوحدات القانونية المستقلة لسيطرة اقتصادية موحدة، أي لسيطرة اقتصادية يمارسها نفس الشخص او الاشخاص القانونية.

3- ضرورة تحقيق هذه السيطرة بواسطة ادوات واساليب فنية مستمدة من قانون الشركات، وخصوصا عن طريق المشاركة في راس مال كل وحدة من هذه الوحدات بنسبة تكفي للسيطرة عليها[1].

إن التناقض ما بين العنصر الاول والثاني يفسر لنا السبب الذي من اجله لم تضع الدول في تشريعاتها تعريفا محددا للشركات متعددة الجنسية، فالاستقلال القانوني بين الشركة الام والوحدات الفرعية المكونة لها وتبعية الاخيرة الاقتصادية للشركة الام يستدعي تنظيمها على مستوى دولي، وهذا لن يتحقق الا باعطائها شخصية قانونية دولية تميزها عن الأشخاص الخاصة من جهة وتتناسب مع الدور الذي تلعبه في ميدان العلاقات الاقتصادية الدولية من جهة أخرى.

اذن فهناك فجوة ما بين الواقع الفعلي والتصور القانوني للشركات متعددة الجنسية كظاهرة قانونية لا بد من تنظيم مركزها دوليا.

---

[1] د.حسام عيسى، الشركات المتعددة القوميات، مصدر سابق، ص 48-49.

المطلب الثالث

التمييز بين الشركات متعددة الجنسية

وما يشابهها من اوضاع

إن العلامة الفارقة التي تتسم بها الشركات متعددة الجنسية وتميزها عن غيرها من أوجه النشاط الاقتصادي المختلفة تكمن في ثلاثة محاور اساسية، وقد سبق ان اشرنا اليها في التعريف القانوني للشركات متعددة الجنسية وهذه المحاور هي:

أولا: تعدد الأماكن التي تمارس فيها الشركات متعددة الجنسية انشطتها المختلفة.

ثانيا: التبعية الاقتصادية التي يدين بها الفرع للشركة الام.

ثالثا: شكل السيطرة والتبعية الاقتصادية يكون بواسطة اساليب وادوات مستمدة من قانون الشركات.

غير ان النشاط الذي تمارسه الشركات متعددة الجنسية قد يتداخل في مفهومه مع انشطة تمارس من قبل شركات ومؤسسات دولية معينة، لذلك فانه لابد من التمييز بين الشركات متعددة الجنسية وبين كل من الشركة الوطنية والشركة الدولية العامة والمؤسسات العامة الدولية.

## الفرع الأول: الشركات متعددة الجنسية والشركة الوطنية:

تتميز الشركات متعددة الجنسية عن الشركة الوطنية من الناحية القانونية والناحية الاقتصادية، فبخصوص الناحية القانونية فان الشركة الوطنية تخضع لنظام قانوني واحد هو تشريع الدولة التي توجد فيها، في حين ان الشركة متعددة الجنسية تتوزع انشطتها في دول عدة مما يعني عدم خضوعها لنظام قانوني واحد.

أما بالنسبة للناحية الاقتصادية فان الشركة الوطنية اقدر على التكيف مع الاقتصاد القومي لبلدها، على اعتبار ان لها القدرة على استشراف مستقبل الاقتصاد

الوطني وما قد ينجم عنه من مشاكل، على العكس من الشركات متعددة الجنسية ونظرا لطبيعة انشطتها المتعددة فانها لا تقوم بالاستثمار في أي بلد الا بعد دراسة مستفيضة للأوضاع الاقتصادية المختلفة للبلد المضيف.[1]

ويرى فريق من الكتاب ان الطبيعة السلوكية للشركات متعددة الجنسية هـي التـي تميزهـا عـن الشركة الوطنية. وهذه العناصر السلوكية تتجسد في العناصر الاتية:

1- موقع او مكان الادارة العليا، أي هل تتواجد في الدولة الام او في الـدول المضيفة او تتقاسـمها فيما بينها.

2- مدى اتباع مركزية او لا مركزية اتخاذ القرارات.

3- الطريقة التي يتم بها تكوين سياسة المبيعات للشركة داخل الدولة الام والدول المضيفة.

4- مقدار التكامل بين الشركة الام وفروعها المختلفة في الدول المضيفة.

5- مقدار اتباع اسلوب التخطيط الشامل للمشروعات التي تتولاها الشركة متعددة الجنسية، اذ يتطلب الامر معرفة ما اذا كان المركز الرئيسي وحده يضطلع بهذا الاسلوب، او تتدخل مع الفروع الخارجية للشركة متعددة الجنسية لتحديد هذه السياسة.[2]

## الفرع الثاني: الشركات متعددة الجنسية والشركة الدولية العامة:

ان الفيصل الفارق بين هذين المفهومين يكمن في الطبيعة العامة التي تتصف بها الشركات الدولية، فالشركة الدولية العامة تنشا بموجب اتفاقية دولية بين دولتين او اكثر، وشخصيتها القانونية تستمد من الاتفاقية الدولية التي انشأتها، فضلا عن ان

---

[1] انظر دريد محمود علي السامرائي، النظام القانوني للشركات متعددة الجنسية، رسالة ماجستير، كلية القانون، جامعة بغداد، 1995، ص17.

[2] سامي عفيفي حاتم، مصدر سابق، ص50.

النظام القانوني الذي يطبق عليها هو الاخر يستمد من الاتفاقية الدولية، ومن امثلة الشركة الدولية العامة "الشركة الاوربية لتمويل مهمات سكك الحديد Eurofma"[1].

ان الشركة الدولية العامة مثل ما انها تنشا بموجب اتفاقية بين دولتين فاكثر، فانه يجوز ان يكون احد اطراف الاتفاقية منظمة دولية، اذا كانت المعاهدة المنشئة لتلك المنظمة تنص على جواز ذلك، ومن الامثلة على ذلك المشروع الذي وضعته المجموعة الاقتصادية الاوربية والمعروف "بنظام شركة المساهمة الاوربية".

اما بالنسبة للشركات متعددة الجنسية، فعلى الرغم من الصفة الدولية لنشاطها الاقتصادي الا انها ما زالت لدى الكثيرين تعد من أشخاص القانون الخاص، حيث ان هذه الشركات تعد بالنسبة لهم متمتعة بالدولية الاقتصادية دون الدولية القانونية[2].

## الفرع الثالث: الشركات متعددة الجنسية والمؤسسات العامة الدولية:

تنطلق المؤسسات العامة الدولية في انشطتها الى تحقيق المنفعة العامة المشتركة بين الدول الاطراف دون ان يكون هدفها تحقيق الربح[3].

وهذه سمة تمييزها عن الشركات متعددة الجنسية.

كذلك يمكن القول ان المؤسسات العامة الدولية تنشا بموجب اتفاقية دولية وغالبا ما تكون اقليمية ومن امثلتها "المؤسسة الاوربية للامان في الملاحة الجوية" التي تهدف الى التعاون بين الدول الاطراف لتامين الملاحة الجوية في طبقات الفضاء العليا[4].

[1] انظر د.محسن شفيق، المشروع ذو القوميات المتعددة، مصدر سابق، ص246.
[2] انظر المصدر نفسه، ص247.
[3] انظر د.عماد الشربيني، مصدر سابق، ص226.
[4] انظر عوني محمد الفخري، التنظيم القانوني للشركات متعددة الجنسية والعولمة، ط1، بيت الحكمة، بغداد، 2002، ص18.

المبحث الثاني
الأساليب القانونية لتكوين الشركات متعددة الجنسية

لما كانت الشركات متعددة الجنسية تمارس نشاطها على المستوى الدولي فان معرفة أساليب وأدوات تكوينها يعد أمرا ضروريا. فالشركات متعددة الجنسية لا تتخذ اسلوبا معينا بذاته لتكوينها بل انها تتبع اساليب متعددة في تكوينها فهي تتبع الذي يحقق مصلحتها ويخدم استراتيجيتها الانتاجية الكونية، فضلا عن ذلك فهي حتى تتمكن من اتخاذ اسلوب معين في تكوينها لا بد ان يكون لها شكل قانوني تفرغ فيه لهذا فاننا قسمنا هذا المبحث الى ثلاثة مطالب يتناول الأول الشكل القانوني الذي تتخذه الشركات متعددة الجنسية اما المطلبان الآخران فقد تناولنا فيهما أساليب تكوين الشركات متعددة الجنسية.

المطلب الاول
الشكل القانوني للشركات متعددة الجنسية

يعد النظام القانوني للشركة بوجه عام اكثر الانظمة القانونية تاثرا بالتطورات الاقتصادية، وبقدر ما يكون النظام القانوني للشركة متناغما مع طبيعة تطور المشروعات ومستوعبا لهذا التطور وحركته بقدر ما يساعد ذلك على عمليات التنمية الاقتصادية وانطلاقتها[1]، لهذا فقد اعتبر شكل الشركة المساهمة من انسب الاشكال القانونية التي يفرغ فيها نشاط الشركات متعددة الجنسية.

---

[1] انظر د.محمد شوقي شاهين، مصدر سابق، ص6.

وتعد الشركة المساهمة على وفق هذا الوصف الأداة القانونية المثلى لتحقيق سيادة النظام الراسمالي وابراز ظاهرة التركز الاقتصادي وسيطرة راس المال اجتماعيا وسياسيا[1].

وترجع اهمية اتخاذ الشركات متعددة الجنسية شكل الشركة المساهمة ليس لان لها القدرة على تجميع رؤوس الاموال وتركيزها فحسب، بل لان لها وظائف اقتصادية مهمة وخطيرة، ومن بين هذه الوظائف ما تحدثه الشركة المساهمة من عملية الفصل بين راس المال ووظيفة المنظم الراسمالي، وهذا يبدو واضحا من خلال ان راس مال الشركة يتمثل في حصص المساهمين العاديين، بينما وظيفة المنظم الراسمالي يعكسها تركز تلك الوظيفة في ايدي قلة من المساهمين الذين تكون لهم السيطرة شبه الكاملة على مجلس الادارة[2]، فضلا عن ان الشركة المساهمة تشبه الدولة ممثلة بسلطاتها الثلاث[3]، كل هذه الاساليب مجتمعة او فرادى جعلت من الشركة المساهمة الشكل القانوني المناسب الذي يفرغ فيه نشاط الشركات متعددة الجنسية.

وتفضيل الشركات متعددة الجنسية اتخاذ هذا الشكل القانوني يجد اساسه فيما يمثله السهم من اداة قانونية يعد المحور الذي يرتكز عليه البناء القانوني للشركة ككل، فالسهم يمثل حصص المساهمين في الشركة وبقدر ما يزداد عدد الاسهم بقدر ما يزداد راس مال الشركة.

ويعرف السهم بانه "الصك الذي تمنحه الشركة للمساهم نتيجة اكتتابه في الشركة"[4]، وهو بهذا يعتبر اهم الادوات القانونية التي تملكها الشركة المساهمة

---

[1] انظر د.محمد شوقي شاهين، المصدر السابق، ص7.

[2] انظر د.حسام عيسى، الشركات متعددة القوميات، مصدر سابق، ص74.

[3] انظر د.لطيف جبر كو ماني، القانون التجاري، ط1، مطبعة الانتصار، الجامعة المفتوحة، طرابلس، 1993، ص246.

[4] د.سميحة القليوبي، مصدر سابق، ص275.

لتجميع رؤوس الاموال وتوظيفها بمشاريع كبرى ممثلة بالشركات متعددة الجنسية. وللسهم بصورة عامة ثلاث قيم، كل قيمة منها مختلفة عن الأخرى وكالاتي:

**1- القيمة الاسمية للسهم:** "وهي القيمة التي تكتب على ذات الصك، أي الشهادة المثبتة لقيمته وفقا للبيان المدون بها، ويقدر راس مال الشركة المساهمة على اساس القيمة الاسمية لمجموع الاسهم"[1].

**2- القيمة الحقيقية للسهم:** "وهي قيمة ما يمثله من موجودات الشركة، أي نصيب السهم في صافي اصول الشركة بعد خصم ما عليها من ديون"[2].

**3- القيمة التجارية للسهم:** وتعني القيمة التي يحققها السهم في الاسواق المالية، وهذه تأتي من الأرباح التي تحققها الشركة وبقيمة موجوداتها وبسمعتها التجارية ومقدار النجاح او الفشل في أنشطتها التجارية والاقتصادية، وكذلك مدى الإقبال على شراء أسهمها في بورصات الأسواق المالية.[3]

ويعتبر السهم راس المال المجازي للشركة المساهمة، فيما يتمتع به من قدرة ذاتية على الحركة يؤهله ان يؤدي وظائف اقتصادية مهمة تندرج ضمن تحقيق الاستراتيجية الكونية للشركات متعددة الجنسية، اذن فالسهم يعد المنبع الاساسي الذي تستمد منه الشركة المساهمة متعددة الجنسية حيويتها وقدرتها على القيام بالمشاريع الراسمالية الضخمة.[4]

---

[1] د.سميحة القليوبي، المصدر السابق، ص277.

[2] قد تتطابق قيمة السهم الاسمية مع قيمته الحقيقية وقد تختلف عنه. فمثلا اذا كانت الشركة غير مدينة فان اصولها تتساوى مع راسمالها، مما يعني تطابق القيمة الحقيقية مع القيمة الاسمية للسهم، واذا حققت الشركة ارباحا فان قيمة السهم الحقيقية تزيد عن قيمته الاسمية، اما اذا منيت الشركة بخسائر وقلت موجوداتها عن راسمالها، فان قيمة السهم الحقيقية تكون اقل من قيمته الاسمية عند اصداره. انظر: د.سميحة القليوبي، المصدر السابق، ص277.

[3] المصدر نفسه، ص277.

[4] انظر: د.حسام عيسى، الشركات المتعددة القوميات، مصدر سابق، ص75.

وللسهم خصائص ذاتية تمكنه من تجميع رؤوس الاموال وتركيزها في مشاريع كبرى بواسطة الشركات متعددة الجنسية وهذه الخصائص هي:

**1- ضالة القيمة الاسمية للسهم:**

تمثل هذه الخاصية مركز استقطاب وجذب صغار المدخرين وكبارهم نحو توظيف مدخراتهم في الشركات المساهمة عن طريق مقدرتهم في شراء اسهمها.

ويمكن القول ان انخفاض القيمة الاسمية للسهم تجعل منه سلاحا ذا حدين، فهو من ناحية يعمل على جذب صغار المدخرين نحو المشروعات الكبرى، ومن ناحية اخرى هيمنة قلة من المساهمين على مجلس الادارة لعدم اكتراث صغار المدخرين في الرقابة بأعمال الشركة، فكل ما يهمهم هو الحصول على الربح في اقرب وقت ممكن.

**2- قابلية السهم للتداول:**

تعتبر هذه الخاصية من اهم الخصائص التي يمتاز بها السهم، فقدرته الحركية بالانتقال من يد الى يد هو الذي شجع قيام الشركات متعددة الجنسية، فهو السبب الحقيقي وراء وجودها، لهذا فقد قيل عن السهم بانه عامل زمني لديمومة الشركة.[1]

ومن الاثار التي تتمخض عن قابلية السهم للتداول زيادة حدة الانفصال بين المساهم والشركة، فالمساهم الصغير لا يابه بامور الشركة، فكل ما يهمه هو مدى ارتفاع قيمة سهمه في الاسواق المالية تمهيدا لبيعه والحصول على فارق السعر، عليه فقابلية السهم للتداول قد القت بالمساهم بعيدا عن الشركة.[2]

وعلاوة على ما تقدم فان للسهم في الشركات متعددة الجنسية قابليته للتداول على المستوى الدولي، وهذا يتم عن طريق عرضه في الاسواق المالية العالمية، اذ اصبح بامكان الشركات الاجنبية طرح اسهمها وسنداتها للاكتتاب في الاسواق المالية المحلية، وكذلك اصبح بالمقابل بالامكان للمستثمرين المحليين ان يطرحوا اسهمهم للبيع في الاسواق المالية الدولية او ان يشتروا منها، مما يعني انتقال السهم

---

[1] انظر دريد محمود علي السامرائي، مصدر سابق، ص47.

[2] انظر د.حسام عيسى، الشركات المتعددة القوميات، مصدر سابق، ص80.

من مالكيه في دولة الى مالكين جدد في دولة اخرى مما يشكل خطورة على الشركات بصفة عامة. حيث انه يؤدي الى سيطرة شركة متعددة الجنسية على شركة اخرى، وخاصة اذا كانت تلك الاخيرة من الشركات الصغيرة او المتوسطة الحجم، وعملية السيطرة تكون عن طريق الاسهم، سواء بطريقة مباشرة في الاسواق المالية العالمية او بطريقة غير مباشرة بواسطة وسطاء وبصورة سرية، وكذلك يتم في نفس الاسلوب نقل اموال شركة تابعة لشركة تابعة اخرى او الى الشركة الام نفسها.[1]

### 3- مسؤولية المساهم المحدودة:

ان ما يميز الشركة المساهمة عن باقي انواع الشركات وخاصة شركات الاشخاص هو ان مسؤولية الشريك فيها محددة بقيمة ما يملكه من اسهم في الشركة، فالمساهم غير مسؤول عن ديون الشركة الا في حدود ما يملكه من حصة مالية في راس مال الشركة، وهذا له اهميته في انه يساعد على اجتذاب المدخرين في توظيف اموالهم في الشركة المساهمة، فضلا عن انه يساهم في زيادة الانفصال بين المساهم والشركة، فالمساهم عندما تكون مسؤوليته عن ديون الشركة محدودة بقيمة ما يملكه من اسهم فيها، فانه لا يهتم كثيرا في ادارة هذه الشركة او رقابتها مما يعني تركز السلطة بايدي قلة من المساهمين الذين ياخذون على عاتقهم ادارتها بالشكل الذي يحقق لهم استثمارات ضخمة وارباحا عالية.[2]

ومن الجدير بالذكر انه في الاونة الاخيرة بدات الشركات متعددة الجنسية تصدر اسهما ذات طابع خاص، بحيث ان كل فئة منها يخص قسما من اقسام الشركة، وتكون مرتبطة معه من حيث الارباح الى جانب الاسهم الخاصة بنشاط الشركة كلها، ويعود لشركة (General Motors) فضل السبق، اذ انها اول شركة

---

[1] انظر فراس علي حسين عكلة الجبوري، اشخاص القانون الدولي العام في ظل العولمة، رسالة ماجستير، كلية القانون، جامعة الموصل، 2003، ص112.

[2] انظر د. حسام عيسى، الشركات المتعددة القوميات، المصدر السابق، ص77.

متعددة الجنسية استخدمت هذه الاسهم حيث انها اصدرت اسهما خاصة بانتاج قسم الطائرات من نوع (G.M.H) والنوع الاخر من الاسهم خاص بقسم انتاج انظمة المعلومات الالكترونية وهي من نوع (G.M.E) [1]، وهكذا بدات الشركات متعددة الجنسية تتفنن في كيفية اصدار اسهمها بما يحقق لها تركيز سلطة الاقتصاد الدولي بيدها.

المطلب الثاني

الشركة الوليدة بوصفها عاملا من عوامل

قيام الشركة متعددة الجنسية

تمثل الشركة متعددة الجنسية مرحلة جديدة من مراحل التركز الراسمالي اذ اطلق عليها تسمية عالمية الانتاج، فبتدويل ظاهرة الانتاج اصبحت العملية الانتاجية للشركات متعددة الجنسية لا تتم على مستوى قومي وانما على مستوى عالمي [2]، فالمؤسسات التي تقوم بتدويل ظاهرة الانتاج هي الشركات الوليدة او التابعة التي تكون منتشرة في دول مختلفة من العالم، اذن التركيب العضوي للشركات متعددة الجنسية هو عبارة عن شركة ام تعد المركز الاصلي للشركة متعددة الجنسية ككل وشركات وليدة او تابعة موزعة في دول عدة وتتمتع بالاستقلال القانوني عن الشركة الام مع خضوعها لسيطرة مركزية واحدة تمارسها الشركة الام عليها.

وتعرف الشركة الوليدة "بانها شركة ذات استقلال قانوني ولكنها تخضع عمليا لادارة ورقابة لصيقة من جانب شركة ام، ومظهر استقلالها القانوني يتمثل في شخصيتها الاعتبارية المستقلة وتنشا علاقة التبعية عمليا من ان الشركة الام

---

[1] انظر د.عماد محمد علي العاني، اندماج الاسواق المالية الدولية: اسبابه وانعكاساته على الاقتصاد الدولي، ط1، بيت الحكمة، بغداد، 2002، ص200.

[2] انظر د.حسام عيسى، الشركات المتعددة القوميات، مصدر سابق، ص85.

تستحوذ في الواقع على الاغلبية في مجلس ادارة الشركة الوليدة عن طريق تملكها لحصة مساهمة كافية في راسمالها تمكنها من السيطرة على الجمعية العامة" في حين يرى الاستاذ "جوجلار" بان الشركة الوليدة هي تلك "التي توجد في حالة تبعية بالنسبة لشركة اخرى اما لانها تمتلك اغلبية اصوات مجلس الادارة واما لانها تمتلك حصة كبيرة في راس المال"[1].

والشركة الوليدة باعتبارها عاملا مهما من عوامل تكوين الشركات متعددة الجنسية فانها تظهر الى الوجود اما عن طريق تكوين شركات وليدة على المستوى الدولي واما عن طريق الاستيلاء على شركات قائمة، ولكل من هذين الاسلوبين احكامه الخاصة به.

## أولا- تكوين شركات وليدة على المستوى الدولي:

يعد انشاء شركات وليدة هو الاسلوب العادي الذي تتبعه الشركات متعددة الجنسية في مد نشاطها في ارجاء مختلفة من العالم، بل انه يعد الاسلوب الوحيد الذي تسلكه الشركات متعددة الجنسية عندما تقوم بالاستثمار في الدول النامية.[2]

وتكوين شركات وليدة على المستوى الدولي لا يثير اية صعوبة من من وجهة نظر القانون التجاري، فتكوين شركات وليدة يتطلب قيام شرطين "اولهما ان يكون للشركة الام وفقا لاحكام قانونها الوطني الحق في تملك اسهم شركة اخرى وثانيهما ان يكون من الممكن وفقا لاحكام الدولة المضيفة ان تمتلك الشركة الام اسهم الشركة الوليدة بنسبة تسمح بالسيطرة عليها"[3].

ان قيام الشركات متعددة الجنسية بانشاء شركات وليدة على المستوى الدولي له ما يبرره، فهي فضلا عن الاسباب التي تدفعها الى هذا العمل المتمثلة في رغبتها بالتخلص من الرسوم الكمركية والقيود المفروضة على الاستيراد او تداول

---

[1] د. محمد شوقي شاهين، مصدر سابق، ص71.

[2] انظر د.محسن شفيق، المشروع ذو القوميات المتعددة، مصدر سابق، ص305.

[3] انظر د.حسام عيسى، الشركات المتعددة القوميات، مصدر سابق، ص104.

النقد، وكذلك حاجتها الى المواد الاولية ورغبتها في المنافسة وانخفاض مستوى الاجور وخاصة في البلدان النامية لتوظيف رؤوس الاموال والتكنولوجيا،[1] فان رغبتها في مد نفوذها وسيطرتها على اماكن شاسعة من العالم بدافع المنافسة والاحتكار وتشكيل قوة اقتصادية هائلة يكاد يكون العامل الرئيس الذي يدفع بالشركات متعددة الجنسية بتكوين شركات وليدة تابعة لها.

وان ما يميز الشركة الوليدة المقامة في دولة ما عن الشركة الوطنية هو خضوع الشركة الوليدة لسيطرة مركزية تمارسها الشركة الام عليها، حتى ان بعض القوانين كالقانون الانكليزي يعتبر الشركة الوليدة الخاضعة لسيطرة شركة اجنبية، اجنبية في قانون الرقابة على النقد.

وهناك بعض الشركات متعددة الجنسية وخاصة الكبرى منها عندما تقوم بتكوين شركات وليدة تابعة لها في دولة ما، فانها ترفض وبشكل قاطع مشاركة راس المال الوطني في تلك الدولة في تاسيس تلك الشركة، فمثلا شركة جنرال موتورز "General Motors" ترفض فكرة انشاء مشاريع مشتركة، ولا تقوم بالاستثمار في أي دولة تشترط قوانينها مشاركة راس المال الوطني في ملكية اسهم الشركة التي تقام فوق اراضيها[2]، كذلك الحال بالنسبة لشركة "IBM" التي تسيطر على السوق العالمية بالنسبة للحاسبات الالكترونية، حيث ان هذه الشركة ترفض أي مشاركة لراس المال الوطني في ملكية شركاتها الوليدة المقامة على المستوى الدولي[3].

وهناك من الشركات متعددة الجنسية ما يقبل بمشاركة راس المال الوطني في شركاتها الوليدة بشرط سيطرتها على ادارة ورقابة الشركات الوليدة، أي تبعية الأخيرة للشركة الام. وتاخذ هذه التبعية صورتين:

[1] انظر د.محسن شفيق، المشروع ذو القوميات المتعددة، المصدر السابق، ص305-306.

[2] انظر د.حسام عيسى، الشركات المتعددة القوميات، المصدر السابق، ص 116.

[3] انظر د.حسام عيسى، الشركات المتعددة القوميات، المصدر السابق، ص118.

**الاولى:** تكون التبعية تابعة من ذات الاطار التنظيمي للشركات متعددة الجنسية.

**والثانية:** تكون التبعية متاتية من طبيعة العقد المبرم بين الشركة الام وشركاتها الوليدة. فعلاقة التبعية قد تاخذ صيغة تنظيمية وقد تاخذ صيغة عقدية.[1]

### أ-الصيغة التنظيمية:

وتنشا هذه الصيغة على اساس طبيعة الترابط بين الشركة الوليدة والشركة الام، وهذا الترابط ياخذ شكل العلاقات التنظيمية التي تكون كامنة في النظام القانوني للشركة، فالعلاقات التنظيمية توجد لنا علاقة تبعية بين الشركة الام وشركاتها الوليدة.[2]

### ب-الصيغة العقدية:

بموجب هذه الصيغة فان الشركات الوليدة تتبع المركز الاصلي بموجب اتفاق قد ابرم بينهما، الا ان محل هذا الاتفاق او العقد يختلف عما هو عليه في العقود التقليدية "كاتفاقيات نقل التكنولوجيا واتفاقيات تراخيص الصناعة واتفاقات المعونة الفنية او اتفاقات الضم وتنفيذ عمليات صناعية لحساب منشاة اخرى او توريد مواد اولية لازمة للتشغيل خلال مدة معينة وتحت اشراف مشروع اخر، والوكالات والتشغيل التجاري والانشطة المتعلقة بالتجارة الخارجية عموما"[3].

وقد تجتمع الصيغتان –النظامية والعقدية- في شركة وليدة، فضلا عن الهيكل التنظمي الذي بموجبه تتبع الشركة الوليدة المركز الاصلي فقد يبرم بينهما اتفاق على تعميق صلة التبعية، وقد تفترق الصيغة العقدية عن الصيغة النظامية في تحديد الية التبعية فقد لا يكون الهيكل التنظيمي هو الاساس في تبعية الشركة الوليدة للمركز الاصلي، وذلك لعدم تملكها اموالا كافية في راس مال الشركة تمكنها من

---

[1] انظر د.محسن شفيق، المشروع ذو القوميات المتعددة، مصدر سابق، ص307.

[2] انظر: د.محمد شوقي شاهين، مصدر سابق، ص60.

[3] انظر د.محسن شفيق، المشروع ذو القوميات المتعددة، المصدر السابق، ص 257.

السيطرة عليها، لهذا تلجا الشركة الأم إلى عقد اتفاق مع الشركة الولايدة يدعم ويؤكد تبعية الأخيرة لها.

ان علاقة التبعية ليست واحدة، فهناك من الشركات الوليدة ما يترك لها قدرا من الحرية في اداء مهامها كوحدة انتاجية تسعى الى تحقيق الربح في اطار الاستراتيجية العامة للشركة ككل، وان حجم الحرية الذي يترك للشركات الوليدة يضيق ويتسع تبعا لاختلاف ظروف كل وحدة انتاجية -شركة وليدة- من حيث "اقدميتها واهميتها والبيئة التي تعمل فيها وخبرة القائمين عليها وبعدها عن المركز الاصلي وغير ذلك من الظروف التي تبرر منح وحدة معينة سلطات اكبر من غيرها"[1].

ومن مظاهر تبعية الشركة الوليدة للشركة الام عدم جواز تملك الشركة الوليدة اسهما في الشركة الام، والحكمة من هذا المنع هي حتى تبقى للشركة الام قدرة السيطرة والرقابة على شركاتها الوليدة وبالمقابل فان الشركة الام ملزمة ببيان اسماء الشركات الوليدة التابعة لها واسماء الدول التي توجد فيها ومقدار مساهمة الشركة الام في راسمالها، فضلا عن قيام الشركة الام باعداد الميزانيات والحسابات السنوية لشركاتها الوليدة.[2]

خلاصة القول ان الية تبعية الشركة الوليدة للشركة الام تندرج ضمن الاستراتيجية العامة للمشروع الاقتصادي الذي تضطلع به الشركات متعددة الجنسية، فعنصر التبعية الذي يجسد طبيعة العلاقة بين الشركات متعددة الجنسية ككل يبين لنا قصور التصور القانوني لطبيعة هذه الشركات، فعلى الرغم من استقلالية الوحدات المكونة لها كاشخاص قانونية لها شخصيتها المستقلة، الا انها تبقى من حيث الواقع عاجزة عن التصرف بارادة وحرية تامة، فالعلاقة التنظيمية او التعاقدية او كلتاهما معا تبينان بوضوح مواطن الخلل والضعف في شخصيتها القانونية المستقلة.

[1] انظر د.محسن شفيق، المشروع ذو القوميات المتعددة، مصدر سابق، ص 225.

[2] انظر عوني محمد الفخري، مصدر سابق، ص 70-71.

## ثانيا- السيطرة على شركات قائمة على المستوى الدولي:

قد تجد الشركات متعددة الجنسية من الانسب لها الاستيلاء على ملكية شركات قائمة بالفعل في دول عدة، فانشاء شركات وليدة هو ليس الاسلوب الوحيد الذي تستخدمه الشركات متعددة الجنسية في تحقيق استراتيجيتها الانتاجية العالمية. فلجوء الشركات متعددة الجنسية الى الاستيلاء على شركات قائمة يكون ضرورة تستدعيه اسباب عدة منها رغبتها في الحصول على المواد الاولية والسلع الوسيطة الضرورية للقيام بالعملية الإنتاجية، ومن ثم تعد السيطرة على تلك الشركات امرا حيويا ولازما يستدعيه التكامل الراسي الذي تقوم به هذه الشركات.[1]

وقد تلجا هذه الشركات الى هكذا طريقة للقضاء على منافسيها او احتوائهم نظرا لانها تنافسها في اسواق معينة، او قد يكون للشركات المراد الاستيلاء عليها "سبق تكنولوجي او خبرة في التسويق في مجال معين"[2]، وغيرها من الاسباب التي تستدعي الشركات متعددة الجنسية الى السيطرة على تلك الشركات تحقيقا للتكامل الافقي.

والاستيلاء على شركات قائمة يجعل تحت تصرف الشركات متعددة الجنسية "منشات حية لها مصانعها ومكاتبها وعمالها وعملاؤها وعلاقاتها التجارية والمصرفية وعلاماتها وأسماؤها"، وهذه الامور تفيد الشركات متعددة الجنسية في انها تقصر لها المسافات من حيث الكلفة والوقت، كما ان هذا الاسلوب يمكن الشركات متعددة الجنسية من دخول السوق المحلية في صمت يجنبها مناهضة الراي العام ولاسيما ان الشركات متعددة الجنسية تتعامل مع جمهور شديد الحساسية منها وخاصة في البلدان النامية.[3]

ومثل ما لهذا الاسلوب من مزايا فان له عيوبا وخاصة اذا ما اريد تطبيقه في البلدان النامية لأسباب منها ان تلك البلدان تفتقر الى وجود مثل تلك المنشات المراد

---

[1] انظر د.حسام عيسى، الشركات المتعددة القوميات، مصدر سابق، ص 141-142.

[2] انظر المصدر نفسه، ص 142.

[3] انظر د.محسن شفيق، المشروع ذو القوميات المتعددة، مصدر سابق، ص 204.

شراؤها على اراضيها، وهذا يجد اساسه في ان البنيان الانتاجي للدول النامية لا يتسم بالمرونة والاتساع المتمثل بوجود منشات صغيرة ومتوسطة يمكن للشركات متعددة الجنسية ان تشتريها وتعتبرها كوحدة تابعة لها في تلك الدولة، ناهيك عما يحمله الشعور الوطني من كراهية لنشاط الشركات المتعددة الجنسية، خاصة اذا ما تمثل بالغزو الاقتصادي لمنشاتها الوطنية.[1]

وعلى الرغم من المحاذير التي يثيرها هذا الاسلوب، فانه بعد اعقاب الحرب العالمية الثانية قد اتبعته الشركات متعددة الجنسية الامريكية في اوربا، فلقد بلغ عدد المنشات الاوربية التي استولت عليها الشركات الامريكية بالشراء خلال عشر سنوات من مطلع الستينات نحو (3.000) منشاة.

وكذلك نفس الاسلوب اتبعته الشركات البريطانية المتخصصة في المواد الغذائية مثل شركة oke-o"Br Bond & Cadbury" وغيرها لزيادة حجمها.[2]

## المطلب الثالث
## الاندماج الدولي للشركات متعددة الجنسية

تأخذ ظاهرة التركز الاقتصادي وسائل متعددة، وهي بهذا الوصف ليس لها شكل قانوني يخضع لنظام قانوني خاص به. فكل ما يعنيه التركز الاقتصادي هو عبارة عن "تجمع اقتصادي بين وحدات اقتصادية يختلف نظامه القانوني حسب العلاقة القانونية التي تربط هذه الوحدات الاقتصادية".[3]

ومن بين الوسائل التي يتخذها التركز الاقتصادي الشركات متعددة الجنسية على اعتبار أنها انسب الوسائل القانونية التي تفرغ فيها ظاهرة التركز الاقتصادي

---

[1] انظر:د.عماد الشربيني، مصدر سابق، هامش (1)، ص244.

[2] انظر د.محسن شفيق،المشروعات ذو القوميات المتعددة، مصدر سابق، ص 304- 305.

[3] د.حسام الدين عبد الغني الصغير، النظام القانوني لاندماج الشركات، ط1، دار الثقافة للطباعة والنشر، القاهرة، 1987، ص10.

والتراكم الراسمالي، غير أن ما تضطلع به الشركات متعددة الجنسية في هذا المجال تبرز اهمية في الاندماج الدولي للشركات متعددة الجنسية.

ويعد مفهوم الاندماج بين الشركات مفهوما قانونيا له احكامه واثاره الخاصة به، ورغم خلو التشريعات الوطنية من اعطاء تعريف له، الا ان الكثير من الفقهاء والكتاب قد تصدوا له وأعطوه تعاريف عدة.

فلقد عرفه الاستاذ "Chuilon" بانه "عملية تتضمن قيام شركة او عدة شركات بنقل كافة موجوداتها الى شركة اخرى قائمة يزيد راسمالها بمقدار هذه الموجودات او الى شركة جديدة، بحيث تتحمل الشركة الدامجة او الجديدة كافة خصوم الشركة المندمجة وتؤول الاسهم او الحصص الجديدة التي تمثل هذه الموجودات الى الشركات المندمجة".[1]

وعرف بانه "دمج شركة او اكثر بشركة قائمة قانونا او دمج شركتين في الاقل لتكوين شركة جديدة، وتتطلب عملية الاندماج اذن وجود شركتين في الاقل وانتهاء الشخصية المعنوية للشركة المندمجة".[2]

بينما يعرفه الدكتور محسن شفيق بانه "فناء شركة او اكثر في شركة اخرى، او فناء شركتين او اكثر وقيام شركة جديدة تنتقل اليها ذمم الشركات التي فنيت"[3].

ويتضح من هذه التعاريف ان للاندماج صورتين:

**الأولى: الدمج بطريقة الضم "الابتلاع":** وتعني هذه الطريقة فناء شركة او اكثر في شركة قائمة فعلا، أي فناء شركة وطنية في شركة وطنية وليدة او تابعة لشركة ام اجنبية، فتكون الشركة الوليدة هي الدامجة والشركة الوطنية هي

---

[1] المصدر نفسه، ص25.

[2] كامل عبد الحسين البلداوي، دمج وتحويل الشركات - دراسة في التشريع العراقي، مجلة اداب الرافدين، تصدرها كلية الاداب، جامعة الموصل، العدد 19، 1989، ص214.

[3] د.محسن شفيق، الوسيط في القانون التجاري المصري، ج1، ط3، النهضة المصرية، القاهرة، 1957، ص664.

المندمجة، فيتم نقل اموال وموجودات واصول وديون الشركة المندمجة الى الشركة الدامجة.[1]

**الثانية: الدمج بطريقة المزج:** وهذه الطريقة تعني ان جميع الشركات الداخلة في عملية الاندماج تفنى وتزول عنها شخصيتها المعنوية، وتقوم على انقاضها شركة جديدة، غير ان الاندماج بطريقة الضم "الابتلاع" هي الطريقة الاكثر رواجا في العالم الراسمالي نظرا لما في الدمج بطريقة المزج من تكاليف باهضة تتمثل في ارتفاع نفقات الدمج وزيادة الضرائب والرسوم نتيجة للزيادة في حجم الاصول التي تم نقلها الى الشركة الجديدة.[2]

وللاندماج بصورة عامة مفهومان احدهما اقتصادي والاخر قانوني، وليس بالضرورة ان يتطابق المفهومان حتى نكون امام حالة اندماج، فالمفهوم الاقتصادي أوسع في مداه من المفهوم القانوني، حيث انه يشمل صورا للتركز الاقتصادي لا تعد من قبيل الاندماج كمفهوم قانوني[3]، فعلى سبيل المثال لا يعد من قبيل الاندماج بالمفهوم القانوني اذا ما قامت شركة ما بنقل اصولها الصناعية الى شركة اخرى مع استمرار الاولى قائمة كشركة قابضة ليس لها من نشاط إلا ادارة ما تملكه من اسهم في الشركة المقبوضة وممارسة سيطرتها عليها[4]، فهكذا عمل على وفق المفهوم الاقتصادي يعد من قبيل الاندماج، لان ما يهم الاقتصاد هو وحدة المشروع الاقتصادي، ولكن على وفق المفهوم القانوني لا يعد من قبيل الاندماج لانه قد بقيت

---

[1] انظر عوني محمد الفخري، مصدر سابق، ص110، كذلك انظر بنفس المعنى نغم حنا رؤوف نيس، النظام القانوني لزيادة راس مال الشركة المساهمة، سلسلة الرسائل القانونية، ط1، الدار العلمية الدولية ودار الثقافة للنشر والتوزيع، عمان، 2002، ص63.

[2] انظر د.حسام عيسى، الشركات المتعددة القوميات، مصدر سابق، ص 88-89.

[3] انظر: د.حسام الدين عبد الغني الصغير، مصدر سابق، ص15. كذلك انظر د. احمد محمد محرز، اندماج الشركات من الجهة القانونية: دراسة مقارنة، منشأة المعارف، الاسكندرية، بدون سنة طبع، ص18 ومابعدها.

[4] انظر د.حسام عيسى، الشركات المتعددة القوميات، المصدر السابق، ص 89.

الشركة التي نقلت اصولها الصناعية محتفظة بشخصيتها القانونية وهذا يتنافى مع الاندماج كنظام قانوني.

والاندماج الدولي مثلما يقوم بين الشركات الوليدة او التابعة والشركات الوطنية القائمة في اماكن تواجد تلك الشركات، فانه كذلك يتم مع شركات عملاقة قابضة "شركات ام" والغاية من هذا الاندماج ليست لزيادة السيطرة والتبعية فحسب وانما الغاية الاساس في تركيز رؤوس الاموال لتقوية مركزها في الاسواق العالمية، مما يعني زيادة قدرتها على منافسة الشركات المماثلة، وخير مثال على ذلك اندماج شركة دانلوب البريطانية مع شركة بيريللي الايطالية عام 1971 لمنافسة الامريكية لصناعة المطاط، وبالاخص الشركات المتخصصة في انتاج اطارات المركبات.[1]

والاندماج الدولي هو الذي يتم بين شركتين او اكثر تحمل جنسيات مختلفة، غير ان هذا لا يعني عدم اهمية الاندماج الذي يحصل بين شركتين تحملان نفس الجنسية، خاصة اذا كانت الشركة الدامجة شركة وليدة، حيث انه يؤدي بطريقة غير مباشرة الى الاندماج الدولي.

وتزداد أهمية الاندماج الدولي بين الشركات متعددة الجنسية اذا اقترن الاندماج بالاسواق المالية العالمية، فاندماج الأسواق المالية العالمية تعود الى "انعكاسات بالغة الاهمية على مجمل محاور الاقتصاد الدولي من خلال التأثير في كفاءة التخصص العالمي للمدخرات وابتكار مصادر جديدة للتمويل الدولي وزيادة السيولة الدولية، فضلا عن انعكاساتها في مستوى اسعار الفائدة الدولية واسعار الصرف، الى جانب تاثيرها في فعالية السياستين المالية والنقدية في الاقتصاد القومي[2]، لهذا فان اكبر المصارف الدولية تتجه اليوم نحو الاندماج فيما بينها لتعمل معا على المستوى الدولي في تامين الخدمات المالية.[3]

---

[1] انظر: عوني محمد الفخري، مصدر سابق، ص111.

[2] د.عماد محمد علي العاني، مصدر سابق، ص15.

[3] انظر د.فؤاد مرسي، مصدر سابق، ص138.

ويكمن سبب انتقال المصارف المالية والاسواق المالية من العمل ضمن النطاق الاقليمي الى العمل على المستوى الدولي في انه استجابة لتمكين الشركات متعددة الجنسية وفروعها الدولية من الحصول على المستلزمات المالية، وهذا يبدو واضحا من خلال تحول المصارف الامريكية من اطارها القومي إلى إطارها الدولي استجابة لخروج الشركات الامريكية من ذات الاطار، وقد حذت المصارف الاوربية واليابانية حذو نظيرتها الامريكية بغية تمكين شركاتها من الحصول على المواد اللازمة للقيام باعمالها في دول العالم كافة[1].

ان الطابع الدولي لعمليات الاندماج بين المؤسسات المالية الذي حدث بكثرة في الاونة الاخيرة بعـد مرحلة الانفتاح المالي الدولي – سوف يعكس التقارب الاقتصادي وخاصة في المجـال المصرفي والمـالي بـين الاقتصادات الدولية، الذي تلعب فيه الشركات متعددة الجنسية دورا بارزا ومعقدا في نسج نظام اقتصادي دولي جديد يتناسب ومعطيات موجة الاندماجات التي تقوم بها الشركات متعددة الجنسية فيما بينها.

ومن الجدير بالذكر ان هناك امثلة عديدة على موجة الاندماجات الحاصلة بين الشركات متعددة الجنسية ومنها "ماحصل مع شركة جنرال الكترك" الامريكية و تحالفها مع (62) شركة منتشرة في (19) دولة، و "شركة كرايزلر" الامريكية التي تملك حصة بنسبة (24%) من "شركة ميتسوبيشي" اليابانية، وهذه بدورها تملك حصة في "شركة هونداي" الكورية، و "شركة فورد" الامريكية بنسبة (25%) في "شركة مازدا" اليابانية، وهذه بدورها تصنع في امريكا سيارات "لشركة فورد" وكلاهما تملكان حصصا في "شركة كيا" الكورية، وشركتا "فورد ونيسان" لهما مصانع في استراليا، و "شركتا فورد وفولكس فاكن" شركة واحدة في امريكا الجنوبية تنتج شاحنات للولايات المتحدة، وتملك"شركة جنرال موتورز" نسبة (41%) من "شركة اسوزو" وهذه بدورها تقيم ائتلافا مع "شركة سوبارو" المملوكة

---

[1] انظر: د.عماد محمد علي العاني، مصدر سابق، ص187.

"لشركة نيسان" اليابانية، اما شركات الالكترونيات فلها تحالفاتها العالمية ايضا، مثل "شركة سيمنز" الالمانية و"شركة فيليبس" الهولندية و"شركة JVC" و"شركة بول" و"شركة تومسون" في فرنسا و "شركة اولفيتي" في ايطاليا و"شركة ITT وIBM " في امريكا وشركات "كونترول داتا وفوجيتو وتوشيبا وNEC " في اليابان[1].

وتقوم الشركات متعددة الجنسية فضلا عما سبق ذكره باتخاذ استراتيجية التنويع غـير المـترابط في الانتاج والتسويق، ذلك انها تتخذ طابع الاندماج مع شركات اخرى مختلفة في طبيعة الانتاج، أي التنويع في الانشطة دون ان يكون هناك ادنى ترابط فني في الانتاج الذي تقوم به.

فعلى سبيل المثال ان شركة التلفون والتلغراف الدولية "ITT" تضم الى ملكيتها شركات فنادق شيراتون، كذلك فان شركة "تايم وارنر" لها ملكية العديد من الاسهم والسندات في شركات النشر والاعلام والملاهي "من استوديوهات هوليود الى المجلة الامريكية الشهيرة الى شبكة الاخبار CNN مرورا بالتلفزيون بالكابل"[2].

وعلى الرغم من اهمية الاندماج الدولي كاداة لتكوين الشركات متعددة الجنسية، الا انها تصطدم بعقبات قانونية تعيق اهميتها كاداة قانونية مثلى لتكوين الشركات متعـددة الجنسـية، وهـذا مرجعـه الى تعدد الاحكام المنظمة للاندماج وتضاربها بين تشريع واخر من جهة، وعـدم وجـود قواعـد دوليـة تحكـم عملية الاندماج بين الشركات من جهة اخرى.

[1] فراس علي حسين عكلة الجبوري، مصدر سابق، ص118.
[2] د. اسماعيل صبري عبد اللـه، الكوكبة الرأسمالية في مرحلة ما بعد الامبريالية، مجلة المستقبل العربي، عدد (222)، مركز دراسات الوحدة العربية، بيروت، 1997، ص13. كذلك انظر بنفس المعنى د. ريمون حداد، مصدر سابق، ص353.

# الفصل الثاني

## التنظيم الدولي للشركات متعددة الجنسية

# الفصل الثاني
## التنظيم الدولي للشركات
## متعددة الجنسية

تعد الشركات متعددة الجنسية من أهم الوحدات الاقتصادية - السياسية الفعالة في العلاقات الدولية، فهي لم تعد عبارة عن شركات تمارس انشطتها داخل اقليم دولة ما، وانما تعدت به لتشمل عشرات الدول مما اثار العديد من المشاكل والتساؤلات في نفس الوقت عن طبيعة الاليات القانونية التي يمكن ان تكون محددات لانشطة تلك الشركات.

ان الدور الفاعل الذي تلعبه الشركات متعددة الجنسية في محيط العلاقات الدولية لا يمكن تجاهله او التغاضي عنه باية حال من الاحوال فقد اخذت في الاونة الاخيرة تنافس الدول بل احيانا تفوقها في التاثير في العلاقات الدولية المتبادلة كونها تشكل قوة ضغط في رسم السياسة الخارجية للدولة الام، وفوق كل هذا لم تقف الشركات متعددة الجنسأية عند هذا الحد بل دفعتها مصالحها نحو التدخل في شؤون العديد من الدول و بلغت هذه التدخلات ذروتها في اطاحة شركة (I.T.T) بحكومة "السلفادور الليندي" رئيس تشيلي عام 1973.[1]

ازاء هذا الوضع المتفاقم الذي صوره لنا نشاط الشركات متعددة الجنسية - فيما ذكرنا سابقا - فضلا عن اثارتها للعديد من المشاكل وخاصة تلك المتعلقة بنقل التكنولوجيا الى الدول المضيفة ومسالة العمالة في الوحدات الفرعية التابعة لها، وقصور الانظمة القانونية لكل دولة عن الاحاطة بتلك الانشطة، ازاء هذا الوضع بات تنظيم انشطتها امرا مهما وحيويا في نفس الوقت، فلقد عمدت الامم المتحدة الى اعداد الدراسات والتقارير عن انشطة تلك الشركات وعن طريق لجنة الشركات

---

[1] انظر د.عبد المجيد العبدلي، مصدر سابق، ص221.

متعددة الجنسية بغية الوصول الى افضل الحلول التي يمكن ان تعطي في المستقبل تنظيما دوليا شاملا لانشطة الشركات متعددة الجنسية، والامر لم يقتصر على منظمة الامم المتحدة فحسب بل تعداه ليشمل المنظمات الدولية الاخرى سواء كانت حكومية ام غير حكومية.

ولغرض الاحاطة الكافية حول التنظيم الدولي للشركات متعددة الجنسية، فقد تم تقسيم هذا الفصل الى مبحثين تناول الاول التنظيم الدولي لبعض نشاط الشركات متعددة الجنسية في مطلبين تناول الاول نقل التكنولوجيا ومحاولة تنظيمها دوليا اما الثاني تناول مسالة العمل في الشركات متعددة الجنسية ومحاولة تنظيمه دوليا.

اما المبحث الثاني فقد تناول التنظيم الدولي الكلي لنشاط الشركات متعددة الجنسية في مطلبين تضمن الاول دور الامم المتحدة في رسم معالم هذا التنظيم اما وتناول المطلب الثاني دور المنظمات الدولية الاخرى في تنظيم نشاط هذه الشركات.

المبحث الأول
التنظيم الدولي لبعض نشاط الشركات
متعددة الجنسية

تكمن دوافع التنظيم الدولي في فكرة اساسية وان كانت متناقضة بطبيعتها الا انها تقف وراء كل تنظيم دولي، وهذه الفكرة هي الصراع ما بين النزعة الجماعية والنزعة الفردية في العلاقات الدولية وتغلب الاولى على الثانية[1]. مما يعني ان تغلب النزعة الجماعية المتمثلة بمصلحة المجتمع الدولي على النزعة الدولية المتمثلة بالمصالح الخاصة للشركات متعددة الجنسية هو الدافع وراء المحاولات المتكررة من قبل المنظمات الدولية لتنظيم انشطة هذه الشركات دوليا.

فقصور التنظيم القانوني عن الإحاطة الفعلية بنشاط الشركات متعددة الجنسية اثار العديد من المشاكل، فالشركات متعددة الجنسية - كما هو معلوم- تطلق العنان لانشطتها المختلفة بدافع الربح ولايهمها سواء ادى ذلك الى الحاق خسارة لدى الدول المضيفة او اضر بالعاملين في الوحدات التابعة لها. وحسب العديد من الدراسات التي اجرتها الامم المتحدة فان الشركات متعددة الجنسية عندما تقوم بنقل التكنولوجيا الى الدول المضيفة فانها تعمد الى عدم نقل التكنولوجيا المتطورة، وانما تنقل التكنولوجيا التي تمكنها من فرض سيطرتها على الشركات التابعة لها الموجودة في البلدان المضيفة لها، فاذا اقتضت إستراتيجيتها الكونية تسريح جانب من العاملين فانها لا تابه بذلك حتى لو ادى ذلك العمل الى الاضرار بالمراكز القانونية للعاملين او اوضاعهم المعاشية.

---

[1] انظر د. عدنان نعمة، السيادة في ضوء التنظيم الدولي المعاصر، بيروت، 1978، ص47، كذلك انظر: جوزيف تشمبرلن، التعاون الدولي وتنظيمه، ترجمة د. عبد الله العريان دار المعرفة، القاهرة، 1961، ص 19 ومابعدها.

وانطلاقا من هذا كله فلقد ركزنا في هـذا المبحـث عـلى التنظيم الـدولي لاهـم مشـكلتين يثيرهما نشاط الشركات متعددة الجنسية على وفق تقسيم منهجي في مطلبين تناول الاول منهما نقل التكنولوجيا ومحاولة التنظيم الدولي لها وتناول الثاني فقد العمل ومحاولة التنظيم الدولي له.

المطلب الاول
نقل التكنولوجيا ومحاولة تنظيمها دوليا

إن نقل التكنولوجيا يعد من اهم الوسائل التي تلجا اليها الدول النامية في سبيل تحديث صناعتها، وهذا يعني ان هناك علاقة قانونية تنشا بين الناقل للتكنولوجيا والمتلقي لها، وان الطرف الناقل في اكثر الاحيان يتمثل بالشركات متعددة الجنسية، هذه الشركات التي تعد الرائد في عملية نقل التكنولوجيا للدول النامية مما يستتبعه زيادة تبعية اقتصادية تلك البلدان لنشاط هذه الشركات عـبر قنـوات قانونيـة متمثلة بالعقود التي تبرمها تلك الشركات مع البلدان المضيفة لها.

ولغرض الإحاطة الكافية بعملية نقل التكنولوجيا والاثار التي تخلفها على الدول الناميـة والأدوات القانونية التي تمر عبرها فقد قسمنا هذا المطلب الى ثلاثة فروع تناول الاول تحديد المقصود بالتكنولوجيا ذاتها ونقلها والثاني تناول بعض الادوات القانونية التي تفرغ فيها هذه العملية و يتضمن الثالث عمليـات نقل التكنولوجيا ومحاولة تنظيمها دوليا.

## الفرع الاول: المقصود بالتكنولوجيا ونقلها

تعتبر التكنولوجيا -شانها شان أي ظاهرة فكرية- ذات مفاهيم متعددة، وهـذا التعـدد قد نتج بطبيعة الحال عن تعدد الزوايا التي ينظر منها إليها، بـل أحيانـا قـد تتعـدد مفاهيمهـا مـن وجهـة النظـر الواحدة، فالتكنولوجيا ليس لها مفهوم محدد حتى

لدى الخبراء في المنظمات الدولية المتخصصة او في عالم المشروعات الاقتصادية او حتى في اللغة الدارجة.[1]

وهناك العديد من التعاريف التي قيلت بشان التكنولوجيا، الا انها ركزت على الجانب الاقتصادي دون القانوني، فلقد عرفت بانها "التطبيق العملي للابتكارات والاختراعات العلمية في المجالات والأنشطة الاقتصادية". ولقد عرفها John k.Gabraith بانها "التطبيق المنهجي للعلم ولكل المعارف الاخرى المنظمة لاغراض عملية"[2]

كما عرفها الفقيه Roubier بانها "ابتكار جديد في المجال النفعي لحقوق الملكية الصناعية وان كان لا يعطي صاحبه حقا كما هو شان الحق الناشئ عن براءة الاختراع، وان كان يضعه في مركز قانوني يعطيه الحق في رفع دعوى المنافسة غير المشروعة"[3].

اما نقل التكنولوجيا فيقصد به "استيراد المعارف ووسائل الانتاج"[4]. ولقد تضمن مشروع القانون المصري لتنظيم نقل التكنولوجيا تعريفا لنقل التكنولوجيا هو "نقل المعرفة المنهجية اللازمة لانتاج او تطوير منتج ما، او لتطبيق وسيلة او طريقة، او لتقديم خدمة ما، ولا يعتبر نقلا للتكنولوجيا مجرد بيع او شراء او استئجار السلع"[5].

وعلى الرغم من انتشار مفهوم "نقل التكنولوجيا" في اوساط الباحثين والدارسين الا انه ما زال يكتنفه الكثير من الغموض والابهام، فلا يوجد هناك ادنى

---

[1] انظر: د.انس السيد عطية سليمان، الضمانات القانونية لنقل التكنولوجيا الى االدول النامية والمشروعات التابعة لها: دراسة في الاطار القانوني للنظام التكنولوجي الدولي السائد، دار النهضة العربية، القاهرة، 1996، ص15.

[2] المصدر نفسه، ص18.

[3] عوني محمد الفخري، مصدر سابق، ص131.

[4] د.عبد الستار كاظم الطائي، العولمة واثرها في نقل التكنولوجيا في الوطن العربي، بحث مقدم الى ندوة العولمة واثارها على الاقتصاد العربي، ج5، بيت الحكمة، بغداد، 2002، ص77.

[5] د.انس السيد عطية سليمان، مصدر سابق، ص29.

اتفاق حول طبيعة المواضيع التي يغطيها، لذلك فان البعض يرى ان عملية نقل التكنولوجيا التي تقوم بها الشركات متعددة الجنسية تاخذ اشكالا متعددة دون ان تنطوي تحت مفهوم محدد، فهذه الاشكال تتضمن:

- " تصدير مواد ومنتجات جاهزة للاستعمال في اسواق الدول النامية دون الحاجة الى اجراء اية تعديلات عليها.
- تقديم مساعدة فنية في ميدان معين تحتاجه الدول النامية سواء كان ذلك لمشاريع صناعية او زراعية او تطوير لمرافق عامة.
- اعطاء الحق في استخدام العلامة التجارية للشركة او براءة اختراع لانتاج مادة معينة من قبل الشركات المحلية او بالتعاون معها.
- الاستثمار المباشر عن طريق تاسيس فرع للشركة بانتاج مواد معينة وتسويقها لحسابها مباشرة.
- الاستثمار المشترك بالتعاون مع الدولة النامية المعينة او مع بعض مواطنيها بشكل جزئي[1].

ويبدو ان عدم الاتفاق حول طبيعة المواضيع التي يغطيها مفهوم نقل التكنولوجيا مرده الى الاختلاف والتضارب في مصالح طرفي التعامل في مثل هذا المجال، وهو الامر الذي دفع كل طرف الى ان يروج للمفهوم بما يخدم مصالحه ويحقق استراتيجيته، وهذا يبدو واضحا من خلال محاولة الدول المتقدمة في المناقشات التي جرت على الساحة الدولية بشان وضع ميثاق قواعد السلوك الدولية لنقل التكنولوجيا، ان تضفي طابعا تجاريا على صفقات نقل التكنولوجيا باستخدامها تعابير "على اساس تجاري او لاغراض تجارية" في حين ان الدول النامية قد استبعدت مثل هذه التعابير بتاكيدها على أن تكون عملية نقل التكنولوجيا ذات طابع

[1] د.فوزي عبد الله العكش، الشركات متعددة الجنسية ودورها في عملية نقل التكنولوجيا، مجلة البحوث الاقتصادية والادارية، العدد(2)، جامعة بغداد، 1981، ص86.

فني.[1] غير ان هذا لا يخل في ان الخيار بـين التعـاون الـدولي والمنافسـة الدوليـة امر ضروري في النطاقين الاجتماعي والاقتصادي بل تعداه ليشمل الأمن الدولي.[2]

## الفرع الثاني: الأدوات القانونية لنقل التكنولوجيا

ان عملية نقل التكنولوجيا لا تأتي من فراغ بل أن هناك عدة قوالب وأشكال قانونية تفرغ فيها، حتى يتسنى لكلا الطرفين (الناقل والمتلقي) الالتزام بواجباتهما والتمتع بحقوقهما، والشكل القانوني لعملية نقل التكنولوجيا هي العقود، غير ان "واقع التجارة الدولية للتكنولوجيا لا يعرف الـنمط العقـدي المـوحد ذي النظام القانوني الخاص الذي يبرر وصفه بعقد نقل التكنولوجيا، وإنما يعرف أنماطا متنوعة ومتباينة من العقود، لكل منها طبيعته ونظامه القانوني المميز، ويرجع ذلك جزئيا الى الطبيعة الخاصة للتكنولوجيا بما تتميز به من تعدد وتنوع في صورها وأشكالها، وبالتالي في المجسدات المادية لها. كما يرجع ذلك بالدرجة الاولى الى اختلاف طبيعة ومضمون الطلب التكنولوجي للطالب ذاتـه، والى اختلاف وتباين الاستراتيجيات التكنولوجية المختارة لدى كل من طالبي وعارضي التكنولوجيا في السوق الدولية"[3].

والعقود التي يتم بموجبها نقل التكنولوجيا تأخذ أشـكالا متعددة منهـا علـى سـبيل المثال عقـد الترخيص وعقد تسليم مفتاح باليد وعقد الإدارة وعقد المساعدة الفنية وغيرها من العقـود التـي ابتكرت حديثا لتواكب التطور التكنولوجي الذي يشهده المجتمع الدولي.

**1-عقد الترخيص:** وهو العقد الذي بمقتضاه يتم السـماح لمنشـاة وطنيـة لاستعمال حـق مملـوك لمشروع أجنبي، ولهذا الحق صور متعددة منها استحداث

---

[1] انظر: د.انس السيد عطية سليمان، مصدر سابق، ص78.

[2] انظر: د. محمد طلعت الغنيمي، الغنيمي في التنظيم الدولي، منشاة المعارف، الاسكندرية، 1974، ص67.

[3] د.انس السيد عطية سليمان، مصدر سابق، ص243.

المشروع الاجنبي طريقة جديدة للصناعة أو وضعه تصميما جديدا لآلة أو اختراع ابتكره او نموذج ابتدعه، ويستوي الامر في ذلك سواء كان الحق مشمولا أم غير مشمول بالحماية المقررة للملكية الصناعية[1].

ويحقق عقد الترخيص مزايا عظيمة ومتعددة للشركات متعددة الجنسية، منها حماية استراتيجية هذه الشركات في مجال نقل التكنولوجيا من التصدع نتيجة الشيوع والتقادم والتقليد كذلك حماية أسواق صادراتها خاصة إذا كان الترخيص مرتبطا بتصنيع المنتج محليا، كما هي العادة في الصناعات الهندسية، كما تحقق تجارة التكنولوجيا عائدا ماليا كبيرا تساعد الشركة متعددة الجنسية على نشر نفقات التجدد التكنولوجي، فضلا عن ان الترخيصات عادة ما تصطحب لاحد اوجه النشاطات الاخرى كالشركات متعددة الجنسية مثل عقود الادارة واتفاقات المساعدة الفنية والرقابة على النوعية واحيانا المشروعات المشتركة[2].

**2- عقد تسليم المفتاح باليد:** ويقصد به "التزام المورد بان يسلم المشتري مجمعا صناعيا في حالة تسمح بتشغيله مع تحمل المورد المسؤولية الكاملة عن التشييد، وضمان التشغيل بالمعدلات المتفق عليها - لقاء مقابل محدد[3].

ومن خصائص هذا العقد انه تجتمع فيه عدة مميزات[4]، غير انه لا يخلو من المساوئ، ومنها حصول المقاول (المورد) على مقابل باهظ الثمن لقاء التزاماته، فضلا عن الخطورة الناشئة عن عدم استيعاب التكنولوجيا من قبل "المتلقي" بعد

[1] انظر: د.محسن شفيق، المشروع ذو القوميات المتعددة، مصدر سابق، ص258-295.

[2] انظر: د. محمد السيد سعيد، الشركات عابرة القومية ومستقبل الظاهرة القومية، عالم المعرفة، الكويت، 1986، ص292.

[3] د.انس السيد عطية سليمان، مصدر سابق، ص252-253.

[4] جاء في التقرير الذي اعدته اللجنة الاقتصادية الاوربية حول تعريفها الوصفي لعقد تسليم المفتاح باليد "ان عقد المعرفة الفنية منفردا او مرتبطا بعقود تنازل عن برءات الاختراع او عقود ترخيص وعقد الاعمال الهندسية، وعقد الاشغال العامة المعتمدة في عقود نقل الصناعة الميكانيكية تشكل جميعها عناصر في كل واحد او مركب واحد يشار اليه عادة باصطلاح مفتاح باليد". انظر: د.انس السيد عطية سليمان، مصدر سابق، ص255.

قطع العلاقة ما بين الناقل والمتلقي، وهذا ناشئ عن التخلف العلمي والحضاري في الدول المتلقية مما يعني توقف المصنع الذي نشا بموجب هذا العقد عن العمل[1].

والى جانب هذين العقدين توجد عدة عقود - كما ذكرنا سابقا - الغرض منها تنظيم عملية نقل التكنولوجيا بين الناقل والمتلقي، أي نقل زمام السيطرة من الناقل الى المتلقي، غير أن تلك الأدوات القانونية لم تجد نفعا في مسالة نقل السيطرة، اذا بقيت السيطرة على الشركات الوليدة والمشتركة من الناحية الفعلية بيد الشركات متعددة الجنسية، ولإيضاح هذه المسالة يذهب الدكتور حسام عيسى ـ الى القول "ان وجود عقد مكتوب بين الفرع او الشركة الوليدة وبين الشركة الام او حتى بين المشروع المشترك والشركة الأجنبية المشاركة فيه لن يضيف كثيرا الى قدرة الهيئة المشتركة على سجل نقل التكنولوجيا على فرض رقابة حقيقية وفعالة على شروط نقل التكنولوجيا... اذ تستطيع الشركة الام من خلال ما تمارسه من سيطرة على شركاتها الوليدة او حتى على مشروعاتها المشتركة التي تساهم فيها باستخدام اليات قانون الشركات تستطيع ان تفرض ما تشاء من قيود على نشاط الشركة او المشروع المشترك مقابل نقل التكنولوجيا دون حاجة الى افراغ هذه القيود في شكل شروط عقدية، بحيث يبقى عقد نقل التكنولوجيا المبرم في مثل هذه الحالات مجرد شكل بلا مضمون لا يعكس اطلاقا حقيقة العلاقات القائمة بين طرفيه"[2].

وتؤكد هذه الشروط وغيرها التي تفرغ في هذه العقود احكام سيطرة الشركة الام على شركاتها الفرعية، أي سيطرة الشركات العملاقة في الدول المتقدمة على الشركات الوليدة التي تستفيد من خبراتها في الدول النامية، وبهذا فان هناك جملة نتائج تترتب على وجود مثل هذه العقود وهي:

1- انها تعتبر وسيلة التعبير القانوني في اشتراك الشركات متعددة الجنسية مع فروعها في الموارد.

[1] انظر: عوني محمد الفخري، مصدر سابق، ص136.
[2] د.حسام عيسى، مشروع القانون المصري لتنظيم نقل التكنولوجيا، دراسة نقدية، القاهرة، 1988، ص23.

2- تعد هذه العقود احدى النتائج المترتبة على النفوذ الذي يمارسه مركز اتخاذ القرار في الشركات متعددة الجنسية.

3- تعد هذه العقود احدى الطرق الأساسية في تحقيق ممارسة هذا النفوذ.[1]

## الفرع الثالث: محاولة تنظيم نقل التكنولوجيا دوليا

ينجم عن نقل التكنولوجيا مشاكل سياسية واقتصادية عدة، مما ادى الى تحرك الدول نحو وجوب وضع تقنين دولي لنقل التكنولوجيا. فالمشاكل الناجمة عن عملية النقل تمثل دوافع نحو التنظيم الدولي لها. والتنظيم الفعلي لها يمثل ترجمة رغبة الدول نحو ضرورة التنظيم الى واقع عملي ملموس وهذا ما تم بحثه في محورين تضمن الاول دوافع التنظيم أما الآخر فقد تضمن الجهود الدولية لتنظيم نقل التكنولوجيا

### أولا- دوافع التنظيم الدولي:

تتضح دوافع التنظيم الدولي لنقل التكنولوجيا فيما تظهره تلك العملية في العديد من المشاكل على المستوى الدولي ولا سيما ان هناك اطرافا دولية - الدول النامية- بحاجة ماسة الى استخدام التكنولوجيا في صناعتها، والشركات متعددة الجنسية عندما تقوم بالتفاوض مع تلك الدول فيما يتعلق بنقل التكنولوجيا اليها فانها تاخذ بنظر الحسبان الربح المتحقق لها اولا وديمومة حاجة تلك البلدان للتكنولوجيا ثانيا، ومن هنا تبرز مشكلة نقل التكنولوجيا.

فالدول المضيفة تبحث دائما عن المشروعات الاجنبية التي تزود منشاتها وشركاتها باساليب علمية حديثة لزيادة انتاجها، وهذا يتم عن طريق افراغ هذا

---

[1] انظر د.عبد المعز عبد الغفار نجم، مصدر سابق، ص103.

التصرف في اتفاقات خاصة تعمل الشركات متعددة الجنسية من خلالها على امكانية فرض الرقابة والاشراف على منشات وشركات الدول المضيفة.[1]

فغاية التنظيم الدولي بصفة عامة هو احلال السلام والرفاهية بين اعضاء المجتمع الدولي.[2] وان هذا التنظيم قد قام على اساس تعزيز الامن السياسي والقومي وتوطيد الرفاهية الاقتصادية والاجتماعية.[3] وتشاطر الدكتورة عائشة راتب هذه الفكرة بالقول ان دوافع التنظيم الدولي تكمن في الامن الجماعي والتعاون الاقتصادي والاجتماعي والثقافي[4]. في حين ان الدكتور محمد حافظ غانم يرى دوافع التنظيم الدولي تكمن في التضامن الدولي والامن الجماعي ومعالجة الاختلالات الاقتصادية والاجتماعية.[5]

اذن فالدوافع وراء التنظيم الدولي لانشطة الشركات متعددة الجنسية يكمن وراء فكرة السلام والرفاهية. فهذه الاخيرة كانت الدافع وراء الكثير من اوجه التنظيم الدولي المعاصر، فهي التي تدفع الدول نحو التعاون في مجالات الاجتماع والاقتصاد والثقافة والتعليم.[6]

وحيث ان مسالة التبعية تعكر صفوة السلام والرفاهية التي ينشدها المجتمع الدولي فقد افرغتها -أي التبعية- الشركات متعددة الجنسية في عقود نقل التكنولوجيا فبات امر تنظيم عملية نقل التكنولوجيا امرا ضروريا وقبل الكلام عن

---

[1] انظر د. محسن شفيق، المشروع ذو القوميات المتعددة، مصدر سابق، ص258. كذلك انظر د. غفار عباس كاظم، نقل التكنولوجيا في اطار النظام الاقتصادي الدولي، مجلة الوحدة الاقتصادية العربية، العدد (2)، تصدر عن الامانة العامة لمجلس الوحدة الاقتصادية العربية، 1985، ص50.

[2] انظر د.محمد السعيد الدقاق، المنظمات الدولية (العالمية والاقليمية) مؤسة الثقافة الجامعية، الاسكندرية، 1978، ص7.

[3] انظر:د.محمد طلعت الغنيمي، الغنيمي في التنظيم الدولي، مصدر سابق، ص47.

[4] انظر: د.عائشة راتب، المنظمات الدولية، القاهرة، 1964، ص8.

[5] انظر د. محمد حافظ غانم، المنظمات الدولية، دار النهضة العربية، القاهرة، 1958، ص11.

[6] انظر د.الشافعي محمد البشير، المنظمات الدولية، منشاة المعارف، الاسكندرية، 2003، ص19 وما بعدها.

دور المنظمات الدولية في عملية التنظيم لا بد من التعرف على اهم المشاكل التي تسيرها الشركات في مجال نقل التكنولوجيا، والتي تعد كدوافع للتنظيم الدولي.

ان مجمل العقود التي يفرغ فيها نقل التكنولوجيا انما هي في حقيقتها اظهار لتبعية الشركات الوليدة والشركات المشتركة للشركة الام، لذلك فان الشروط التي تضمنها لكل العقود ثقيلة الوطء على تلك الدول مقيدة بذلك حريتها ومغرقة في توثيق تبعية تلك الشركات للشركة الأم، ومن أساليب توثيق التبعية ما يأتي:

1- الالتزام بالامتناع عن شراء اجهزة والات لازمة لتشغيل الترخيص من غير المشروع.

2- الامتناع عن استخدام فنيين من غير الذين يقدمهم المشروع.

3- مراعاة حجم الانتاج الذي يعنيه المشروع.

4- الامتناع عن استعمال وسائل للصناعة غير التي يتضمنها الترخيص.

5- بيع السلعة الناتجة عن تشغيل الترخيص بالسعر الذي يحدده المشروع.

6- الامتناع عن بيع الانتاج خارج حدود منطقة جغرافية معينة، غالبا ما تكون حدود الدولة التي توجد بها المنشاة المستفيدة.

7- بيع الإنتاج كله او بعضه للمشروع اذا طلب ذلك.

8- الامتناع للنزول عن الترخيص للغير.

9- الامتناع عن بيع المنشاة او تاجيرها او تقديمها كحصة في شركة بغير اذن المشروع"[1].

ان الدول المضيفة تحاول ان تتخلص من سيطرة الشركات متعددة الجنسية على منشاتها وشركاتها الوطنية عن طريق اسلوب المشروعات المشتركة ما بين الدولة المضيفة والشركات متعددة الجنسية، على ان تكون الغلبة لراس المال المحلي، بحيث لا تزيد حصة الشركات متعددة الجنسية في راس مال المشروع المشترك عن 49%، غير ان الاستراتيجية الكلية للشركات متعددة الجنسية تقتضي

[1] د.محسن شفيق، المشروعات ذو القوميات المتعددة، مصدر سابق، ص260.

انفرادها بملكية رؤوس اموال شركاتها الوليدة التي تنشئها في الدول المضيفة كوسيلة لفرض سيطرتها الكاملة على هذه الشركات باعتبار ان هذه السيطرة تقتضيها الطبيعة الخاصة لعملية تدويل الانتاج.[1]

وهكذا يتضح ان الدول المضيفة قد غيرت من سياستها تجاه الاستثمار الاجنبي عن طريق اشتراطها المشاركة باغلبية راس المال المحلي، مما يعني ان الملكية في هذه الحالة ستؤول لمصلحة الدولة المضيفة، غير ان هذا الامر لا يروق للشركات متعددة الجنسية واستراتيجيتها الكونية، لهذا فهي تلجا الى اساليب اخرى تمكنها من ربط الاقتصاد القومي للدول المضيفة بانشطتها وجعله يدور في فلك الاستراتيجية الكونية لها، مما ادى الى ان تلجا تلك الشركات الى اسلوب اخر غير ملكية راس المال يمكنها من ديمومة الرقابة والاشراف على المشروع المشترك، وذلك عن طريق السيطرة غير المباشرة على هذه المشاريع وذلك بتبنيها آليات غير تقليدية للسيطرة على المشاريع المشتركة غير الية الملكية تتمثل بتقديمها حصة عينية (التكنولوجيا)، وهذا يعني ان اسهامها في راس مال المشروع بتقديمها التكنولوجيا كحصة عينية قد اضاف نوعا جديدا من السيطرة بما يتلاءم والقيود التشريعية التي تفرضها الدول المضيفة على نشاط الشركات متعددة الجنسية.[2]

وتعتبر الشركات متعددة الجنسية قناة مهمة في ظهور التبعية التكنولوجية وذلك عن طريق احتوائها للبلدان المضيفة وتحديد نوعية التصنيع فيها، وخاصة ان هذه البلدان تتبنى استراتيجية التصنيع المرتبطة بالشركات متعددة الجنسية.[3]

فالتبعية التكنولوجية المتولدة عن طبيعة النقل قد عملت على احكام سيطرة الشركات متعددة الجنسية على فروعها وبالاخص تلك التي اخذت شكل مشاريع

---

[1] انظر:د.حسام عيسى، الشركات المتعددة القوميات، مصدر سابق، ص115.

[2] انظر: د.انس السيد عطية سليمان، مصدر سابق، ص166. كذلك انظر: نادية الشيشيني، نقل التكنولوجيا والتبعية التكنولوجية في الدول النامية، مجلة العلوم الاجتماعية، المجلد (11)، العدد (4)، جامعة الكويت، الكويت، 1983، ص57 ومابعدها.

[3] انظر: د.هناء عبد الغفار، مصدر سابق، ص269.

مشتركة، وهذا النمط الواقعي من السيطرة هو الذي ادى الى سيطرة الاقلية عن طريق التكنولوجيا.

إن قصور الأساليب والادوات والابنية القانونية للدول المضيفة، قد مكنت الشركات متعددة الجنسية من امتلاك عنصر القوة في ميدان علاقتها بالدول المضيفة، وخاصة فيما يتعلق بالمشاريع المشتركة، فتقديمه حصة مالية متمثلة بالتكنولوجيا قد ضمن لها السيطرة على المشروع وذلك بتضمين عقد نقل التكنولوجيا نصوصا صريحة تمكنها من السيطرة على المشروع، وهنا نسوق بعض الامثلة التي تبين كيف ان للشريك الاجنبي السيطرة الكاملة على الشركة المشتركة وهذه الامثلة هي:

- النص على ان يتم اختيار اعضاء مجلس الادارة باغلبية خاصة تضمن للشريك الاجنبي مالك الحصة الاقلية التدخل في اختيار هؤلاء الاعضاء بل وفرض ممثلين له في مجلس الادارة.

- النص على ان تصدر القرارات عن الهيئات الادارية للشركة باغلبية خاصة ايضا على النحو الذي يحقق للشريك الاجنبي سيطرته على هذه الشركة.

- النص على ان يتم اختيار رئيس مجلس ادارة الشركة وعضو مجلس الادارة المنتدب بواسطة المساهمين في المشروع المشترك انفسهم وليس بواسطة مجلس الادارة.

والغالب هو الاتجاه نحو تخلي الشريك الاجنبي عن الاحتفاظ بمنصب رئيس مجلس الادارة- باعتبار انه صاحب اقلية في راس مال المشروع- والتمسك بمنصب عضو مجلس الادارة المنتدب، فهذا الاتفاق عادة ما يكمل باتفاق اخر يحدد سلطات كلا المنصبين بشكل تفصيلي على النحو الذي تكون فيه سلطات عضو مجلس الادارة المنتدب اكثر فاعلية في السيطرة على سلطة القرار داخل الشركة[1].

---

[1] M.F.Sakr: Foreign direct investment and technology transfer, A case study of Egypt,

بحث مقدم الى ندوة سياسة نقل التكنولوجيا في مصر التي نظمها مركز البحوث والدراسات السياسية في الفترة من 21-24 ديسمبر 1989، ص170.

وقد تكون السيطرة عن طريق تضمين العقد بعض الشروط التي تقيد حركة المشروع المشترك بانتاج انواع محددة من منتج ما في حين تقوم الشركات متعددة الجنسية باغراق السوق بالانواع الاخرى من نفس المنتج، كما فعلته الشركات الامريكية في المكسيك وكما هو مبين في عقد الامتياز الذي اعطته المكسيك للشركة الامريكية لصناعة الات الكتابة، فلقد تقدمت احدى الشركات الامريكية لانتاج الات الكتابة في المكسيك بجملة بنود تكون اساسا لابرام اتفاق يتم بموجبه منح امتياز للمكسيك بحق انتاج الالات الكاتبة وكالاتي:

1- انشاء شركة لانتاج الالات الطابعة يساهم فيها راس المال االمكسيكي وحق عقد امتياز الشركة الامريكية التي تحصل على حصة راس المال بنسبة 26% تدفع نقدا وفي الوقت ذاته تقوم بتجهيز المعدات والمكائن اللازمة لانتاج (100الف) الة كاتبة سنويا.
2- تتم عمليات التسويق لانتاج الشركة المكسيكية المشتركة بواسطة الشركة الامريكية صاحبة الامتياز التي ستنشئ لهذا الغرض فرعا لها في المكسيك.
3- تقوم الشركة الامريكية صاحبة الامتياز والفرع التجاري الجديد لها في المكسيك بطرح أنواع أخرى من الآلات الكاتبة غير النوع الذي سينتج في المكسيك بالاضافة الى تجهيز الشركة المكسيكية بالإجراءات اللازمة للإنتاج التجميعي"[1].

وهكذا يبدو واضحا ان الشركات متعددة الجنسية تلجا الى اسلوب السيطرة على فروعها سواء كانت شركات وليدة ام شركات مشتركة باساليب وطرق مختلفة منها ما هو مستند الى قانون الشركات"كالمشاركة في راس المال" ومنها ما هو

[1] محمد صبحي الاتربي، مصدر سابق، ص159-160.

واقعي يتجسد في التحكم باساليب نقل التكنولوجيا، وكـل هـذا مرجعـه الى الاستراتيجية الكليـة لهذه الشركات المتمثلة بالتحكم في الاقتصاد العـالمي دون رقابـة او توجيـه، ونظـرا الى عـدم فاعليـة قـدرة الدول فرادى على تضمين تشريعاتها نصوصا تعالج مسالة نقل التكنولوجيا فان وضع تشريـع دولي يكون الضمان الوحيد لتنظيم عملية نقل التكنولوجيا التي تقوم بها الشركات متعددة الجنسية.

## ثانيا- الجهود الدولية لتنظيم نقل التكنولوجيا:

ان وضع قواعد دولية يتحدد بمقتضاها سلوك هذه الشركات فيما يتعلق بنقـل التكنولوجيا يعـد امرا حيويا وضروريا تقتضيه طبيعة العلاقات الدولية.

ونظرا الى الخطورة المتزايدة لنشاط الشركات متعددة الجنسية عـلى اقتصاديات البلـدان الناميـة خاصة والاقتصاد العالمي بصورة عامة فيما يتعلق بعملية نقل التكنولوجيا، فانها قـد نالـت اهتمام الامـم المتحدة بها، فلقد بحثت الامم المتحدة مسالة نقل التكنولوجيا في دورات انعقـاد متعددة رافقهـا اتخـاذ القرارات والتوصيات بشانها.

فلقد عقد المؤتمر الاول للتجارة والتنمية في جنيف عام 1964 يطالب المنظمات الدوليـة بدراسـة امكانية وضع اتفاقيات دولية لتنظيم نقل التكنولوجيا، وبالفعل تم اصـدار توصية تقضي ـ بضرورة اتخـاذ اجراءات تشريعية فيما يتعلق بنقل التكنولوجيا الى الدول النامية.

وفي عام 1965 قررت الجمعية العامة للامم المتحدة البحث في امكانيـة قـدرة الاعـراف والعـادات المحلية والدولية على ضمان نقل التكنولوجيا للدول النامية من عدمه.

غير ان رغبة ارادة الجماعة الدولية في التـدخل تشريعيا لغرض تعـديل الاطـار القـانوني للنظام التكنولوجي الدولي، ظهر بشكل صريح وقاطع لاول مرة في الدورة الثالثة للامم المتحدة للتجارة والتنميـة المنعقد في سنتياغو في تشيلي عام 1972، حيث نتج عـن هـذا المؤتمر اقتراح بموجب القـرار المرقم 3/39 يقضي

باجراء دراسة مشتركة مع المنظمة العالمية للملكية الصناعية لاجل "وضع الاسس الممكنة لتنظيم دولي جديد لعمليات نقل التكنولوجيا المبراة وغير المبراة من الدول الصناعية الى الدول النامية بما في ذلك الجوانب التجارية والقانونية لهذا النقل"[1].

ولقد وافقت الجمعية العامة للامم المتحدة على وضع مسالة اعداد تقنين دولي خاص بنقل التكنولوجيا في مقدمة المسائل التي يتضمنها البرنامج الخاص باقامة نظام اقتصادي دولي جديد، وذلك باصدارها القرار "3202" الخاص بنقل التكنولوجيا في 1974/5/1 الذي جاء فيه "ان كل الجهود الممكنة يجب ان تبذل من اجل صياغة تقنين دولي للسلوك في نقل التكنولوجيا بما يتفق مع الحاجات والظروف الخاصة السائدة في البلدان النامية".

ولقد توالت المؤتمرات والاجتماعات التي عقدتها الامم المتحدة ووكالاتها المتخصصة في ما يتعلق بمسالة نقل التكنولوجيا دوليا الى ان وضع مشروع لتقنين قواعد السلوك المتعلق بنقل التكنولوجيا بقرار الجمعية العامة للامم المتحدة المرقم 36/35 الصادر في1980/12/5، وهذا المشروع يقضي بتهيئة الظروف الملائمة لنقل السيطرة التكنولوجية والصناعية الى الدول النامية.[2]

وفي عام 1989 اجرى الامين العام للانكتاد ورئيس مؤتمر الامم المتحدة المكلف بوضع مدونة قواعد السلوك مشاورات متعددة مع المجموعات الاقليمية والحكومات المعنية بقصد تحديد نطاق القضايا المتعلقة بالمدونة وايجاد الحلول

---

[1] د.انس السيد عطية سليمان، مصدر سابق، ص704-705. كذلك انظر في نفس المعنى: د.اسعد جواد العطار ود.امين سلام، مشكلات نقل التكنولوجيا ودور المشروعات العربية المشتركة في مواجهتها، مجلة الخليج العربي، المجلد(13)، العدد(3)، مركز دراسات الخليج العربي بجامعة البصرة، البصرة، 1981، ص40.

[2] انظر د. محسن شفيق، نقل التكنولوجيا من الناحية القانونية، مطبعة جامعة القاهرة والكتاب الجامعي، القاهرة، 1984، ص9.

المناسبة لها، الا ان تعارض وجهات النظر قد خيب الآمال التي علقت على المدونة.[1]

ومما يضعف قرارات الجمعية العامة للامم المتحدة وخاصة قرارها المتعلق بتنظيم عملية نقل التكنولوجيا افتقاره الى الصفة الالزامية، فكما هو معلوم ان هناك طرفين في عملية النقل (الناقل والمتلقي) ولكل منهما مطاليبه وغاياته عند وضع مشروع لتقنين قواعد السلوك، فالاطراف النامية منها والصناعية قد اختلفت فيما يتعلق بتضمين مشروع قواعد السلوك عنصر الاجبار والالزام من عدمه.

فالدول النامية ترى ان نقلا حقيقيا للتكنولوجيا لا يتم ما لم تتضمن قواعد السلوك عنصر الاجبار والالزام ولو بادنى مستوياتها، فايجاد اداة دولية ذات صفة الزامية تعد الطريقة المثلى والوحيدة للحصول على تنظيم مركز وفعال لعملية نقل التكنولوجيا[2]، وهذا يتم في ان يفرغ مشروع قانون قواعد السلوك المتعلقة بنقل التكنولوجيا في شكل اتفاقية دولية ملزمة لاطرافها.[3]

اما بالنسبة للدول الصناعية المتقدمة فسبب رفضها تضمين قواعد السلوك الصفة الامرة وجعلها مجرد قواعد ارشادية، يكمن في عدم ملائمة هذا الوضع مع طبيعة المشروعات المالكة للتكنولوجيا وكذلك عدم ملائمتها مع الوسائل التي تستخدمها تلك المشروعات في حيازتها للتكنولوجيا والسيطرة عليها، ذلك ان وضع تقييدات على عملية نقل التكنولوجيا بما يتلاءم ومصلحة الدول النامية سوف يحرم المشروعات الحائزة على التكنولوجيا الكثير من المزايا والمنافع الاقتصادية التي

[1] انظر: د.انس السيد عطية سليمان، مصدر سابق، ص705 وما بعدها.

[2] B.Madany. Sociétés transnationales et nouvel omer economique. Essai de problematique juridique, these Lyon II, 1982, p.188.

[3] انظر:عوني محمد الفخري، مصدر سابق، ص142. كذلك انظر د. محسن شفيق، نقل التكنولوجيا من الناحية القانونية، مصدر سابق، ص13.

تراها المشروعات كافية لتغطية الاموال والجهود المبذولة في سبيل الوصول الى تلك التكنولوجيا وتجديدها.[1]

وفي اطار منظمة دول الانديز وضمن تقنين السلوك الذي وضعته هذه المنظمة لتنظيم نشاط الشركات متعددة الجنسية على المشتوى الدولي فان هذا التقنين قد اعتنى بمسالة نقل التكنولوجيا من ناحيتين: منها ما يتعلق بنقل التكنولوجيا ذاتها والثانية تتعلق برفع مستوى التكنولوجيا المحلية. وكمبدا عام فان أي اتفاق لنقل التكنولوجيا يتضمن شروطا بمقتضاها يتم انشاء رابطة دائمة مع المنتجات الاجنبية او توريد خدمات اجنبية لن يتم التصريح به او قبوله ضمن تقنين السلوك الذي وضعته مجموعة دول الانديز.[2]

كذلك فقد تضمنت المواد (20 و26) من التقنين المذكور قيودا تتعلق بحجم ونظام الانتاج وتحريم استخدام التكنولوجيا المنافسة وخيار الشراء الجزئي او الكلي لمصلحة من ينقل التكنولوجيا.[3]

اما فيما يتعلق برفع مستوى التكنولوجيا المحلية فقد اوكل التقنين الى اللجنة ان تضع برنامجا محددا يهدف الى تجميع مصادر تكنولوجيا الدول الاعضاء، والاستفادة من الاستثمارات المستخدمة في مراكز الابحاث الوطنية والمشتركة مع العمل على وضع قانون للملكية الصناعية[4] اذن فالتقنين يهدف الى تطوير التكنولوجيا المحلية واحلالها محل التكنولوجيا الاجنبية المستوردة من الخارج بغية

---

[1] انظر:د.انس السيد عطية سليمان، مصدر سابق، ص728-729. كذلك انظر بنفس المعنى د. محسن شفيق، نقل التكنولوجيا من الناحية القانونية، مصدر سابق، ص14.

[2] انظر د.محمد سامي عبد الحميد، د.مصطفى سلامة حسين، القانون الدولي العام، الدار الجامعية، بيروت، 1988، ص378.

[3] للمزيد من التفصيل حول القيود البمتعلقة بنقل التكنولوجيا انظر المواد (من 20 الى 26) من التقنين المذكور.

[4] انظر د.محمد سامي عبد الحميد، د. مصطفى سلامة حسين، مصدر سابق، ص379.

القضاء على عوامل التبعية التي يفرضها التفاوت التكنولوجي ما بين الدول المتقدمة والدول النامية.

وبهذا يبدو ان وضع قواعد دولية لتنظيم عملية نقل التكنولوجيا قد تعثرت لاسباب اهمها تعارض المصالح وتضاربها ما بين الدول الصناعية الكبرى المالكة للشركات متعددة الجنسية والدول النامية المتلقية للتكنولوجيا والمضيفة لانشطة تلك الشركات، وهذا يمكن ايضاحه في التصور الاتي:

توجد هناك فرضيتان تعدان لباب عملية نقل التكنولوجيا وجوهرها ومن الاستحالة المنطقية التوفيق بينهما، اولى هاتين الفرضيتين واهمهما ان الشركات متعددة الجنسية تمتلك القدرة الكبيرة في تحقيق استراتيجيتها الكونية المتمثلة بهيمنتها على شركاتها الوليدة او المشتركة المقامة في الدول المضيفة باساليب وادوات منها ما هو مستمد من قانون الشركات ومنها ما هو ماخوذ من عملية نقل التكنولوجيا ذاتها.

وثانيهما هي ان الدول النامية تسعى من خلال نقل التكنولوجيا اليها الى الارتقاء بمستوى صناعتها نحو افضل المواصفات مع محاولة التخلص من تبعية شركاتها الوطنية للشركات متعددة الجنسية.

ولهذا فان وضع تنظيم دولي لعملية نقل التكنولوجيا يعد امرا شاقا ومعقدا يتطلب تنازل الجانبين عن بعض حقوقهما لمصلحة المجتمع الدولي.

## المطلب الثاني

## العمل في الشركات متعددة الجنسية ومحاولة تنظيمه دوليا

تثير الشركات متعددة الجنسية، وهي بصدد ممارسة انشطتها المتعددة العديد من المشاكل لاسيما تلك التي ألقت بظلالها على وضع العاملين داخل الشركة، وكما هو معلوم فالشركات متعددة الجنسية هي عبارة عن وحدات اقتصادية قائمة بذاتها

تخضع لسيطرة موحدة من اجل تحقيق استراتيجية إنتاجية عالمية موحدة، وهي بذلك تنظر الى المشروع الذي تقوم به ككل متكامل وليس إلى أجزاء مكونة لهذا الكل، وفي سبيل تحقيق استراتيجيتها الإنتاجية العالمية فإنها ترمي الى تحقيق مصلحة الشركة ككل حتى ولو ادى الامر بالتضحية بمصلحة او مصالح الشركات الوليدة، وهذا بطبيعة الحال له انعكاسات واثار خطيرة على وضع العمال داخل الشركة متعددة الجنسية.

ان تلك الانعكاسات والاثار على وضع العاملين داخل الشركة يستدعي ايجاد قواعد قانونية ذات صفة دولية وهذا ما تجسد بالفعل في السنوات الاخيرة حيث ابدت نقابات العمال واتحاداتهم مخاوفها ازاء زيادة احجام تلك الشركات وتطور انشطتها تكنولوجيا، وهذا مرده الى ان نقابات العمال والدول موجودة معا في صف واحد من حيث مواجهة هيمنة الشركات الضخمة ونفوذها، فهي وان كانت -الدول والنقابات-بينها خلافات داخلية الا انها عبارة عن "مؤسسات قومية تواجه تحديا دوليا"[1].

وإزاء هذا القصور الذي يتسم به نشاط نقابات العمال فان مسالة التنظيم الدولي لنشاط الشركات متعددة الجنسية يعد امرأ ضروريا، غير ان فكرة التنظيم هذه تنبع من حقيقتين أساسيتين:

**اولى** هاتين الحقيقتين واهمها هو ان الشركات متعددة الجنسية عبارة عن تركيب معقد يضم في ثناياه مجموعة شركات هي عبارة عن وحدات فرعية ووجود عدد كبير من العاملين في الوحدات الفرعية والمركز الرئيسي يجعل معرفتهم بما يتخذ من اجراءات وقرارات تتعلق بمراكزهم القانونية امرا ضروريا. لذا يصبح التنظيم الدولي المتعلق باحوال هؤلاء العاملين ضروريا لتمكنهم من متابعة هذه الاجراءات، ومن ثم حماية مراكزهم القانونية.

---

[1] سمير كرم، الشركات متعددة الجنسية: بحث عام، ط1، معهد الانماء العربي، بيروت، 1976، ص93.

**ثانيا:** ان القول بقبول نشاط الشركات متعددة الجنسية يجب ان لايجري على اطلاقه، اذ لا بد من وجود التزامات تقع على عاتق هذه الشركات حماية للعاملين فيها[1] ولغرض الاحاطة الكافية بمسالة العمل فانه قد تم تقسيمه الى فرعين تناول الاول دوافع التنظيم الدولي للعمل اما الثاني فقد ركز على الجهود الدولية لتنظيم العمل.

## الفرع الأول: دوافع التنظيم الدولي للعمل

يرتبط العمال داخل كل دولة بهيئات معينة تسمى بنقابات العمال تتولى مهمة الدفاع عنهم والمطالبة بحقوقهم، واذا كان الامر يستقيم نوعا ما في كل هذه النقابات وهي بصدد حمايتها لأعضائها العاملون في الشركات الوطنية، الا ان الامر يختلف تماما عندما يتعلق الأمر بعمال يعملون في شركات تعمل على المستوى الدولي، لهذا فان نقابات العمال قد تلجا الى مجابهة هذه الشركات باساليب مختلفة هادفة بذلك الى ارغامها على مراعاة ظروف العمال وتحسين اوضاعهم، غير ان الامر ليس بهذه البساطة، فالشركات متعددة الجنسية بما تملكه من امكانات تتمثل بكبر حجمها وتنوع انشطتها ومرونتها في التعامل بين مختلف الفروع المنتشرة في مناطق متعددة من العالم يجعل نشاط تلك النقابات غير فعال وخاصة فيما يتعلق "بسلاح الإضراب".

ولقد انطلق الإعلان الثلاثي[2] الذي صدر عن منظمة العمل الدولية في 16 تشرين الثاني عام 1977 الى احقية العمال في تكوين نقابات عمالية تدافع عن

---

[1] انظر د.محمد سامي عبد الحميد، د.مصطفى سلامة حسين، مصدر سابق، ص352.
[2] سمي بالاعلان الثلاثي لانه جاء نتيجة للتمثيل الثلاثي في منظمة العمل الدولية وهم "الحكومة، ارباب العمل، العمال".

مصـالحهم وتطالـب بحقـوقهم، وان تكـون تلك النقابـات خاضـعة للمبـادئ العامـة الـواردة في الاتفاقيات الدولية للعمل.[1]

ومن الايجابيات التي يمكن ان تسجل لهذا الاعلان هـو تصـديه للبعـد الـدولي للشركـات متعـددة الجنسية، حيث انه اوجب على الحكومات ان لا تضع قيودا على تحرك مـنظمات العـاملين الاجنبيـة بغية تمكين تلك المنظمات مـن تلبيـة دعـوات المنظمـات الوطنيـة لاغـراض التشـاور في المسـائل ذات الاهـتمام المشترك والتي تدخل في نطاق العمل[2]، غير انه على الرغم مما جاء به الإعـلان مـن نتـائج وتوصيات، فـان افتقاره للصفة الالزامية يجعل منه عبارة عن توجيهات وإرشادات للشركات متعددة الجنسية والدول على حد سواء.

ولأجل مجابهة نشاط الشركات متعددة الجنسية على المستوى الدولي فان النقابات العماليـة وفي محاولة منها لتنسيق عملهـا على المسـتوى الـدولي، فانهـا تلجـا الى شـهر سـلاح الإضراب لمجابهـة انشطة الشركات الضارة بمراكز العمال.

فالنقابات العمالية بالتعاون مع الاتحادات الدولية للعمال تلجا الى اعمال سلاح الاضراب، فاذا مـا تضرر عمال يعملون في وحدة فرعية تابعة لشركة متعددة الجنسية، كان لعمال اخرين يعملون في وحدة فرعية اخرى تابعة لنفس المجموعة الاضراب لاجل التضامن الدولي مع اخوانهم العاملين الذين تضرروا من قرارات اتخذتها تلك الوحدة الفرعية، غير ان الإضراب لأغراض التضامن الـدولي يكـون غير ذي فاعليـة او تاثير، وهذا مرده الى سببين: **اولهما** – ان التشريعات الوطنية لكل دولة على حدا تتباين من حيث حكمها بمشروعية الاضراب من عدمه.

[1] انظر على سبيل المثال الاتفاقية رقم (87) المتعلقة بالحريات النقابية والاتفاقية رقم (98) المتعلقـة بحق التنظيـم والمفاوضـات الجماعية، اذ نصت تلك الاتفاقيات وغيرها على انه يجب على الحكومات في حالة منحها امتياز للاستثمار الاجنبي التزامها بعدم وضع قيود او الحد من حرية تكوين النقابات او حق تنظيم المفاوضات الجماعية. انظر: د.محمد سامي عبد الحميد و د.مصطفى سلامة حسين، مصدر سابق، ص364.

[2] انظر: المصدر نفسه، ص364.

وثانيهما – ان للشركات متعددة الجنسية مرونة كبيرة في التعامل مع اضراب العاملين دون ان يؤثر ذلك في سير عملياتها الانتاجية في مختلف فروع الشركة ككل.

فبالنسبة للسبب الاول فان العديد من تشريعات دول العالم لا تعترف بمشروعية الاضراب التضامني، اذ تعتبره ضربا من ضروب الاضراب السياسي، فعلى سبيل المثال نرى ان التشريع الانكليزي قد فرق بين الاضراب المهني والاضراب السياسي، فهو يعتبر الاضراب مهنيا اذا حدث داخل الشركة الوطنية، اما اذا حدث الاضراب تضامنا مع العاملين في المركز الرئيسي او في الوحدات الفرعية فالقانون الانكليزي يعتبره اضرابا سياسيا ومن ثم يحكم بعدم مشروعيته.[1]

وفي فرنسا ثار جدال فقهي حول مشروعية الاضراب للتضامن الدولي، فجانب من الفقه يرى عدم مشروعيته اطلاقا، واخر يرى عكس ذلك اذ يذهب الى مشروعيته، في حين هناك اتجاه ثالث وهو توفيقي يرى مشروعية الاضراب اذا حدث داخل المشروع الواحد، وعدم مشروعيته اذا تعدى نطاق المشروع الواحد.[2]

وهكذا هو الحال في العديد من التشريعات الداخلية للدول في تعاملها مع الاضراب لاغراض التضامن الدولي، وهذا التباين في التشريعات مرده الى ان الدول عندما تسمح بتكوين نقابات عمالية، فهذا يجب ان يكون ملائما للنظام السياسي والاجتماعي السائد هناك.

اما بالنسبة للسبب الثاني المتمثل بقدرة الشركات متعددة الجنسية بتحييد سلاح الاضراب او افشاله تماما، فانه يرجع الى القدرة الهائلة لتلك الشركات في التعامل مع الاضرابات العمالية داخل الشركة ككل.[3]

[1] انظر:د.محسن شفيق، المشروع ذو القوميات المتعددة، مصدر سابق، ص295.

[2] المصدر نفسه، ص296. كذلك انظر بنفس المعنى د. محمد فتحي صقر، ظاهرة البطالة: الانماط السلوكية للشركات عابرة القوميات وتاثيرها على مستويات التشغيل في الدول النامية، مجلة المنار، العدد (53)، دار الفكر العربي للابحاث والنشر، باريس، 1989، ص75 و مابعدها.

[3] انظر: اوردونو،الصراع بين الشركات متعددة الجنسية والدول، ترجمة جورج الراسي، مطبعة الاديب البغدادية، بغداد، 1977، ص286.

فاذا كـان بمقـدور النقابات العمالية ان تدخل في مفاوضـات مبـاشرة مـع الادارة العليا للشركة الوطنية ثم دعوة العمال الى اضراب اذا لم تسفر تلك المفاوضة الى أي نتيجة، ومن ثم تعطيل العمل داخل الوحدة الانتاجية الوطنية، الا انه ليس بمقدور تلك النقابات ان تتفاوض مـع الشركات متعددة الجنسية ككل، فاذا ما دعت نقابة ما بتعطيل العمل داخل الوحدة الفرعية عن طريق الاضراب كان بمقدور الشركة متعددة الجنسية ان تنقل الانتاج من الفرع الذي حدث فيه الاضراب الى فـرع اخـر، او ان تـدعم السـوق بالمنتجات الموجودة في مخازنها.[1]

فعلى سبيل المثال عندما اقدم عمال شركة "فـورد الامريكية" في بريطانيا الى الاضراب بين عـامي "1970-1971" وجه "هنري فورد الثاني" اعلانا الى الشعب البريطاني بعد لقائه برئيس الوزراء البريطاني قـال فيه "لدينا مئات الملايين من الجنيهات الاسترلينية المستثمرة في بريطانيا، ولا يمكن ان نقدم الى اسـتثمارات جديدة في دولة تهددها المشاكل العمالية بصورة مستمرة" أي انه هدد بنقل فروع الشركة من بريطانيا الى دولة اخرى اذا لم تتحسن علاقات النقابات العمالية مع شركته.[2]

وفي اواخر عام 1973 هدد الفرع التابع لشركة "كرايزلر" الامريكية في بريطانيا عندما حـدثت خلافات بين ادارة الشركة والعمال بطرد (6.000) عامل، كما اشارت الى امكانيـة نقل جانب مـن اربـاح عملياتها الانتاجية الى الفروع التابعة لها في فرنسا، حيث تم هناك تصنيع سيارات شركة (كرايزلر) تحت اسم سيمكا (Simca).[3]

[1] انظر سمير كرم، مصدر سابق، ص94. كذلك انظر د. عبد الهادي علي النجار، الشركة دولية النشاط في العلاقات الاقتصادية الدولية مع الاشارة الى الاقتصاد المصري، مجلة مصر المعاصرة، العدد (382)، الجمعيـة المصريـة للاقتصاد السياسي والاحصاء والتشريع، القاهرة، 1980، ص12.

[2] انظر محمد صبحي الاتربي، العمالة والاجور والشركات الاحتكارية متعددة الجنسية، مجلة دراسات عمالية، العـدد (5)، المعهـد العربي للثقافة العمالية، بغداد، 1979، ص24.

[3] انظر محمد صبحي الاتربي، المصدر السابق، ص25.

وفي ايار 1992 انذرت شركة ديملر - بينز بانها سوف تنقل مصانع سيارات مرسيدس - بينز الى روسيا حيث الاجور المنخفضة والعمال الماهرون اذا لم ينه عمال الشركة الموجودة في المانيا اضرابهم[1]

ان المشكلة الاساسية التي ينبع منها ضعف الاضراب ياتي من "رجحان كفة الشركات متعددة الجنسية على كفة الدول المضيفة في ميزان القوة التفاوضية بشدة الى ثبات او جمود عنصر العمالة الى حد بعيد والى تفتت منظماته او نقابات العمال على المستويات الدولية وتفوقها كل داخل حدودها الاقليمية، بينما نجد في المقابل ان القرارات الاستراتيجية التي تتخذ على المستوى المركزي بالنسبة للشركات متعددة الجنسية تتسم بالمرونة التي تتخطى كافة الحدود القومية، وغالبا ما تتخذ هذه الشركات القرارات المتعلقة او المؤثرة في ظروف العمل الاجتماعية خارج الدولة التي يتم فيها وضع هذه القرارات موضع التطبيق، ولا يملك عادة العاملون المطبقة عليهم هذه القرارات امكانية التاثير في صانع القرار[2].

ولقد اوصت اللجنة التي شكلتها الامم المتحدة لدراسة انشطة الشركات متعددة الجنسية فيما يتعلق بالاضراب "بانه في حالة وقوع اضراب يحتمل ان يلقى التعاطف من الخارج او ان يكون الاضراب نفسه قد قام تعاطفا مع اضراب اخر في الخارج او القيام باشكال اخرى من الحركات السلبية او المتفق عليها، فيجب على الحكومات اتباع سياسات ليبرالية لمواجهتها والابتعاد بقدر الامكان عن السياسات المتشددة"[3].

---

[1] انظر: د. كمال مجيد، العولمة والديمقراطية: دراسة لاثر العولمة على العالم والعراق، ط 1، دار الحكمة، لندن، 2000، ص80.

[2] محمد عبد الرحمن، اثر الشركات المتعددة الجنسية على التنمية والعلاقات الدولية (تقرير مجموعة كبار خبراء الامم المتحدة)، سلسلة الفكر الاداري المعاصر (44)، مطابع سجل العربي، بدون سنة طبع، ص135.

[3] المصدر نفسه، ص137.

ويبدو ان هذا التوجه جاء ردا على ما قام به القضاء الانكليزي عندما اعتبر ان الاضراب الـذي قامت به النقابات الانكليزية ودعت اليه انه اضراب باطل[1].

---

[1] لقد قام هذا الاضراب على خلفية قضية شركة "اولمبك للخطوط الجوية اليونانية"، وتتلخص وقائع هذه القضية في ان عمال المركز الرئيسي للشركة اليونانية قد قاموا بالاضراب لخلاف مهني بينهم وبين الشركة وطالبت نقابتهم من اتحاد عمال النقل الدولي التضامن معهم، فاصدر الاتحاد بدوره تعليمات الى جميع النقابات الوطنية بالتنبيه على اعضائها من العمال بالامتناع عن العمل لحساب الشركة، او تقديم اي خدمات لطائراتها، وقامت النقابة الانكليزية بتنفيذ هذه التعليمات، فقاضتها الشركة وحكم القضاء ببطلان هذا الاضراب لعدم مشروعيته. للمزيد من التفصيل انظر:د.محسن شفيق، مصدر سابق، ص296.

## الفرع الثاني: الجهود الدولية لتنظيم العمل

اخذت معايير العمل الدولية اهمية كبيرة في زمن العولمة والتـدويل إذ بـدات منـذ نهايـة الحـرب الباردة على اسس تم بمقتضاها تحليل قوة الدولة بالمقارنة مع زيادة قوة الشركات متعددة الجنسية والتي تعمل مع عدة منظمات دولية مثل "صندوق النقد الدولي والبنك الـدولي للانشـاء والتعمـير" وغيرهـا مـن المنظمات الدولية الاخرى.[1] اذن وجوب وضع تشريع دولي لحماية العمل تلتزم به جميع الدول[2] والشركات متعددة الجنسية.

ان اللامركزية في الانتاج والتوزيع قد عمل علـى ايجـاد مصـاعب تتعلـق بتطبيـق معـايير العمـل الدولية[3]، لهذا فقد اقترح الاتحاد الدولي للخدمات العامـة قانونـا للسـلوك يكـون بمقتضـاه الضـغط علـى الشركات متعددة الجنسية من اجل:

1- الاعتراف بان الاتفاقيات الصادرة عن منظمة العمـل الدوليـة تكتسيـ اهميـة كـبرى في تطبيـق الممارسات العادلة في العمل ولا سيما حق المفاوضة الجماعيـة، وحـق التمثيـل عـن طريـق النقابة. "انظر مثلا الاتفاقية رقم 87 لسنة 1948 والاتفاقية رقم 98 لسنة 1949".

2- ان تدرك الدور الهام الذي تقوم به النقابـات في الحـؤول دون اسـتغلال العمـال، لـذا اعتمـاد موقف ايجابي حيال نشاطات النقابات، وعـدم معارضـة اي قـرار يتخـذه اجراؤهـا باختيـار نقابة تمثلهم كما تمتنع هذه الشركات عن عرقلة النشاطات النقابية و مضايقة العمال الذين يمارسونها وتخويفهم.

---

[1] Claude K.Akpokavi, International labor norms and code of conduct for transnational corporations P.(1).

مسحوب من الانترنت على الموقع .http://www.cetim.ch/active/activity.htm كذلك انظر د. محمد سعيد نابلسي، المنعكسات السلبية للمتغيرات الدولية على العمالة في الوطن العربي، مجلة البرلمان العربي، السنة (21)، العدد (77)، 2000، ص35.

[2] انظر د.حسين عمر، المنظمات الدولية والتطورات الاقتصادية الحديثة، ط2، دار المعارف بمصر، القاهرة، 1968،ص14.

[3] Claude K.Akpokavi, op, cit. P.1.

3- ان تعترف بحق اجرائها في تقاضي اجر عادل ومنصف، يسمح لهم ولاسرهم بالحصول على سكن لائق، ومستوى عيش كريم، والمساهمة في تحقيق الرفاه الاقتصادي في المجتمع الذي يعيشون فيه.

4- ان يراعي اصحاب العمل المساواة في المعاملة بين الرجال والنساء ولهذه الغاية تكون مراجع العمل الخاصة بتكافؤ الفرص موضوع مفاوضات مع النقابات.

5- تحديد الاجور والخدمات الاجتماعية وغيرها من ظروف العمل بما ينسجم مع التشريع وغيره من المعايير النافذة وفي جو المفاوضات بين الأطراف المعنية.

6- يجب على أصحاب العمل السعي الى تامين العمالة الدائمة، وتجنب التمادي في الاستعانة بالعمال اليوميين والمؤقتين، كما يجدر باصحاب العمل عدم التهرب من الواجبات التي تلقى على عاتقهم حيال العمال، بفعل العمالة الدائمة، عبر اللجوء الى العمل عن طريق التعاقد بالباطن او عن طريق عقود تدريب، او التواصل الى عمالة مستقرة ويجب ان يحظى العمال الشباب بامكانية المشاركة في برامج التعليم والتدريب والتاهيل.

7- توفير جو للعمال يستوفي الشروط الصحية التي تقرر وفقا لمعارف المؤسسات في هذا المجال والمخاطر المعروفة.

8- الكف عن عمل الاطفال والتقييد بالاتفاقيات الصادرة عن منظمة العمل الدولية ذي الارقام "182-138-105-29"[1].

ولقد تضمنت بنود الاتفاقية المعقودة بين شركة فولكس-فاكن والاتحاد الدولي لعمال المعادن وبنود الاتفاقية المعقودة بين شركة بالاست نيدام والاتحاد الدولي لعمال البناء والأخشاب وبنود الاتفاقية بين شركة دايملر كرايسلر والاتحاد الدولي

[1] انظر، الشركات متعددة الجنسيات ودور الاتحادات المهنية في مواجهة سياستها ص3-4. بحث مسحوب من الانترنت على الموقع http://www.icatu.org/stu/stu06.asp.

لعمال المعادن، نفس البنود التي اقترحها الاتحاد الدولي للخدمات العامة كمدونة لقواعد السلوك التي يجب ان تراعيها الشركات متعددة الجنسية في مجال العمل[1]

وفي اطار الدراسة التي اجرتها الامم المتحدة عام 1973 تحت عنوان "اثر الشركات متعددة الجنسية على التنمية" اوصت اللجنة المنبثقة عن المجلس الاقتصادي والاجتماعي التابع للامم المتحدة في تقريرها الذي قدمته في صيف 1974 بضرورة قيام الدول المضيفة والدول التي يوجد فيها المراكز الرئيسة لهذه الشركات بدفع تعويض مناسب للعمال الذين تقوم الشركات متعددة الجنسية بتسريحهم نتيجة لتغيير سياستها الانتاجية، ويكون التعويض وفقا لأنظمة الضمان الاجتماعي المعمول بها في تلك البلدان، وبما ان الدول النامية لا توجد فيها انظمة

---

[1] انظر، اتفاقيات العمل العالمية: اطار الحقوق، بحث مسحوب من الانترنيت على الموقع http: // www.oli.org، ص3. فعلى سبيل المثال فان اتفاق "فولكس-فاكن" تلزمها احترام سبعة مبادئ مهمة وهي:

أ- يتمتع كافة الموظفين بالحق الاساسي بتاسيس النقابات والمنظمات العمالية والانضمام اليها.

ب- تختار الشركة الموظفين وتوظفهم وتؤمن ترقيتهم على اساس مؤهلاتهم وقدراتهم لاغير، وبغض النظر عن عرقهم او لون بشرتهم او جنسهم او دينهم او جنسيتهم او معتقداتهم السياسية (شرط ان تكون هذه المعتقدات مستندة الى مبادئ الديمقراطية والتسامح مع الاشخاص الذين لهم افكار مختلفة).

جـ- الامتناع عن اللجوء الى العمل الجبري او العمل القسري في السجون =

ء – الامتناع عن اللجوء الى عمل الاطفال.

هـ- التعويضات والمنافع مقابل اسبوع عمل عادي يجب ان تتلائم على الاقل مع المتطلبات القانونية الوطنية او الحد الادنى من المعايير للقطاعات الاقتصادية ذات الصلة.

و- وينطبق ذلك ايضا على ساعات العمل التي يجب ان تتلائم مع المعايير الوطنية اوالقطاعية.

ز- على شركة فولكس-فاكن ان تلائم على الاقل المعايير الوطنية ذات الصلة لضمان بيئة عمل امنة وصحية. وفي هذا السياق يتعين عليها اتخاذ الاجراءت المناسبة لتامين الصحة والسلامة في مكان العمل بهدف تامين ظروف استخدام صحية. انظر المصدر نفسه، ص4.

للضمان الاجتماعي فان تلك اللجنة اوصت بانشاء صندوق للضمان الاجتماعي، وعلى الشركات متعددة الجنسية ان تسهم في تدعيم موارده.[1]

وفي اطار منظمة العمل الدولية، فقد صدر اعلان عن هذه المنظمة في 16/تشرين الثاني عام 1977 وكان اطراف الاعلان هم الحكومات وارباب العمل والعمال.وكان الغرض من الاعلان وضع مبادئ تتعلق بالنشاط السياسي والاجتماعي والاقتصادي للشركات متعددة الجنسية، أي انه تصدى للبعد الدولي لانشطة هذه الشركات.[2]

ولقد ركز هذا الاعلان على حقوق العمال وحماية مراكزهم القانونية والقى التزاما على عاتق الشركات متعددة الجنسية بعدم استغلال العمال أو التمييز بينهم من حيث المعاملة أو الأجر. ولقد نجح هذا ألاعلان في تحقيق الآتي:

1- شمول هذا الاعلان لمسائل تتعدى الاهتمام بالجوانب الاجتماعية للشركات متعددة الجنسية فعلى الرغم من أن التنظيم الدولي في مجال العمل قد رسم أبعاد قرار منظمة العمل الدولية في ألاهتمام بالجوانب ألاجتماعية لأنشطة هذه الشركات الا أنه تعداه ليشمل فضلا عن هذه المسائل مسائل أخرى تتعلق بمراعاة الأوضاع السياسية للدول.
2- أدرك واضعوا ألاعلان أن الدول النامية تتأثر أكثر من غيرها بعمليات الشركات متعددة الجنسية لذا خصها بالذكر في مواضع متعددة مراعاة لظروفها ومشاكلها وعناية بها.
3- برز واضعوا ألاعلان البعد الدولي للشركات متعددة الجنسية بمنح العاملين فيها حرية ألاتصال بين جميع فروعها للبحث في المشاكل المشتركة ومنع الشركات من التهديد باستخدام مقدرتها لتحويل أو نقل

---

[1] انظر د. احمد فكري سنجر، القانون الدولي الاقتصادي، ط1، المطبعة الاقليمية بمراكش، مراكش، 1984، ص157.

[2] انظر د.محمد سامي عبد الحميد، د.مصطفى سلامة حسين، مصدر سابق، ص354 كذلك انظر د.مصطفى سلامة حسين، مصدر سابق، ص33.

عملياتها بغية التأثير في العاملين في دولة معينة واوجب ألإعلان المعاملة المتساوية للعاملين من حيث ألاجور وظروف العمل أيا كان موقع عملهم.[1]

وفي عام 1998 قدمت منظمة العمل الدولية دراسة حول قوانين معاملة الشركات متعددة الجنسية ولاحظت أن 15% فقط من هذه القوانين فيها مؤشرات الى حرية الجمعيات المسموحة و 25% مؤشر للعمل الجبري و40% اشارة الى مستور الراتب و 45% تشير الى عمل الاطفال و 66% تشير الى عدم التمييز و 75% تشير الى الصحة والسلامة في العمل. الا أنه على العموم فان جميع هذه القوانين هي اختيارية ضمن صيغ معايير العمل الدولية[2].

وتذهب منظمة التعاون الاقتصادي والتنمية بوصفها للإعلان الى ان هناك فجوة مستمرة ما بين الاعتراف بقوانين العمل وتطبيقاتها على الرغم من الادعاء بان الشركات متعددة الجنسية تطبق المعايير العليا للعمل وفي دراسة اجرتها هذه المنظمة - وهي تعكس بالضرورة مصالح الدول الصناعية الكبرى في العالم - اظهرت فيها انه لا يوجد دليل قوي حول عدم الزام الشركات باحترامها لحق العمال باجراء المفاوضات الجماعية من قبل نقاباتهم. وتذهب المنظمة الى انه قل ما يوجد عمال مضطهدون وهذا ما اشار اليه اتحاد التجارة في العالم.[3]

ان مصالح العمال كثيرا ما تكون عرضة للمساس من قبل الحكومات احيانا بفرض اجراءات تخل بالقانون وتصب في مصلحة ارباب العمل، او ان ارباب العمل وخاصة الشركات متعددة الجنسية لا تهاب تدخل الدولة التي ارتضت بضغوط تمارسها هذه الشركات بالتخلي عن دورها كحامية للمجتمع، مما ترك

---

[1] أنظر د. محمد سامي عبد الحميد. د. مصطفى سلامة حسين، المصدر السابق، ص368.

[2] Claude K.akpokavi, op. cit. P2.

[3] Christian Aid. The need for legally binding regulation of transnational corporations.
بحث مسحوب من الانترنت على الموقع p4www.christian-aid.org

الباب مفتوحا امام هذه الشركات لان تمارس اجراءات تعسفية واجحاف بحق العمال والتنكر لمصالحهم والمساس اكراها بحقوقهم وحرياتهم النقابية.

وحين تفشل كل المساعي والاجراءات الاحترازية المعمول بها لاجبار الشركات على التخلي عن هذه الممارسات غير المشروعة، يبقى دور الدولة محدودا او عاجزا عن التدخل لحماية المجتمع وتنفيذ القانون، مما يضطر العمال الى اعمال سلاح الاضراب بغية الحصول على حقوقهم.[1]

غير ان المتامل لدستور منظمة العمل الدولية او اعلان فلادلفيا يجد انها لا تتضمن نصوصا صريحة تعالج موضوع حق العمال في الاضراب كما لم ترد بشانه - معايير خاصة في الاتفاقيات والتوصيات الدولية التي اصدرتها المنظمة عدا اشارة عابرة اليه في الاتفاقية الدولية رقم (105) بشان تحريم العمل الجبري والتوصية الدولية رقم (92) بشان التحكيم والتوفيق الاختياريين.[2]

ان الذي يضعف معايير العمل الدولية هي ان جميعها اختيارية ولا تحمل طابع الالتزام. ففي القضايا التي تطرح للنقاش والمتضمنة امكانية متابعة والتزام الشركات متعددة الجنسية على المستوى الدولي، يرد الجواب بان هناك دولا تعترض على إضفاء عنصر الالزام على تشريعات العمل الدولية. فعندما يكون هناك قانون يتابع عمل الشركات متعددة الجنسية فهل يمكن مطالبة هذه الشركات "قانونا" بتنفيذ هذا القانون عندما تتصرف الشركة بطريقة غير ملائمة او سلوك إجرامي، وبالرغم من ان قسما يعتقد بان القوانين هي طوعية لكن في نهاية الامر تكون الشركة متعددة الجنسية ملزمة حسب الراي العام وعندما لا تحترم هذه الشركات الراي العام لا احد يستطيع ان يوجه استدعاء لهذه الشركات. وفضلا عن ذلك فان الشركات متعددة الجنسية تمارس ضغوطا اقتصادية حتى تتجنب الانتقادات كما حدث مع شركة (Nike) عندما سحبت اموالها من جامعة (اولبون) عندما

---

[1] انظر: الشركات متعددة الجنسية ودور الاتحادات المهنية في مواجهة سياساتها، مصدر سابق، ص8-9.

[2] انظر المصدر نفسه، ص9.

انضمت الاخيرة الى اتحاد حقوق العمال.[1] اذن فمن الضروري ايجاد قوانين تلزم الشركات متعددة الجنسية في تعاملاتها المختلفة ويجب ان تكون هناك عقوبات في حال عدم تنفيذها للقوانين.[2]

ونظرا الى المخاطر التي تحيق بالعمال وتهدد وجودهم بين الحين والاخر، وهذا كما هو معلوم مرده الى التفتت في بنية النقابات العمالية واتحاداتهم المختلفة، وضعف وهشاشة دورها على المستوى الدولي بالمقارنة مع دورها على المستوى الوطني، فضلا عن التطور المتسارع في انشطة تلك الشركات دون ان يقابله جهود حقيقية وفعلية من قبل الدول تمثل كوابح على تلك الانشطة، وظهور اتحادات دولية للنقابات يعوزها التنسيق بينها، منها على سبيل المثال الاتحاد الدولي للعمال الصناعات المعدنية والاتحاد الدولي للنقابات العامة لعمال الصناعات الكيمياوية، والاتحاد الدولي لنقابات عمال الصناعات الغذائية والصناعات المرتبطة بها، باتت الحاجة الى تنظيم دولي ينسق بين الأطراف ويزيد من فاعليتها امرا يفرض نفسه على الواقع، فالقواعد القانونية بصفتها الحالية عاجزة عن حماية العاملين في الشركات متعددة الجنسية، وذلك لسبب بسيط هو تجردها من الصفة الدولية، لذلك فاضفاء الصفة الدولية على تلك القواعد والارتقاء بها من المستوى الوطني الى المستوى الدولي يجعل منها كابحا لانشطة الشركات متعددة الجنسية، وهذا لن يتحقق الا باخراج تنظيم انشطة تلك الشركات وخاصة في مجال العمل من النطاق الوطني الى النطاق الدولي، وهذا يعني تجاوز ستار الشخصية الوهمية، فما دام كل فرع او وحدة انتاجية تابعا لشركة متعددة الجنسية مستقلا قانونا عن بعضه البعض وعن المركز الرئيسي- يجعل من الصعوبة بمكان اخضاع تلك الشركات لتنظيم دولي، اذن لا بد من الاعتراف بالحقيقة القائمة ان الشركة متعددة الجنسية هي مشروع متكامل الاجزاء يعمل لمصلحة تحقيق الاستراتيجية الانتاجية العالمية للشركة، دون النظر الى المصلحة الجزئية للوحدات الفرعية التابعة لتلك الشركة.

---

[1] Claude K. Akpokavi, op.cit. P4.

[2] Ibid. P.2.

فبازالة ستار الشخصية القانونية الوهمية للشركة الوليـدة والاعـتراف بالشركة متعـددة الجنسـية كاشخاص قانونية دولية وبصورة محدودة يجعل من السهولة تنظيم انشطتها، اذ في هـذه الحالـة تخضـع لقانون واحد هو القانون الدولي العام بدلا من اخضاعها لقوانين الدول المختلفة.

المبحث الثاني
التنظيم الدولي الكلي للشركات متعددة الجنسية

لقد نال النشاط المتزايد للشركات متعددة الجنسية وتاثيراته المختلفة في الدول اهتمام المنظمات الدولية المختلفة وخاصة منظمة الامم المتحدة ومنظمة التعاون والتنمية الاقتصادية ومنظمة العمل الدولية والمنظمات غير الحكومية... الخ. فهي لم يعد ينظر اليها كاشخاص قانونية خاصة، وانما كاشخاص قانونية تمارس انشطة ذات صفة دولية سواء كانت هذه الصفة الدولية هي دولية اقتصادية ام دولية قانونية، فالمهم في هذه المسالة هو ابراز الجانب الدولي لنشاطها.

ان وصف نشاط الشركات متعددة الجنسية بانه ذو صفة دولية اكده مسار التحرك الدولي عبر منظماته المختلفة وفي اتجاهين:

الأول: تمثل في الاتجاه الذي سلكته منظمة الامم المتحدة عند وضعها لجنة دولية تحت اشرافها مهمتها وضع البحوث وإعداد التقارير الخاصة بنشاط الشركات متعددة الجنسية تمهيدا لوضع قواعد قانونية تكون اساسا لتنظيم نشاط تلك الشركات دوليا.

اما الثاني: فقد تمثل في تحرك المنظمات الدولية الاخرى كمنظمة التعاون والتنمية الاقتصادية والمنظمات غير الحكومية نحو محاولة وضع تنظيم دولي لنشاط الشركات متعددة الجنسية.

وهذان الاتجاهان سيمثلان التقسيم الذي سيسير عليه المبحث الثاني في مطلبين: الأول تضمن دور الامم المتحدة في هذا المجال والثاني سيناقش دور المنظمات الدولية الاخرى في تنظيم نشاط الشركات متعددة الجنسية.

المطلب الاول
دور الأمم المتحدة في تنظيم نشاط الشركات متعددة الجنسية

لقد أولت الأمم المتحدة اهتماما خاصا بنشاط الشركات متعددة الجنسية، وذلك عقب التحذير الذي أورده تقريرها السنوي عن الوضع الاقتصادي العالمي في بداية عقد السبعينات وبالتحديد في مطلع عام 1971، اذ اورد هذا التقرير ما ياتي "قد تكون هـذه الشركات –أي الشركات متعـددة الجنسيـة – في بعض الاحيان، من العوامل الفعالة في نقل وتحليل التكنولوجيا وراس المال الى البلدان النامية، الا ان دورها ينظر اليه احيانا نظرة ريب وتخوف نظرا لان حجمها وقوتها تفوق حجم الاقتصاد الوطني باكملـه الـذي تمارس نشاطها فيه، وعلى المجتمع الدولي ان يضع سياسة ايجابية ويكون جهازا فعالا لمعالجة القضايا التي يثيرها نشاط الشركات المذكورة"[1].

كذلك فان للاحداث التي وقعت في تشيلي عام 1973 والتي نتج عنها الاطاحـة بحكـم السـلفادور الليندي[2]، اثرها في دفع منظمة الامم المتحدة نحو اجراء دراسة شاملة لنشاط الشركات متعـددة الجنسية، وبالفعل اصدر المجلس الاقتصادي والاجتماعي بالاجماع القرار رقـم "1721" بتاريخ 2 / 8 / 1972، وقـد تضمن هذا القرار طلبا موجها الى الامين العام للأمم المتحدة مفاده تكليف مجموعة مـن كبـار الخـبراء في مجال الشركات متعددة الجنسية، للعمل على دراسة دور هذه الشركات واثرها في عملية التنميـة وخاصـة في الدول النامية، وكذلك انعكاساتها على العلاقات الدولية بغية الوصول الى جملة من النتائج تمكن الدول من الاستفادة منها في حال

---

[1] انظر: محمد صبحي الاتربي، مدخل الى دراسة الشركات الاحتكارية متعددة الجنسية، مصدر سابق، ص7.
[2] لقد كان وراء عملية الانقلاب هذه شركة (I.T.T).

اتخاذها قرارات سيادية خاصة بالسيادة الوطنية، كذلك الوصول الى التوصيات التي تكفل توفير قدر مناسب من التنظيم الدولي لانشطتها المختلفة.[1]

ولقد قامت لجنة الخبراء المسماة بـ "مجموعة الشخصيات" بدراسة "دور الشركات وأثرها في عملية التنمية" في ثلاث اجتماعات كان الأبرز فيها الاستماع إلى شهادة ما يقرب من (50) شخصية قيادية من الحكومات ورجال الأعمال واتحادات التجارة والمجموعات المعنية العامة والخاصة وأساتذة الجامعات.[2]

وفي شهر ايار سنة 1974 قدمت مجموعة الشخصيات تقريرها الذي اشتمل على ثلاثة أقسام، الأول منها تكلم عن اثر الشركات متعددة الجنسية في التنمية وفي العلاقات الدولية والثاني ضم بعض المسائل الخاصة والتي لها علاقة وثيقة بنشاط الشركات متعددة الجنسية كانتقال رؤوس الأموال ونقل التكنولوجيا وشؤون العاملين وحماية المستهلكين والائتمان، أما القسم الثالث منه فقد ضم ملاحظات الأعضاء حول المسائل التي لم يحصل الاتفاق عليها.[3]

ويبدو أن أهم ما جاء في التقرير الذي اجرته مجموعة الشخصيات هو المقترحات التي وجهتها الى المجلس الاقتصادي والاجتماعي، وتتلخص هذه المقترحات في امرين:

**الاول:** تكوين لجنة دائمة تكون تابعة للمجلس الاقتصادي والاجتماعي وتسمى "لجنة الشركات متعددة الجنسية" وتتالف من خمس وعشرين عضوا يتم اختيارهم من قبل الامين العام للامم المتحدة وبصفتهم الشخصية ويكونون من الخبراء في مجال هذه الشركات على ان يؤخذ بنظر الاعتبار التمثيل الجغرافي

---

[1] انظر: محمد عبد الرحمن، مصدر سابق، ص5. كذلك انظر د. وهبي غبريال، البعد السياسي للشركات متعددة الجنسية، مجلة السياسة الدولية، العدد (44) مؤسسة الاهرام، القاهرة، 1976، ص91.

[2] انظر محمد عبد الرحمن، مصدر سابق، ص6.

[3] انظر: د.محسن شفيق، المشروع ذو القوميات المتعددة، مصدر سابق، ص316. كذلك للمزيد من التفصيل انظر: محمد عبد الرحمن، المصدر السابق، ص28-29.

على نطاق واسع، وتكون مهمة اللجنة هي اعداد الدراسات الخاصة بهذه الشركات، وان يؤخذ بنظر الاعتبار ما تعده المنظمات الوطنية والدولية من دراسات في هذا الشان وما تقدمه الحكومات والنقابات والهيئات من مقترحات،[1] غير ان مهمة هذه اللجنة تنحصر في الامور الاتية:

1- وضع جملة من التوصيات تكون اساسا لصياغة تقنين لقواعد السلوك الغاية منها:

أ- درء تدخلها في الشؤون الداخلية للدول التي تعمل فيها.

ب- ضبط نشاطها في الدول التي تستقبل الاستثمارات الاجنبية، بغية ان يكون الاستثمار منسجما مع الخطط والاهداف الوطنية.

ج- تقديم المساعدات للدول النامية وتسليمها التكنولوجيا والخبرة الادارية بشروط عادلة وملائمة.

د- الحيلولة دون خروج ارباحها المتاتية من انشطتها حرصا على المصالح المشروعة لكل الاطراف المعنية.[2]

2- النظر في امكان ابرام اتفاق عام بشان وضع نظام دولي للشركات متعددة الجنسية تقوم على تنفيذه منظمة متخصصة، وتنضم اليه الدول في اطار اتفاقية دولية، وتكون لهذه الاتفاقية قوة المعاهدات الدولية، وتتضمن النصوص المتعلقة بوسائل تنفيذ الاتفاقية والجزاءات التي يمكن تنفيذها عند الاقتضاء.[3]

[1] انظر:د.محسن شفيق، المشروع ذو القوميات المتعددة، المصدر السابق، ص316.
[2] انظر: بوزويف، الاحتكارات العالمية والسياسة العسكرية، ترجمة فائق ابو الحب، دار التقدم، موسكو، 1984، ص245.
[3] انظر: د.عبد الواحد محمد الفار، احكام التعاون الدولي في مجال التنمية الاقتصادية، عالم الكتب القاهرة، بدون سنة طبع، ص166.

أما الاقتراح الثاني فكان يقضي بانشاء مركز للاستعلام والبحوث يكون تابعا للامم المتحدة وتحت أشراف لجنة الشركات متعددة الجنسية، وتنحصر ـ مهمته في جمع المعلومات والبيانات المتعلقة بهذه المشروعات وتحليلها ونشرها.[1]

ولقد وافق المجلس الاقتصادي والاجتماعي والجمعية العامة للامم المتحدة على انشاء لجنة الشركات متعددة الجنسية ومركز الاستعلام والبحوث.

ان الاقتراح الذي لقي اكثر ترحيبا هو تكوين مدونة قواعد السلوك لتنظيم نشاط الشركات متعددة الجنسية، وبالفعل وفي عام 1976 اصدرت لجنة الشركات متعددة الجنسية مدونة قواعد السلوك.

ولقد ركزت هذه المدونة على جملة أمور منها التعريف بالشركات متعددة الجنسية ونطاق أنشطتها وسلوكها السياسي الذي تتعامل به مع الدول المضيفة لها، فضلا عن كيفية التعاون بين الدول المختلفة لتطبيق هذه المدونة وأخيرا الية تنفيذ مدونة قواعد السلوك.

ولهذا فان اهم ما جاء في التقنين من مسائل واحكام ما هي الا انعكاس للاوضاع السياسية والاقتصادية والاجتماعية والمالية التي تحاول الدول المختلفة تنظيمها بوساطة هذا التقنين، فبالنسبة للمسائل السياسية، فقد جاء في تقنين قواعد السلوك انه على الشركات متعددة الجنسية احترام سيادة الدول وعدم التدخل في شؤونها الداخلية، وهذا يعني احترامها للقوانين والاساليب المعمول بها في الدول المضيفة، فضلا عن الزام الدولة الام بعدم استخدامها للشركات متعددة الجنسية كاداة لتحقيق اهداف وغايات سياسية في الدول المضيفة، كذلك فان على هذه

---

[1] انظر:د.محسن شفيق، المشروع ذو القوميات المتعددة، مصدر سابق، ص319. كذلك انظر د. حسني الجمل، الخطورة الدولية للشركات متعددة الجنسية، مجلة السياسة الدولية العدد (34)، مؤسسة الاهرام، القاهرة، 1973، ص158.

الشركات عدم اللجوء الى طريق غير مشروع لتحقيق اهـدافها في الـدول المضيفة وشراء ذمـم المسؤولين فيها.[1]

أما بالنسبة للمسائل الاقتصادية والمالية والاجتماعية فقد اكد التقنين سيادة الدولة عـلى مواردهـا الاقتصادية وحقها في تنظيم الاستثمار الاجنبي المقام على اقليمها، كذلك فان التقنين تضمن مطالبة الشركة الام بتوزيع الية اتخاذ القرار بين شركاتها الوليدة للحيلولة دون احتكارهـا مـن قبلهـا، اذ لابـد مـن تقاسـم سلطة اتخاذ القرار بين المركز وسلطات الوحدات الفرعيـة حتى يتسنى للشركات الوطنية المسـاهمة في تنمية بلادها، فضلا عن ممارسة الرقابة المخولة لها بموجب القانون.[2]

كما اوجب التقنين على الشركات متعددة الجنسية ان لا تضر بميـزان مـدفوعات الـدول المضيفة، وذلك عن طريق إلزامها بتصنيع المواد الاولية في الدول المضيفة والتقليل من وارداتها وتصدير جانـب مـن الإنتاج الذي تقوم به، فضلا عن الحيلولة دون قيام الشركات متعـددة الجنسـية بفرض قيـود عـلى حريـة الشركات الوطنية التابعة لها او التي تسيطر عليها في الاتجار، كتحديدها كمية المنتج التي تصـدرها او تحديدها اثمان المنتجات، او ان يقتصر التصدير على مناطق دون اخرى او حظـر التصدير الى مناطق معينة، فضلا عن ذلك فلقد تضمن التقنين مسائل متعددة اخرى منهـا مـا تعلق بكيفية معاملة الـدول المضيفة للشركات وكيفية تأميم الـدول للشركات العاملـة عـلى اراضيها والتعويض الواجب دفعه لتلـك الشركات فضلا عن المنازعات المتعلقة بالاستثمار.[3]

---

[1] انظر: د.محمد عبدة سعيد، الشركات متعددة الجنسية ومستقبلها في الدول النامية، رسالة دكتوراه مقدمة الى جامعة عين شمس، كلية الحقوق، 1986، ص483.

[2] انظر: المصدر نفسه، ص481.

[3] انظر: د. محسن شفيق، المشروع ذو القوميات المتعددة، مصدر سابق، ص320، كذلك انظر بنفس المعنى: د.محمد عبدة سعيد، مصدر سابق، ص482.

ولا تزال الى هذه اللحظة لجنة الشركات متعددة الجنسية التابعة للمجلس الاقتصادي والاجتماعي تقوم باجراء الدراسات المختلفة حول انشطة هذه الشركات، وتقديم التقارير الدورية عنها، وهذا كله يندرج نحو الوصول الى تنظيم دولي حقيقي لنشاط هذه الشركات وذي قوة ملزمة لها.ولقد بلغ عدد هذه التقارير في (2003/4/12) اكثر من (718) تقريرا اعدته لجنة الشركات متعددة الجنسية.
(280) تقريرا كان على شكل دراسات بحثية اجرتها اليونكتاد و (250) تقريرا كان على شكل نصائح وارشادات.[1]

وهكذا يبدو ان القرار المرقم (1721) الذي اصدره المجلس الاقتصادي والاجتماعي في عام 1972 يعد نقطة تحول في تاريخ الشركات متعددة الجنسية، اذ بصدوره لفت نظر المجتمع الدولي نحو تلك الشركات وما يثيره نشاطها من اشكاليات متعددة تتمحور في ضرورة تنظيمه وعدم تركه للقوانين الوطنية لكل دولة على حده، فالقرار المذكور يعد نقطة البداية في استقطاب انظار الكثير من الباحثين والدارسين والمحللين لانشطة هذه الشركات.

وفي عام 1974 تبنت الجمعية العامة للامم المتحدة في دورتها الاستثنائية السادسة برنامج عمل حول النظام الاقتصادي الجديد في القرار المرقم (3252) والمتضمن (6) فقرات حملت الخامسة منها عنوان "تنظيمات ومراقبة نشاطات الشركات متعددة الجنسية".

وفي 1/تشرين الاول عام 1982 وبموجب القرار المرقم 19826/8 كلفت الامم المتحدة المجلس الاقتصادي والاجتماعي بمواصلة اعماله حول المواد في دليل تصرف اعمال الشركات متعددة الجنسية.[2]

وفي عام 1984 تم اعداد هذه الوثيقة -الدليل- واهم ما نصت عليه:

1-عدم تدخل الشركات متعددة الجنسية في الشؤون الداخلية للدول.

---

[1] Harris Gleckman, UN Center on transnational corporations

مسحوب من الانترنت على الموقع WWW.pgaconference.org, p2.

[2] انظر د.عبد المجيد العبدلي، مصدر سابق، ص222-223.

2-عدم التداخل في العلاقات بين الحكومات.
3-واجب تشغيل وطنيين في الدولة التي تمارس فيها النشاط.
4-واجب المساهمة في تعديل ميزان المدفوعات.
5-واجب تعديل سياسة الاسعار على اسعار السوق.
6-واجب احترام المحيط الذي تعمل فيه"[1].

ولغرض تنظيم عمل الشركات متعددة الجنسية فقد اقترح الرئيس المكسيكي في المؤتمر الثالث للتطور والتجارة التابع للامم المتحدة وجوب وضع ميثاق لحقوق وواجبات الدول من اجل حماية الدول النامية واهم ما جاء فيه من المبادئ التي لها علاقة بالشركات متعددة الجنسية هي:
1- حق الدولة في السيطرة على مصادرها الاولية.
2- حق الدول في تبني النظام الاقتصادي الذي يلائمها.
3- منع استعمال الضغوط الاقتصادية التي تضر بالسيادة السياسية للدول.
4- وضع رؤوس الأموال الأجنبية تحت القانون المحلي.
5- منع الشركات العالمية من التدخل في الشؤون الداخلية للدول.
6- منع استعمال سياسة التمييز في التجارة.
7- الاستثمارات الاجنبية تكون مكملة للمحلية، وان لا تحل محلها او تعمل في المجالات نفسها.
8- نشاطاتها يجب ان تكون ايجابية بخصوص ميزان المدفوعات. من حيث الصادرات.
9- ان توظف المحليين وتدربهم.
10- ان تستخدم المنتجات المحلية في عملياتها.
11- ان تكون نشاطاتها في مجالات مختلفة.
12- ان لا تحتكر السوق الوطنية.

---

[1] د. عبدالمجيد العبدلي، المصدر السابق، ص223.

13- يجب ان تحترم القيم الاجتماعية في الدول المضيفة.

14- يجب ان تكون نشاطاتها متناسقة مع مصالح الدول المضيفة.

15- ان لا تدمر طريقة الاستهلاك في البلد المضيف.

16- ان تسعى الى التعاون مع الدول المضيفة بحيث تتناسق عملياتها مع سياسة التطور القومي للبلد"[1].

اما موقف الولايات المتحدة الامريكية من الشركات متعددة الجنسية وخاصة المنظمات الدولية كمؤتمر الامم المتحدة للتجارة والتنمية ومنظمة التعاون الاقتصادي والتنمية والاتفاقية العامة للتعريفة الكمركية والتجارة فقد تلخص في ان تحكم اوضاع هذه الشركات مبادئ القانون الدولي العام وتجنب أي قيود على الاستثمار الاجنبي يشوه التدفق الحر للاستثمار.[2]

ولقد استطاعت الولايات المتحدة الامريكية الضغط على صندوق النقد الدولي لترتيب مركز دولي للشركات متعددة الجنسية من خلال معاهدة تسوية منازعات الاستثمار بين الدول والشركات لعام 1965 على ان تكون المحكمة التي تفصل في النزاع نوعا من المحكمة الدولية. غير ان هذه المعاهدة قد قامت على اساس طوعي. اذ يتم استدعاء المحكمة بناء على طلب مكتوب من احد اطراف النزاع.[3]

[1] د.محمد ابراهيم فضة: مشكلات العلاقات الدولية: دور الشركات العالمية في السياسة الخارجية، ط1، مطابع الجمعية العلمية الملكية، عمان، 1981، ص46-47.

[2] UN. The Impact of Multinational corporations on development and world politics. B/5500/Rev./st./ESA/60New York, 1974. p.42.

[3] انظر محمد السيد سعيد، الشركات متعددة الجنسية واثارها الاقتصادية والاجتماعية والسياسية، الهيئة المصرية العامة للكتاب، القاهرة، 1978 ص335.

المطلب الثاني
دور المنظمات الدولية الاخرى في تنظيم
نشاط الشركات متعددة الجنسية

لم ينل نشاط الشركات متعددة الجنسية اهتمام منظمة الامم المتحدة فحسب وانما شمل اهتمام المنظمات الاقليمية والمؤتمرات الدولية ايضا، ففي 1976/6/11 صدر عن منظمة التعاون والتنمية الاقتصادية "OCED" اعلان خاص بالاستثمار الدولي والشركات متعددة الجنسية.[1]

ان الاهمية التي يتسم بها هذا الاعلان تكمن في حقيقتين اساسيتين هما:

انه شامل في مضمونه وحكومي في منبعه، ويبدو ان الاسباب الكامنة وراء اصدار هذا الاعلان تتجسد في النمو المتزايد لهذه الشركات دون ان يقابله تنظيم دولي لها، فضلا عن الاثار السيئة التي تترتب على انشطتها المختلفة، فقد اوجد سيلا من الانتقادات الموجهة لتلك الشركات، اذن فضرورة التنظيم الدولي لانشطتها هو الدافع وراء اصدار هذا الاعلان.[2]

ويعد الإعلان الصادر عن منظمة التعاون والتنمية الاقتصادية انعكاسا لوجهات نظر الدول الصناعية المتقدمة، ذلك ان التنظيم الذي جاء به الاعلان قد اعتبر الشركات متعددة الجنسية ظاهرة ايجابية تهدف في النهاية الى ايجاد نوع من التعاون الدولي، وهذا يبدو واضحا من خلال الاهداف التي جاء بها وهي:

1- تحسين مناخ الاستثمار الاجنبي

---

[1] ان من الماخذ التي تؤخذ على هذا الاعلان هو انه يهدف الى وضع مبادئ توجيهية، أي ان هذا الاعلان مجرد من أي صفة الزامية، مما يقلل من قيمة هذا الاعلان، والسبب في تجرده من الصفة الالزامية يكمن في ان الاعلان ما هو الا انعكاس لرؤى ومصالح الدول الصناعية الكبرى المتمثلة في منظمة "OCED".

[2] انظر: د. مصطفى سلامة حسين، التنظيم الدولي للشركات متعددة الجنسية، دار النهضة العربية، القاهرة، 1982، ص50.

2- تشجيع المساهمة الايجابية للشركات متعددة الجنسية في التقدم الاقتصادي والاجتماعي للدول الاطراف في الاعلان.

3- حل المشاكل التي تعترض عمليات الشركات متعددة الجنسية.[1]

ويرى الدكتور مصطفى سلامة حسين انه على الرغم مما جاء به الاعلان من مزايا للشركات متعددة الجنسية وما يقابله من قلة التزاماتها بموجب هذا الاعلان تجاه الدول، الا ان هناك حقيقة يجب عدم اغفالها وهي "ان احكام هذا التنظيم تخاطب الشركات متعددة الجنسية بنصوص ذات صفة دولية مما يفتح المجال الى ضرورة التامل حول مركزها القانوني الدولي".[2]

ولقد حاولت دول الانديز وهي "بوليفيا-تشيلي-كولومبيا-الاكوادور -بيرو- فنزويلا" تنظيم عمل الشركات متعددة الجنسية على اراضيها من خلال وضعها للخطوط العريضة للنظام القانوني للشركات متعددة الجنسية المكونة على المستوى الاقليمي لدول الانديز وكالاتي:

**أولا:** يكون تاسيس الشركات متعددة الجنسية من قبل مواطني مجموعة دول الانديز، شريطة ان يساهم مواطنو دولتين على الاقل بنسبة 60% من راس مال الشركة المقامة. ثم رفعت النسبة الى 80% بموجب القرار المرقم 169 سنة 1982 ولدولة المقر الحرية في تحديدها للحد الاعلى لنسبة مشاركة راس المال الاجنبي في النسبة المتبقية.

**ثانيا:** يجب ان يكون لمساهمة الاقلية الدور البارز في التوجيهات الفنية والادارية والمالية والتجارية للشركة، وان يكون الهدف منها تحقيق التكامل والتنمية للدول الاعضاء، وان يتم تنسيق برامجها مع خطط التنمية.

**ثالثا:** تعامل الشركات متعددة الجنسية الإقليمية بنفس المعاملة التي تتمتع بها الشركات الوطنية، وخاصة فيما يتعلق بمعدلات الائتمان وإعادة الاستثمار والترحيل

---

[1] المصدر نفسه، ص51.

[2] انظر: المصدر نفسه، ص52.

للأرباح وغيرها من المزايا التي تقرر لها في نطاق السوق المشتركة للدول الأعضاء[1].

إن القواعد التي نص عليها تقنين الانديز تعد بحق ذات مغزى دولي يقتدى به لوضع تنظيم دولي محدد المعالم لنشاط الشركات متعددة الجنسية، الا ان هذا التنظيم الاقليمي لنشاط هذه الشركات قد تعرض لعقبات عديدة، كان أبرزها انسحاب تشيلي منه عام 1973 فضلا عن تضارب الاتجاهات حول المعاملة التي يجب ان تتمتع بها الاستثمارات الاجنبية بين مؤيد لتقليل القيود او زيادتها[2].

ولم يقتصر عمل المنظمات الاقليمية على منظمة دول الانديز فيما يتعلق بتنظيم نشاطات الشركات متعددة الجنسية فحسب، بل شمل ايضا الاتحاد الاوربي. فنتيجة للاخطار المتزايدة التي جسدتها عمليات الشركات متعددة الجنسية فقد عملت الدول الاوربية على فرض أنظمة رقابة قانونية على عمل هذه الشركات تتراوح بين الرقابة البسيطة والرقابة الدقيقة المبنية على أساس حصول الموافقة من الجهات الادارية.

وفي بروكسل تم تشكيل لجنة اوكلت اليها مهمة اعداد جملة من الوصايا الخاصة بنشاط الشركات متعددة الجنسية. ولقد كان الهدف من هذه الوصايا التوفيق بين مصالح متناقضة لا بين الدول فحسب، بل بين نقابات العمال وجمعيات المستهلكين وبقية الدول فضلا عن شمول الوصايا لجوانب متعددة من سياسة الدول وخاصة تلك التي تتعلق بالضريبة والمنافسة وتحديد اماكن الاستثمارات.

ويشمل تقرير بروكسل الامور التالية:

---

[1] انظر: د.محمد سامي عبد الحميد، د.مصطفى سلامة حسين، مصدر سابق، ص382 وكذلك انظر د.مصطفى سلامة حسين، مصدر سابق، ص45-46. كذلك انظر بنفس المعنى د. وهبي غبريال، مصدر سابق، ص91

[2] انظر: د.مصطفى سلامة حسين، مصدر سابق،ص47. وكذلك انظر د.محمد سامي عبد الحميد. د.مصطفى سلامة حسين، مصدر سابق، ص382.

1- تقديم المعلومات: أي اجبار الشركات متعددة الجنسية على اعطاء معلومات محددة وجديدة باستمرار حول نشاطاتها.

2- توحيد الضرائب بين مختلف دول السوق الاوربية، وهذا يعني التعاون بين مختلف الادارات الضريبية من اجل مراقبة التصاريح والتقارير التي بها الشركات متعددة الجنسية.

3- مراقبة حركة رؤوس الاموال من اجل معاقبة الشركات التي تجني ارباحا من خلال الازمات المالية الدولية.

4- تنظيم امكان تواجد الشركات متعددة الجنسية للحيلولة دون قيامها بالمضاربة.

5- تمكين النقابات العمالية من اعداد اتفاقيات جماعية للعمل على الصعيد الاوربي.[1]

كما ان القرار رقم (24) لسنة 1970 والذي اصدرته لجنة اتفاق قرطاجنة يعد خطوة هامة بذلتها الدول النامية نحو وضع سياسة كاملة للتعامل مع الشركات متعددة الجنسية.[2] فضلا عن ذلك فان هناك منظمات دولية اخرى اهتمت بنشاط الشركات متعددة الجنسية كغرفة التجارة الدولية عام 1972 والديوان العالمي للصحة عام 1981.[3] كذلك فان لجنة القانون التجاري الدولي التابع للامم المتحدة مهتمة بدراسة الاشكال القانونية للشركات متعددة الجنسية[4] حيث انها دعت الى ضرورة ايجاد نوع من التنظيم الدولي لنشاط هذه الشركات، على اعتبار ان مثل هذا التنظيم هو الوحيد القادر على الاحاطة الكاملة بكافة جوانب نشاطها[5]

[1] انظر: اوردونو، مصدر سابق، ص195 هامش(1).

[2] انظر: د.عبد المعز عبد الغفار نجم، مصدر سابق، ص136.

[3] انظر: دانيال كولار والعلاقات الدولية، ترجمة د.خضر حضر، دار الطليعة للطباعة والنشر، بيروت، 1977، ص67.

[4] انظر: د.عبد المعز عبد الغفار نجم، المصدر السابق، ص135.

[5] انظر د. حسام عيسى، الشركات المتعددة القوميات، مصدر سابق، ص 41.

ولم يقتصر الامر عند المنظمات الدولية الاخرى، بل تعداه ليشمل المنظمات غير الحكومية، فلقـد وقعت هذه المنظمات إعلانا سمي بـ (عدم التمييز وحماية الاقليات) وكان الاعلان عبارة عن توصيات تـم ارسال نموذج منها الى الامم المتحدة، ولقـد شـملت هـذه التوصيات جملـة مـن المسؤوليات يجـب عـلى الشركات متعددة الجنسية ان تاخذ بها وهي:

1- تحديد التاثيرات السلبية العالمية للشركات متعددة الجنسية، وخاصة ما تعلـق منها بـالحقوق الاقتصادية والثقافية والاجتماعية.

2- التحقق من الانتقال غير القانوني لراس المال من الـدول الفقـيرة الى الـدول الغنيـة، فضـلا عـن مراقبة عمليات المضاربة والخداع التي تتبعها تلك الشركات في الاسواق العالمية.

3- التعرف على هيكل ملكية الشركات متعددة الجنسية واستراتيجيتها الكونية الهادفة الى تركيـز السوق على المستويات الوطنية والاقليمية.

4- التحقق من طبيعة الاندماجات القانونيـة بـين الشركات متعـددة الجنسية والبنـوك لتكـوين احتكارات ذات قوة غير محدودة.

5- تنظيم الاستعمال الفاسد للاليات المالية "البنك الدولي- صندوق النقد الدولي- UNDP وهيئـات مساعدة التنمية الدولية المختلفة" وذلك عن طريق التاكد من التوزيع السـليم للفوائـد مـا بين الشركات الأم وشركاتها التابعة.

6- تقييم تدخل الشركات متعددة الجنسية في الحياة السياسية للدول مـن خـلال افسـاد وارشـاء الحكومات والبرلمانات والعسكريين.

7- تحديد مسؤوليات الشركات متعددة الجنسية فيما يتعلـق بتكـوين البيئـة ونقـل التكنولوجيـا وغيرها من المسائل الاخرى التي تؤدي الى الأضرار بالدول المضيفة.

8- تجميع بيانات يعتمد عليها للاستثمارات الأجنبية المباشرة في الدول النامية وفي تجريد ملكية الموارد التي تعتبر استراتيجية بالنسبة للسيادة الوطنية[1].

وتختم هذه المنظمات غير الحكومية اعلانها بالقول ان هذه التوصيات تعد الاساس الـذي يعتمد عليه في وضع معيار اساسي بالنسبة لتقنين قواعد السلوك للشركات متعددة الجنسية في المستقبل[2].

ولقد وضعت اللجنة الدولية للصليب الأحمر جملة معايير اخلاقيـة يكـون عـلى اساسها السلوك الذي تنتهجه هذه اللجنة في تعاملها مع الشركات متعددة الجنسية وهذه المعايير قائمة على الآتي:

1- من الأمور ذات الأولوية القصوى، لا تقبل اللجنـة الدوليـة للصليب الاحمـر أي دعـم مـن أي شركة إذا كان الدعم يعرض للخطر قدرة المنظمة على القيـام بواجبها وفقـا للمبـادئ التـي قامت عليها اللجنة الدولية للصليب الاحمر.

2- لا تسعى اللجنة الى الحصول على دعم مـن الشركات متعددة الجنسية ولا تقبل مثل هـذا الدعم اذا كانت سياساتها وانشطتها تتناقض مع المبادئ التوجيهية للجنة الدولية للصليب الاحمر بصورة اساسية. ويتناول هذا المعيار بوجه خاص المطلب الـوارد في المـادة (23) مـن لائحة اللجنة الدولية للصليب الاحمر بشان استخدام شارة الصليب الاحمر / الهلال الاحمر، والتي تنص على انه لا بد "للشريك من قطاع الاعمال". ان لا ينخرط باية وسيلة في انشطة تتعارض مع اهداف ومبادئ اللجنة الدولية للصليب الاحمر او قد يعتبرها الراي العام مثيرة للجدل.

---

[1] UN.Economic and Social Council, Code of conduct for transnational corporations, E/ CN.4/. sub.2/. 1998/. NGO./ 12 P.4

[2] UN.Economic and Social Council op, cit p4.

3- الى جانب ذلك، تقرر اللجنة الدولية للصليب الاحمر الاثار المحتملة للشراكة مع شركة ما بناء على الصورة العامة للشركة وسمعتها.[1]

وعليه فان المعايير الاخلاقية هي كما يلي:

أ- لا تطلب اللجنة الدولية للصليب الاحمر او تقبل دعما من الشركات التي تعمل بشكل مباشر في صناعة او بيع الاسلحة، او تمتلك اسهما غالبة في مثل هذه الشركات.

ب- لا تطلب اللجنة او تقبل دعما من الشركات التي تشارك في انتهاكات القانون الدولي الانساني، وذلك بناء على المعلومات المتاحة للجنة الدولية من خلال وجودها في جميع انحاء العالم في المناطق المعرضة للنزاع.

ج- لا تطلب اللجنة الدولية او تقبل من الشركات التي لا تراعي حقوق الانسان ومعايير العمل الاساسية المعترف بها دوليا، بما فيها الاعلان العالمي لحقوق الانسان، واعلان منظمة العمل الدولية بشان المبادئ والحقوق الاساسية في العمل.

د- لا تطلب اللجنة او تقبل دعما من الشركات التي يعرف على نطاق واسع ان منتجاتها ضارة بالصحة، او توجد ادعاءات موثوقة بعدم التزامها بقواعد ولوائح متعارف عليها على نطاق واسع من قبيل ما تتصوره منظمة الصحة العالمية.

هـ- كذلك تولي اللجنة الدولية اهتماما لما اذا كان هناك جدل عام رئيسي- يرتبط بمنتجات او سياسات او انشطة شركة ما، بناء على تقارير

[1] اللجنة الدولية للصليب الاحمر، المبادئ الاخلاقية التي توجه شراكات اللجنة الدولية للصليب الاحمر مع القطاع الخاص (تحديات جديدة تواجه العمل الانساني في المستقبل) التقرير السنوي 2003، ص2، مسحوب من الانترنت على الموقع http://www.icrc.org

وتقييمات تقدمها وكالات تقييم مهني، واية معلومات اخرى متاحة من مصادر موثوقة.

وتشجع اللجنة الدولية اقامة شراكات مع المؤسسات التي تلتزم باحترام وتعزيز الحقوق والمعايير المذكورة. كذلك تؤيد اللجنة اقامة شراكات مع الشركات التي تلتزم بمبادئ التنمية المستدامة والادارة الصديقة للموارد البيئية، وكذلك التي تساند بشكل فعال التنمية المستدامة على المستوى التنفيذي.[1]

كما ان مؤسسة المساعدة المسيحية قد قدمت حلولا الغرض منها التوصل الى اقامة تنظيم دولي لنشاط الشركات متعددة الجنسية وكالاتي:

1- إيجاد تنظيم عالمي لها ضمن نظام الأمم المتحدة والتي بمقدورها أن تلعب دورا بارزا في تكوين الضوابط الضرورية لهذا التنظيم. اذ ان الأمم المتحدة تكون قادرة على وضع أحكام قانونية ملزمة على الشركات متعددة الجنسية الخارقة للقوانين، وخاصة عندما تكون الدول عاجزة عن وضع تشريع وطني فضلا عن عجزها عن تطبيق السياسات القانونية المؤثرة في انشطة هذه الشركات.

---

[1] انظر: اللجنة الدولية للصليب الاحمر، المبادئ الاخلاقية التي تواجه شراكات اللجنة الدولية للصليب الاحمر مع القطاع الخاص، مصدر سابق، ص(2). و عموما فاللجنة الدولية للصليب الاحمر تصبو في حوارها مع الشركات متعددة الجنسية الى تحقيق الاتي:-

1- التاكيد على الابعاد العملية للقانون الدولي الانساني في سياقات معينة، ورفع وعي الاداريين ببعض القضايا الانسانية التي تواجهها على ارض الواقع.

2- تبادل المعلومات في القضايا ذات الاهتمام المشترك كالمسائل الانسانية والامنية والقضايا المتعلقة بالصحة، بما فيها تلك المتعلقة بحق العاملين في ظل ظروف صعبة.

3- بحث امكانية الدعم اللوجستي و التنظيمي حيث يمكن تحقيق تطور كبير في انقاذ حياة الناس اثناء الطوارى.

انظر جييل كاربونيه، مسؤليات الشركات والمبادى الانسانية، بحث مسحوب من الانترنيت على الموقع WWW. Icrc.org، ص 1.

2- ان الامم المتحدة قادرة على إجراء قرارات رسمية مفصلة في قضايا الخـرق الواضحة مـن قبـل الشركات متعددة الجنسية وذلك عن طريق قدرتها في تقديم الأدلة المدينة لإعمال الشركات الى القضاء.

3- قدرتها على مراقبة الاستثمار الأجنبي المباشر بتقديمها النصـائح والإرشـادات للـدول والشركات بخصوص الفرص التي تساهم في التنمية المستدامة ومكافحة الفقر.[1]

ولم تحد منظمة العفو الدولية عـن سـابقاتها بـدعوتها نحـو ضرورة ايجـاد تنظيم دولي لنشـاط الشركات متعددة الجنسية وخاصة فيما يتعلق في تعزيز حقوق الانسان وحمايتها فهـذه الشركات يجب عليها احترام المبادئ والمعايير المعترف بها عموما من قبل الامم المتحدة وغيرها من الصكوك الدوليـة، مثل العهد الدولي الخاص بالحقوق المدنية والسياسية والعهد الدولي الخاص بالحقوق الاقتصادية والاجتماعيـة والثقافية، واعلان منظمة العمل الدولية الخاص بالمبادئ والحقوق الأساسية في العمل ومتابعته.[2]

وغاية القول ان طبيعة نشاطها العالمي العابر للحدود القوميـة للـدول واسـتراتيجيتها الانتاجيـة الكونية تجعل من الصعوبة بمكان حصرها ضمن نظام قانوني داخلي، اذ لا يمكن التوفيـق بـين متناقضـين (الاستراتيجية الكونية والنظام القانوني الداخلي) ولاجل ازالة هـذا التناقض فان اخضاعها لتنظيم قانوني دولي يعد أمرا لا مناص منه، والقول بغير ذلك يجعل من سيادة الدول المضيفة ومقدراتها الاقتصادية تحت رحمة الشركات متعددة الجنسية. وفوق كل ذلك وبناء على معطيات متعددة يتضح لنا فضلا عن ما سبق قوله ان هناك اهتماما دوليا متزايدا بضرورة تنظيم عمل الشركات على المستوى الدولي، أي وجوب اعـادة صياغة

[1] Christian Aid. Op. , cit. , P4.

[2] انظر: منظمة العفو الدولية، طلـب مشاركة في رسالة تاييد مشـتركة لمسودة المعايير الخاصة بالشركات متعددة الجنسية والمؤسسات التجارية الاخرى، ص2.مسحوب من الانترنت على الموقع   http://ara.amhesty.org

نظامها القانوني بما يتناسب والدور الذي تقوم به. فالقول بمركزها القانوني الداخلي لا يتناسب وحقيقة هذه الشركات، فاذا كنا نعترف للدول والمنظمات الدولية على سبيل المثال بالشخصية الدولية فان لهذا الاعتراف أسبابه و مبرراته كذلك الحال بالنسبة للشركات متعددة الجنسية فاعادة صياغة مركزها القانوني واعتباره ذا صفة دولية له اسبابه ومبرراته ايضا، فالاهتمام المتزايد الذي توليه منظمة الأمم المتحدة بتكوينها لجنة تابعة لها تسمى "لجنة الشركات متعددة الجنسية" دليل يؤكد عظم دورها وتناميه على المستوى الدولي فضلا عن اهتمام المنظمات الدولية الأخرى بها، اذن فالمركز القانوني الدولي لهذه الشركات انما يتاسس على ضغط مشاكل الحياة الدولية الناجمة عن الاثار السلبية لهذه الشركات على المجتمع الدولي برمته فحركة التنظيم الدولي نحو تنظيم انشطتها المختلفة لا يرجع فقط الى الرغبة في تسوية بعض المشاكل بل كذلك لوضع خطط مستقبلية للتنمية والتكافل بين اعضاء المجتمع الدولي.

# الفصل الثالث
## الشخصية القانونية الدولية للشركات متعددة الجنسية

# الفصل الثالث
## الشخصية القانونية الدولية
## للشركات متعددة الجنسية

في كل مرة تظهر فيها ظاهرة جديدة في النظام المتطور للقانون الدولي، يحاول رجال القانون إيجاد تبرير نظري له، وهذا ما جرى فعلا، فبروز الشركات متعددة الجنسية كوحدة اقتصادية قوية مؤثرة في مجرى العلاقات الدولية، جعل الجدل الفقهي يحتدم حول أمكانية اعتبارها شخصا قانونيا دوليا من عدمه، وهذا مرده في الحقيقة الى غيبة تأصيل نظري واضح للمركز الحقيقي للشركات متعددة الجنسية في القانون الدولي العام من جهة، وغياب تنظيم دولي محدد المعالم لتنظيم عملها من جهة اخرى، جعل فكرة تمتع الشركات متعددة الجنسية بالشخصية القانونية الدولية ما زالت في مدارجها الاولى وهي الان تشق طريقها نحو الاستقرار.

فلقد كانت، الدول ذات السيادة منذ وقت طويل هي التي تتمتع بالشخصية القانونية الدولية دون غيرها من الكيانات الدولية الاخرى، غير ان ما طرأ على العلاقات الدولية في السنوات التي تلت الحرب العالمية الثانية من عوامل واعتبارات عديدة، نتج عنها تغير جذري في الكثير من انماط وصيغ هذه العلاقات، وترك الباب مفتوحا امام دخول اعضاء جدد في المجتمع الدولي، وكان بروز الشركات متعددة الجنسية كقوة فاعلة في العلاقات الدولية ايذانا بان هناك نوعا من التغيير على المستوى البعيد سيحصل في بنية الجماعة الدولية او بتعبير أوسع، في بنية القانون الدولي العام، ذلك انه على حد تعبير الاستاذ "De Visscher" "الى وجوب تطابق القانون الدولي مع واقع العلاقات الدولية"[1]

---

[1] De visscher, The'ories et Realite's en Driot International, 2ed, Paris, pp 169-170.

ومن هنا كان من الضروري تسليط الضوء على المركز الحقيقي للشركات متعددة الجنسية. هل هو مركز قانوني داخلي ام دولي؟ واذا كان دوليا فهل ان هذا يعني انه يعد أرضية ملائمة لإمكانية اعتبارها اشخاصا قانونية دولية؟ ولاجل الاحاطة الكافية للاجابة عن هذه التساؤلات فاننا قد قسمنا هذا الفصل الى ثلاثة مباحث تناول الاول ماهية الشخصية الدولية، و تناول الثاني موقف الفقه الدولي من الشركات متعددة الجنسية واعمالها التعاقدية اما الثالث فقد ركز على منح هذه الشركات شخصية قانونية دولية.

المبحث الاول

ماهية الشخصية القانونية الدولية

تمثل دراسة الشخصية القانونية البداية لمعرفة اشخاص الكيان القانوني ككل. فبموجبها يمكن إخضاع الشخص للنظام القانوني الذي يحكمه وفقها. فهي تحدد انتماء شخص معين لنظام قانوني محدد. وكذلك هي الفاصل ما بين الخضوع لنظام قانوني وآخر. وان معرفة هذه الشخصية ونطاقها يمكننا من معرفة الأشخاص الذين يحملون وصفها. وبالتالي إخضاعهم للنظام القانوني الذي يندرج تحتها. فان كانت الشخصية القانونية داخلية خضع الشخص للقانون الداخلي. وان كانت دولية خضع الشخص للقانون الدولي.

وحيث ان الشخصية القانونية الدولية تمثل الفاصل ما بين تحديد من هم اشخاص القانون الدولي العام من عدمه فان تحديد معالمها و بيان نطاقها امر في غاية الاهمية لانه يمثل المدخل نحو اضفاء وصف الشخصية القانونية الدولية على اشخاص تتوافر فيهم عناصر هذا الوصف دون ان يعترف لهم المجتمع الدولي بشكل كلي بهذه الشخصية ومنهم الشركات متعددة الجنسية.

ولاجل معرفة ملامح الشخصية القانونية الدولية ونطاقها - والتي تشكل مدخلا لدراسة الشخصية القانونية الدولية للشركات متعددة الجنسية -فاننا قد قسمنا هذا المبحث الى مطلبين تضمن الاول تعريف الشخصية القانونية الدولية و تضمن الثاني نطاق هذه الشخصية.

## المطلب الاول
## تعريف الشخصية القانونية الدولية

لم يستقر مفهوم الشخصية القانونية الدولية كمفهوم قانوني محدد، بل تعرض شانه شان أي مفهوم فكري وقانوني الى الدراسة والتحليل مما ادى في النهاية الى الاختلاف والتباين في وجهات النظر حوله، ذلك ان مفهوم الشخصية القانونية موجود في مختلف الانظمة القانونية سواء كانت تلك الانظمة عامة ام خاصة، دولية ام داخلية، سماوية ام وضعية.[1]

ولقد ظهر مفهوم الشخصية القانونية بصفة عامة في نطاق القانون الخاص، اذ ان مفهومها اقتصر على الانسان دون غيره ثم انتقلت داخل النظام القانوني الداخلي من القانون الخاص الى القانون العام،[2] وهكذا فهي مرت بمراحل عديدة الا ان التقلبات في تحديد مفهومها هو الذي لازمها خلال تاريخها الطويل.

ولقد ربطت المجتمعات القديمة بين الشخصية القانونية والاهلية القانونية واعتبرتهما وجهين لعملة واحدة. وكذلك ربطت تلك المجتمعات بين الاهلية القانونية وحرية الشخص، فاذا كان الشخص حرا فانه يمتلك اهلية كاملة، وبالتالي يتمتع بالشخصية القانونية، لهذا فان تمتع شخص ما بالأهلية ومن ثم بالشخصية القانونية يتوقف على مدى ما يمتلكه من حرية، اذن مفهوم الشخصية القانونية في المجتمعات القديمة كان يضيق ويتسع حسب ضيق واتساع حرية الشخص.[3]

اما في الشريعة الإسلامية فان الشخصية القانونية تثبت للانسان مهما كانت عقيدته او مركزه الاجتماعي، فهي تثبت للعبيد أي انه تكون لهم شخصية قانونية

---

[1] انظر د.كريمة عبد الرحيم حسن، منظمة الوحدة الافريقية: دراسة في المرحلة التاسيسية والشخصية القانونية، دار الكتب للطباعة والنشر، بغداد، 1987، ص72.

[2] انظر د.ابو زيد رضوان، القانون التجاري (الشركات التجارية)، القاهرة، 1970، ص449.

[3] انظر نغم اسحاق زيا، المعاهدات التي تبرمها المنظمات الدولية، رسالة ماجستير مقدمة الى كلية القانون، جامعة الموصل، 2000، ص12-13.

كاملة، ونظرا الى انهم لا يمتلكون حرية التصرف فانهم يمتلكون اهلية ناقصة، عليه فالشريعة الاسلامية فرقت ما بين الشخصية القانونية والأهلية القانونية، وهذا ما درجت عليه النظم الحديثةمن تمييزها بين الشخصية القانونية والأهلية القانونية.[1]

فالشخصية القانونية بصفة عامة لا يمكن دراستها او التعرف على ملامحها وبالتالي استجلاء حقيقتها ما لم تتم الإحاطة بالبيئة التي تنمو وتتفاعل فيها، بل حتى ان البعض قد غالى في تحديده لمفهوم الشخصية القانونية عندما قالوا ان الشخصية هي من خلق البيئة.[2]

ومن دراسة بيئة الشخصية القانونية الدولية وهي المجتمع الدولي، يتبين لنا ان هذا المجتمع هو في حالة تغيير مستمر لما يطرا على أشخاصه من تغيرات وتبدلات مستمرة منها ما يتعلق بتحديد و تحجيم ادوار أشخاصه ومنها ما يتعلق بدخول اشخاص جدد اليه تفرضه طبيعة واقع العلاقات الدولية، وهذا ما حدث فعلا بظهور الشركات متعددة الجنسية.

ويذهب الدكتور "محمد كامل ياقوت" الى ابعد من ذلك في تحديد معالم الشخصية الدولية بقوله "ان الشخصية القانونية الدولية تعتملها عوامل التنافس والتصارع -وهو من اشكال التفاعل- سواء فيما بين القوى الداخلية للوحدة او للمنظمة او بينهما ككل او بين الوحدات الخارجية، واذا ما تعدى من حيث العمق والاتساع حدوده المعقولة ادى ذلك الى اعتلال الشخصية او انحلالها.

---

[1] انظر المصدر نفسه، ص13.

[2] "والبيئة ليست سوى ذلك الترابط والتفاعل الذي تفرضه المعيشة المشتركة وضرورياتها على وحدات المجتمع محليا كان او دوليا، وهذا التفاعل يتردد من صدى التصارع من اجل السيطرة والتعاون على الخير المشترك، وينعكس هذا التفاعل على وحدات المجتمع فتتداول فيما بينها مراكز القوة في بنائه. والشخصية الدولية -وهي لا تعيش في فراغ- لا يمكن قياس ابعادها منفصلة او منتزعة من بيئتها" للمزيد من التفصيل انظر د.محمد كامل ياقوت، الشخصية الدولية في القانون الدولي العام والشريعة الاسلامية، ط1، دار الهنا للطباعة، القاهرة، 1971، ص11.

وهذا الصراع في النطاق الداخلي والخارجي للوحدة او للشخصية، فردية كانت او جماعية، محلية او دولية، تسيطر على اتجاهاته ونتائجه مجموعتان متنافرتان من المتغيرات او القوى، تمثل احداها العوامل الدافعة الى التوافق والتعاون بين الوحدات المتفاعلة ويمكن وصفها بالقوة الموحدة او الجاذبة Unifying Force والاخرى عوامل تدفع الى الانفصال والانفراد والتفكك يمكن وصفها بالقوة المفرقة او الطاردة Centrifugal Force. وهما متفاعلتان وان كانتا متنافرتين. كل وحدة او شخصية من وحدات واشخاص الجماعة -محلية كانت او دولية تجتمع فيها القوتان المتنافرتان في مجالات التفاعل - وتتوقف درجة تكامل الشخصية، فردية كانت او جماعية او دولية وتماسكها في الوحدة - على مدى تغلب القوى الموحدة على القوى المبددة. والصراع بينهم في النطاق الداخلي للشخصية يزداد تذبذبا كلما زاد بناؤها تعقيدا".[1]

وبالنسبة للشخصية الدولية فان بيئتها المجتمع الدولي الذي يمكن ان يعرف بانه "النطاق الذي تتفاعل داخله الوحدات الدولية على كافة مستوياتها وتباين مراكزها في بنائه... وهذا المجتمع في تطوره ونظمه يؤثر تاثيرا عميقا على ملامح الشخصية الدولية وأبعادها واطوارها مثلما يؤثر على نشاطها واتجاهاتها".[2]

ومن خلال هذا العرض الموجز لملامح الشخصية الدولية يمكننا القول إن الشخصية هي ليست وصفا لصيقا بالدولة فحسب، بل هي وصف يمكن ان يلازم أي وحدة تكون داخل نطاق المجتمع الدولي متى ما كانت مستكملة لعناصرها ومؤثرة ومتأثرة فيه، ذلك انه لما كانت ملامح الشخصية الدولية وابعادها نتاجا لتاثير البيئة الدولية-المجتمع الدولي- فضلا عن عوامل اخرى فان فكرة الشخصية الدولية ذاتها تكون في تغير وتطور مستمر تبعا لتغير وتطور المجتمع الدولي، فالاخير لم يعد كما هو واضح يقتصر على الدول فقط وانما شمل اشخاصا اخرين

[1] انظر د.محمد كامل ياقوت، المصدر السابق، ص 748-749.
[2] المصدر نفسه، ص11.

كالمنظمات الدولية، لهذا فان اكتمال او تذبذب الشخصية الدولية لوحده ما يكون تبعـا لاكتمـال او تذبذب نظرة المجتمع الدولي لها.

ان الشخصية القانونية الدولية هي ليست وليدة الصدفة، وانمـا دار نقـاش وسجال طويـل حـول وجودها من عدمه. ولقد انقسم الفقه الدولي بـين مؤيـد ومعـارض لوجـود الشخصية القانونيـة الدوليـة، فمنهم من انكر وجودها كالعلامة دكي وجورج سـل والعالـم النمساوي هـانس كلسن وغـيرهم- و كـان انكارهم لها نتيجة لانكارهم للشخصية المعنوية بوجه عام فهم يرون ان ما يوصف بانه شخصية قانونيـة ما هو الا مجموعة من القواعد الا مرة لذلك.

فهم انكروا الشخصية القانونيـة للدولـة وقـالوا أنهـا لا تمـت الى الحقيقـة بصلـة ويعتبرونهـا - أي الدولة- مجرد تنظيم سياسي شكلي للقوى التي تستخدمها لاغراضها في النظامين الداخلي والدولي.[1]

في حين ان الغالبية العظمى من فقهاء القانون الدولي العـام يقـرون بوجـود الشخصية القانونيـة الدوليـة، غير انهم يختلفون في تحديد الاشخاص الذين ينطبق عليهم وصف الشخصية القانونية الدولية. فمنهم من يحصرها بالدول فقط دون المنظمات الدولية من امثال (يلنيك ولاباند وموريل) على اعتبار انها وحدها يمكن ان تتمتع بالشخصية الدولية. فهي وحدها التي تعد من المخاطبين باحكـام القـانون الـدولي العام مباشرة، وبالتالي قدرتها على انشاء قواعد قانونية دولية عن طريق العرف والاتفاق فيما بينها.[2]

في حين ان معظم الفقهاء قد وسعوا من مفهوم الشخصية القانونية الدولية ليشمل فضلا عـن الدول الفاتيكان والمنظمات الدولية والفرد[3] ولو بصورة محدودة وهناك دعوات من قبل العديد من فقهاء وكتاب القانون الدولي العام اوضحوا فيها

---

[1] للمزيد من التفصيل انظر د.ابراهيم مصطفى مكارم، الشخصية القانونية للمنظمات الدولية، القاهرة، 1979، ص29 وما بعدها.
[2] انظر د.حامد سلطان، القانون الدولي العام وقت السلم، دار النهضة العربية، القاهرة، 1975، ص83
[3] انظر المصدر نفسه، ص84.

ضرورة تمتع الشركات متعددة الجنسية بالشخصية القانونية الدولية ولو بصورة محدودة.

ولقد وضعت للشخصية القانونية الدولية تعاريف متعددة. فلقد عرفها الدكتور محمد طلعت الغنيمي "بانها اهلية اكتساب الحقوق والالتزام بالواجبات مع القدرة على حمايتها بتقديم المطالبات الدولية سواء كان ذلك عن طريق رفع الدعاوى ام بطريق اخر. والقدرة كذلك على وضع قواعد القانون الدولي".[1]

ومنهم من عرفها بانها "التعبير عن العلاقة التي تقوم بين وحدة معينة ونظام قانوني محدد وتتمثل في الاهلية لاكتساب الحقوق وتحمل الالتزامات والقيام بالتصرفات القانونية ورفع الدعاوي امام القضاء".[2]

وعرفت كذلك بانها "الاهلية للحصول على الحقوق والواجبات الدولية دون تحديد أي منها، طالما ان كل الاشخاص ليس لهم نفس الحقوق ونفس الواجبات، ولا يعتبر الشخص شخصا الا الكيانات التي لها عدد كبير من الحقوق والواجبات او بعض الحقوق والواجبات المعينة".[3]

ويبدو ان هذه التعاريف قد خلطت ما بين الشخصية القانونية والاهلية القانونية. اذ انها اعتبرتهما وجهين لشئ واحد. بينما هناك فرق بين الاثنين فالشخصية القانونية تعني الاطار الكلي لجميع الحقوق والواجبات التي تكون لشخص ما. بينما الاهلية القانونية هي عبارة عن جزء داخل ذلك الاطار و تنبثق منه. وبالتالي لا يمكن الخلط او المزج ما بين الكل والجزء على اعتبار انهما مصطلحان مترادفان، فالشخصية القانونية يمكن ان تثبت لشخص ما دون ان تكون له اهلية قانونية، أي انها تعني الوجود القانوني للشخص داخل نظام قانوني معين

[1] د.محمد طلعت الغنيمي، الاحكام العامة في قانون الامم (قانون السلام)، منشاة المعارف، الاسكندرية، 1970، ص580.

[2] د.كريمة عبد الرحيم حسن، مصدر سابق، ص74. كذلك انظر بنفس المعنى د.محمد السعيد الدقاق، القانون الدولي (المصادر- الاشخاص)، ط1، الدار الجامعية، بيروت، 1981، ص379.

[3] Badr Kasme, La Capacite de l'organisation des Nations Unies de conclure des traite's, Paris, 1960, p19.

فهي التي تحدد انتماء الشخص للنظام سواء أكان داخليا ام دوليا. ودون الدخول في التفصيلات، يمكننا القول إن الشخصية القانونية تعني الوجود القانوني لشخص معين ضمن نظام قانوني محدد بينما الاهلية القانونية تعني كيفية التعبير عن هذا الوجود أي ترجمة الشخصية القانونية الى واقع عملي ملموس.

وعبر عنها البعض بانها "عبارة عن مركز قانوني تكون فيه الوحدة قادرة على التمتع بالحقوق وتلتزم بالواجبات التي يقررها نظام قانوني معين ويبدو[1] انه وصفها بانها حالة الشخص ازاء القانون من حيث تمتعه بالحقوق والتزامه بالواجبات.

في حين عرفها البعض الاخر بانها "كل وحدة انسانية تشغل مركزا في بناء المجتمع الدولي وتباشر اختصاصا دوليا، اقليميا كان او نوعيا، تتولى تنظيمه القواعد القانونية الدولية كما تتولى تحديد ما لهذه الوحدة من حقوق والتزامات ومسؤولية تجاه الوحدات الدولية الاخرى او تجاه المجتمع الدولي ككل".[2]

ويبدو ان هذا التعريف اكثر شمولية في تحديد ملامح الشخصية الدولية فهي تثبت -على وفق هذا التعريف- لكل وحدة انسانية تعمل في بناء المجتمع الدولي ايا كان الاختصاص الذي تباشره هذه الوحدة، ولما كانت الشركات متعددة الجنسية تباشر نشاطا ذا صفة دولية وذا تاثير سواء تجاه وحدة من الوحدات الدولية -كالدول مثلا او تجاه المجتمع الدولي برمته، فان الاعتراف لها بشخصية قانونية دولية امر تتطلبه ضرورة ضبط انشطتها بتحديد حقوقها والتزامها هذا من ناحية. ومن ناحية اخرى جعلها تسهم بشكل حيوي وفعال في بناء المجتمع الدولي الذي تعمل فيه.

[1] د.فخري رشيد مهنا، فكرة الشخصية القانونية والاهلية القانونية للمنظمة الدولية، مجلة جامعة صدام، المجلد الثاني، العدد (2)، جامعة صدام، بغداد، 1998، ص51.

[2] د.محمد كامل ياقوت، مصدر سابق، ص74.

## المطلب الثاني
## نطاق الشخصية القانونية الدولية

لما كانت الشخصية الدولية نتاجا للبيئة التي تعيش فيها فضلا عن انها نتاج لعوامل اخرى خارجة عن بيئتها، فهذا يعني ان تطور المجتمع الدولي ونظامه وواقع العلاقات الدولية يـؤثران تـاثيرا جوهريـا في تطور الشخصية القانونية الدولية تقلبا وثباتا.

فالمجتمع سواء كان محليا ام دوليا ليس من وظائفه خلق وحداته بل ان وظائفه تكمن في تنظيم التفاعل القائم اصلا فيما بينهـا -الوحـدات الداخلـة فيـه- أي تحديـد نقـاط التجـاذب والتنـافر، التصـارع والتعاون بينهما[1]، وبالتالي فان نطاق الشخصية القانونية الدولية هو كذلك عرضة للتجاذب والتنـافر متـى ما توافرت شروطهما.

فالشخصية القانونية بصفة عامة هي "التعبير عن العلاقـة التـي تقـوم بـين وحـدة معينـة ونظـام قانوني محدد"[2] وهذا القول يترتـب عليـه نتيجة مهمـة "هـي انـه لا يوجـد في الـنظم القانونيـة اشـخاص بطبيعتها، وانما توجد الاشخاص في هذه النظم بالقدر وفي الحدود التي يقررها كل نظام من هذه الانظمـة عن طريق تعيين من له الاستمتاع بالحقوق فيها، ومن عليه اداء الالتزامات في نطاقها.... فالاشخاص اذن لا توجد في نظام قانوني معين بطبيعتها وانما توجد بفعل هذا النظام وفي الدائرة التي يقوم هو برسمها".[3]

---

[1] انظر د.محمد كامل ياقوت، المصدر السابق، ص747.

[2] د.حامد سلطان، احكام القانون الدولي في الشريعة الاسلامية، القاهرة، 1970، ص171. كذلك انظر د.يحيـى الجمـل، الاعـتراف في القانون الدولي العام، دار النهضة العربية، القاهرة، 1963، ص26.

[3] د.حامد سلطان، احكام القانون الـدولي في الشريـعة الاسـلامية، مصـدر سـابق، ص171. كـذلك أنظـر بـنفس المعنـى بـول روتيـه، التنظيمات الدولية، ترجمة أحمد رضا، دار المعرفة، القاهرة، 1978، ص91

وهذا يعني انه ليس هناك ما يمنع من وجود نظام قانوني يعترف بالشخصية القانونية للوحدات الداخلة فيه والمتفاعلة ضمن نطاق مجتمعه، من ان توجد فيه قواعد قانونية لا تخاطب اشخاصه بصورة مباشرة، اذ ليس حتميا ان يتمتع جميع الاشخاص بذات الحقوق لمنحهم وصف الشخصية القانونية، ذلك ان أولئك الاشخاص موجودون على مستويات متفاوتة وفي مراكز متباينة في بناء الجماعة من حيث الالتزامات والحقوق المرتبطة بمراكزهم.[1]

وحيث ان المجتمع الدولي يشهد تطورا متسارعا في جوانب متعددة منه فضلا عن ظهور كيانات ووحدات وان كانت اقتصادية بطبيعتها كالشركات متعددة الجنسية فان امر الاعتراف لها بالشخصية القانونية الدولية امر حيوي ومهم تتطلبه مواكبة هذا التطور من جهة والتقليل من اثارها السلبية في الدول المضيفة لها من جهة اخرى.

لهذا فان تحديدا جديدا للشخصية القانونية الدولية يحل محل التحديد التقليدي لها، قد يدعم مبدا عالمية القانون الدولي العام لتمتد دائرته لتنظم وحدات المجتمع الدولي كافة على اختلاف مستوياتها بما فيها الوحدات السياسية والاقتصادية من غير الدول. ويرى الدكتور الغنيمي "ان القول بان اشخاص القانون الدولي هم فقط الدول والافراد والمنظمات الدولية قول يجب ان يؤخذ بحذر لان فهمه فهما آليا مبتسرا له معقباته غير الدقيقة"[2].

فالتحديد الجديد للشخصية القانونية الدولية يعني تجاوز النظرة الضيقة لها والارتقاء بها نحو نظرة اوسع فهي لم تعد حكرا على الدول ذات السيادة فحسب، وانما امتدت لتشمل المنظمات الدولية وكيانات اخرى، بل انه يجب ان تحتوي على عناصر اكثر مرونة وفاعلية كي تكون قادرة على الاستجابة للتطورات التي يشهدها المجتمع الدولي، وان الراي الافتائي لمحكمة العدل الدولية في 11/نيسان/1949 بشان تعويض الاضرار التي تصيب موظفي الامم المتحدة اكد

---

[1] انظر د.محمد كامل ياقوت، مصدر سابق، ص523.

[2] د.محمد طلعت الغنيمي، الاحكام العامة في قانون الامم، مصدر سابق، ص219.

هذا، حيث تضمن رايها الافتائي ما ياتي: "ان اشخاص القانون في أي نظام قانوني ليسوا -بحكم الضرورة- متطابقين في الطبيعة او في مدى الحقوق، فطبيعتهم القانونية متوقفة على حاجات الجماعة. وتطور القانون الدولي -خلال تاريخه كله- كان متاثرا بمطالب الحياة الدولية. وكان النمو الاطرادي للنشاط الجماعي للدول قد ادى الى نشوء حالات من العمل على المستوى الدولي تصدر من هيئات لا يصدق عليها وصف الدول بالمعنى المفهوم"[1]

ويرى "ايجلتون" انه "وعلى ذلك فان الاشخاص القانونيين ليس دائما متمتعين بذات الحقوق ومخاطبين بذات القواعد وانما يختلف مدى المخاطبة بين حالة واخرى"[2] في حين ان الدكتور الغنيمي يرى "انه من الخطا البالغ ان نتكلم عن اشخاص القانون الدولي على سبيل الحصر- او ان نتصور ان لهؤلاء الاشخاص معيارا ثابتا يمكن ان نستعين به للحكم على توافر الشخصية من عدمه"[3] فضلا عن ذلك فالشخصية الدولية هي تعبير عام لا تعني اشخاصا محددين على سبيل الحصر. وانما تشير الى فكرة بذاتها يختلف من يندرج تحتها باختلاف الزمان والمكان[4].

ونطاق الشخصية القانونية الدولية يمكن تحديده بامرين:

**اولا:** القدرة على التعبر عن ارادة ذاتية خاصة في ميدان العلاقات الدولية.

---

[1] د.حامد سلطان، احكام القانون الدولي العام في الشريعة الاسلامية، مصدر سابق، ص174 كذلك انظر Pierre- Marie Dupuy , Driot International Public. 4e'd, Paris, 1998, P-160.

[2] انظر د.يحيى الجمل، مصدر سابق، ص30.

[3] د.محمد طلعت الغنيمي، الاحكام العامة في قانون الامم، مصدر سابق، ص577.

[4] انظر المصدر نفسه، ص578.

**ثانيا:** القدرة على ممارسة بعض الحقوق او الاختصاصات الدولية وفقا لاحكام القانون الدولي العام.[1]

فتمتع الشخص القانوني بالحقوق وتقيده بالالتزامات التي يفرضها عليه النظام القانوني يعد من اهم النتائج المترتبة على تمتع ذلك الشخص بالشخصية القانونية في النظام القانوني الذي يحكمه.[2] ونظرا الى عدم قدرة النظام الداخلي في اسناد الحقوق والالتزامات على الشركات متعددة الجنسة فان القدرة على اسناد هذه الحقوق والالتزامات منوطة بالقانون الدولي العام. فقواعده هي الاقدر على مخاطبة هذه الشركات وبالتالي تبيان ما لها من حقوق وما عليها من واجبات.

---

[1] انظر د.عصام العطية، القانون الدولي العام، ط6، دار الكتب للطباعة والنشر، بغداد، 2001،ص291. كذلك انظرد.حامد سلطان، القانون الدولي العام وقت السلم، مصدر سابق، ص87-88.

[2] انظر المصدر نفسه، ص85.

المبحث الثاني
موقف الفقه الدولي من الشركات متعددة
الجنسية واعمالها التعاقدية

إن غياب رؤية قانونية واضحة عن حقيقة المكان الذي تشغله الشركات متعددة الجنسية في عالم القانون، يرجع الى عدم وجود تنظيم قانوني محدد يحكمها هذا من ناحية، وتباين أراء و مواقف كتاب و فقهاء القانون - بصورة عامة - حيالها من ناحية اخرى، مما ادى في النهاية الى الاختلاف في تحديد الاوصاف و الاطر القانونية التي تحكمها.

فالشركات متعددة الجنسية - نظرا الى كبر حجمها و تعدد و تشتت انشطتها في العديد من دول العالم - لم يعد ينظر اليها لدى العديد من كتاب و فقهاء القانون الدولي على أنها اشخاص قانونية خاصة، وانما اصبحت تندرج - على وفق تصورهم - في مصاف الاشخاص القانونية الدولية. فأصبحت تمثل لديهم وحدات قانونية ذات طابع دولي بدأت تهدد سيادة و استقلال الدول، ما لم يتم الاعتراف لها بشخصية قانونية دولية.

وانطلاقا نحو تحديد رؤية قانونية واضحة المعالم لحقيقة مركزها فاننا قد قسمنا هنا المبحث الى مطلبين تناول الاول موقف كتاب و فقهاء القانون الدولي من الشركات متعددة الجنسية.
أما المطلب الثاني فقد تناول الطبيعة القانونية للعقود التي تبرها هذه الشركات.

المطلب الاول
موقف فقهاء وكتاب القانون الدولي من الشركات متعددة الجنسية

على الرغم من معارضة العديد من فقهاء القانون الدولي العام، منح الشخصية القانونية الدولية
للشركات متعددة الجنسية، وبالتالي اعتبارها شخصا من اشخاص القانون الدولي العام، الا ان هناك عددا
غير قليل من الكتاب والفقهاء طالبوا باعطائها شخصية قانونية دولية ولو بصورة محدودة بغية تمكينها
من ممارسة نشاطها من جهة وفرض الرقابة عليها من جهة اخرى. بل كان قسم كبير من هؤلاء الكتاب
والفقهاء وان لم يطالبوا باعطائها شخصية دولية الا انهم طالبوا باعطائها مركزا قانونيا دوليا متميزا نتيجة
تسليمهم بالحقيقة الواقعية المتمثلة باعتبارها –أي هذه الشركات- قوة لايستهان بها من حيث تأثيرها في
مجرى العلاقات الدولية.

اذن هناك العديد من الفقهاء والكتاب لمسوا حقيقة المشاكل التي تثيرها هذه الشركات غير انهم
وقفوا مواقف متباينة منها. فمنهم من لم يقل بمنحها شخصية قانونية دولية ولم يرد بنفس الوقت تجاهل
حقيقة مركزها، فاكتفوا وفقا لوجهة نظرهم باعطائها مركزا متميزا على صعيد القانون الدولي العام.
فالشركات متعددة الجنسية – على وفق وجهة نظرهم - على الرغم من حقها في المساهمة في اجراءات
وضع وتطوير القواعد القانونية الدولية فانها لا يمكن ان ترقى الى مستوى اشخاص القانون الدولي العام.[1]

_____

[1] انظر د.محمد مغربي، السيادة الدائمة على مصادر النفط: دراسة في الامتيازات النفطية في الشرق الأوسط والتغيير القانوني، ط1،
دار الطليعة للطباعة والنشر، بيروت، 1973، ص172.

ويذهب الاستاذ "Colliard" الى انه يمكن منح هذه الشركات مركزا قانونيا دوليا معينا، وان كان لا يرقى الى مستوى الاعتراف لها بالشخصية القانونية الدولية، لان من شان ذلك ان يكفل فرض التزامات ورقابة عليها[1].

ويرى الاستاذ "Schwarzenberger" ان الشركات متعددة الجنسية أدت دورا مهما في تكوين قواعد قانونية تضمنتها اتفاقيات الامتياز التي تبرمها مع الدول النامية، وبصدد ممارسة نشاطها الدولي فانها قد ارست قواعد عرفية دولية، اذ تعرض على المحاكم الدولية بعض البنود الواردة في اتفاقيات الامتياز، نظرا الى ما تنشئه تلك العقود من التزامات ذات طبيعة دولية[2].

وفي دراسة للحماية الدبلوماسية للمشروعات المشتركة للدكتور "حازم حسن جمعة" فانه راى ان عمل الشركات متعددة الجنسية على المستوى الدولي وتطور انشطتها قد ادى الى "اثراء قواعد القانون الدولي العام المعاصر والى اثراء "لمبادئ القانون العامة" وهي مصدر متجدد لقواعد القانون الدولي المعترف بها في المادة (38) من النظام الاساس لمحكمة العدل الدولية، ومن المتوقع ان يندمج الكثير من هذه القواعد المتصلة بالعقود الدولية في الاتفاقات الدولية التي يجري اعدادها في مجال القانون التجاري الدولي"[3].

وهذا يعني ان قدرة هذه الشركات في ارساء قواعد قانونية دولية عرفية وكذلك اثرائها لقواعد القانون الدولي ومبادئ القانون العامة، يعني ان لتلك الشركات القدرة على خلق القواعد القانونية وبهذا يبرز لديها اهم عنصر من عناصر التمتع بالشخصية القانونية الدولية وهي القدرة على خلق القواعد القانونية، فضلا عن امتلاكها ارادة ذاتية مستقلة تميزها عن بقية الاشخاص القانونية بصورة

---

[1] انظر د.محمد السعيد الدقاق، د.مصطفى سلامة حسين، التنظيم الدولي، ج1 (الاشخاص) دار المطبوعات الجامعية، الاسكندرية، 1997، ص221.

[2] Schwarzenberger, Foreign Invesenment and International Law, Steven-London, 1969, p70-71.

[3] انظر د.حازم حسن جمعة، الحماية الدبلوماسية للمشروعات المشتركة، ط2، مصر الجديدة، 1981، ص14.

عامة وعن الدولة التي أنشأتها بصورة خاصة. وكذلك فان لها القدرة بما تمتلكه مـن امكانـات مـن ممارسة بعض الاختصاصات الدولية كعقد المعاهدات واللجوء الى القضاء الـدولي وغيرهـا. وبـاكتمال هـذه الامور فانه يحق الاعتراف لها بشخصية قانونية دولية محدودة وفي النهاية الاعتراف لها بالمركز القـانوني الدولي.

بل ان هناك جانبا من الفقهاء والكتاب من ذهب الى ابعـد مـن ذلك، فمنهم مـن صـورها عـلى اساس انها يمكن ان تكتسب وصف الدولة حيث كتب "Barber Richard" ما يلي "انها دول سياسية قويـة، انها مستعمرة القرن العشرين وعلى راسها الشركات الامريكيـة لانهـا الاغنـى والاكـثر تقدمـا مـن حيـث التكنولوجيا. يتكون جيشها من مهندسين ومسيرين مجهزين برؤوس امـوال وتقنيات تصرف، سفاراتهـا هـي معاملها، مناجمها، خدمات بيعها فلا ينقصها الا علم".[1]

في حين اعتبرها البعض شكلا من اشكال "الدولة الاقتصادية" اذ ان الـدول ذات السـيادة لا يمكنهـا على شكل انفـرادي مـن ممارسـة الرقابـة والاشراف عـلى انشـطة هـذه الشركات. فتملكهـا نظمـا فريـدة للعمليات المتكاملة والمنظمة دوليا، وقيامها على ثروة طائلة من الموجودات والاستثمارات، وحصولها عـلى دخل سنوي مرتفع يوشك ان يفضي بها الى ان تتحول الى "دول اقتصادية مستقلة" تتمتع "بالسـيادة الواقعية" فممثلو الشركات يقومون بوظيفة السفراء بل انهم غالبا ما يعاملون معاملة السفراء* . فضلا عن ذلك فان عدد الاتفاقات التي تكون الشركات طرفا فيها تكون عادة طويلة، وهي اكثر قربـا الى المعاهدات منها الى العقود التجارية الاعتيادية.[2]

هذه الاراء حاولت تقريب الصورة قـدر الامكـان الى الاذهـان بمحاولتهـا البـاس الشركات نمـوذج الدولة. فهذه الاراء وان كان فيها نوع من المغالاة في توصيفها

---

[1] د.عبد المجيد العبدلي، مصدر سابق، ص221.

* بل ان بعضهم يعامل اكثر من معاملة السفير. فعندما زار هنري فورد الثاني وهو رئيس لشركة فورد للسيارات بريطانيا. استقبله رئيس الوزراء البريطاني.

[2] انظر د.محمد مغربي، مصدر سابق، ص168.

الشركات بالدولة، الا انها استمدت ذلك من واقع العلاقات الدولية. فهناك من الشركات اقل ما يمكن ان توصف بانها اقوى من اقوى الدول، وهذه حقيقة لا يمكن تجاهلها فضلا عن امتلاكها سيادة واقعية على مقدرات دول العالم ولا سيما النامية منها، فجعل وصفها بانها دول اقتصادية امر لا يمكن انكاره على هذه الاراء.

ويرى الدكتور "محمد سامي عبد الحميد" ان هناك قوى وان كانت لا تتمتع بالشخصية القانونية الدولية الا انها يمكن ان توصف بانها جماعات ضغط دولية، ولها دور لا يمكن اهماله او الاستهانة به في مجال العلاقات الدولية، ومن بين هذه القوى الشركات متعددة الجنسية"[1].

ومن الفقهاء والكتاب من طالب بضرورة تطوير قواعد القانون الدولي ومفاهيمه بغية مواجهة الشركات متعددة الجنسية، وذلك من اجل صيانة مصالح الدول التي تباشر فيها نشاطاتها من ناحية وتامين عملياتها من ناحية اخرى. وهذا يجد صداه في الحقيقة القائمة على ان القواعد الوطنية التي يتم اتخاذها في اطار السيادة الوطنية لمجابهة هذه الشركات غير كافية.[2] فمثلا نجد ان شركة "Nike" من ضمن الشركات متعددة الجنسية التي عملت خارج اشراف حكومات الدول، بل انها وضعت قواعد ملزمة ذاتيا لحماية حقوق العاملين فيها في مختلف الدول النامية[3]. مما يعني انها لم تعد تعترف بالقواعد القانونية الوطنية للدول المضيفة لها.

فالعلاقة ما بين الدول والشركات متعددة الجنسية لا تدخل في نطاق القانون الدولي التقليدي، الا ان نسبة هذه العلاقة الى ان يحكمها القانون الدولي العام انما يعود الى التطور الذي طرا على القانون الدولي العام.[4] فالدول لم تعد هي الصانع

---

[1] انظر د.محمد سامي عبد الحميد، اصول القانون الدولي العام، ج1، (الجماعة الدولية)ط5، 1989، ص397. كذلك انظر مؤلفه، العلاقات الدولية: مقدمة لدراسة القانون الدولي العام، الدار الجامعية، بيروت، بدون سنة طبع، ص196.

[2] انظر د.محمد السعيد الدقاق. د.مصطفى سلامة حسين، مصدر سابق، ص189.

[3] Steven R. Ranter, International Law: The Trials of global Norms

بحث مسحوب من الانترنت على الموقع WWW.ptea-law.org, P.3

[4] انظر د.محمد طلعت الغنيمي، الاحكام العامة في قانون الامم، مصدر سابق، ص230.

الرئيسي للقانون الدولي العام لان الفاعلين الجدد في القانون الدولي ومنهم الشركات متعددة الجنسية يمتلكون وجهات نظر مختلفة. وبالتالي فان النظريات التقليدية للقانون الدولي العام التي تبحث في كيفية صنع القانون وكيفية تنفيذه اصبحت غير ملائمة لها.[1] فمواجهة الشركات متعددة الجنسية بتطوير قواعد القانون الدولي العام لا ياتي من ضعف الاجراءات الانفرادية التي تتخذها كل دولة على حدة فحسب بل سببه ايضا قيام تلك الشركات بالتصرف تجاه الدول كوحدة او ككيان واحد بحيث ان دور اشخاص القانون الدولي العام اصبح مهددا بنشاط الشركات متعددة الجنسية[2] ما لم يتم الاعتراف لها بشخصية قانونية دولية وتنظيم مركزها القانوني على المستوى الدولي.

ويرى الاستاذ "Saman zia-Zarifi" امكانية تطبيق القانون الدولي العام على الشركات متعددة الجنسية من خلال طرق متعددة منها:

1- تطبيق المعايير الدولية بصورة مباشرة على الشركات متعددة الجنسية وعلى المستوى الدولي.
2- تطبيق المعايير الدولية بصورة غير مباشرة على الشركات متعددة الجنسية من خلال تاكيد مسؤولية الشركة الام والدول المضيفة للانشطة غير القانونية لتلك الشركات.
3- تطبيق المعايير الدولية بصورة مباشرة على الشركات متعددة الجنسية على المستوى الداخلي.[3]

وذهب الاستاذ "لوتر باخت" الى وجود نزعة متزايدة لمعاملة الافراد والشركات ضمن مجال محدود كرعايا للقانون الدولي العام.[4]

---

[1] Steven R. Ranter, op, cit, p.3.

[2] انظر محمد السعيد الدقاق، د.مصطفى سلامة حسين، مصدر سابق، ص189.

[3] Saman zai-Sarifi, Applying International Law to Multinational Corporations

بحث مسحوب من الانترنت على الموقع http://www.corporatewatch.org, p3

[4] اوردة د.محمد مغربي، مصدر سابق، ص172.

بينما نادى الاستاذ "فريدمان" بضرورة اعطاء هذه الشركات وضعا قانونيا خاصا يميزها عن بقية الاشخاص الخاصة. وذلك بتمكينها من التمتع بشخصية قانونية دولية محدودة، فتخضع بموجبها اتفاقياتها لقواعد القانون الدولي العام وليس الخاص. ذلك ان هذه الشركات قد ساهمت في تطوير القانون الدولي العام بطريقة مباشرة وغير مباشرة. عن طريق استعمال "مبادئ القانون العامة" في فض المنازعات التي تثور بسبب الاخلال وعدم تطبيق الاتفاقيات المبرمة بين الدول والهيئات الدولية الاخرى و بين الشركات الخاصة- أي الشركات متعددة الجنسية - وهذا واضح من قضايا التحكيم التي اجريت فيما بينها.[1]

ولا يختلف عنه الاستاذ "Patrik Daillier" في دعوته الى ضرورة الاعتراف للشركات متعددة الجنسية بشخصية قانونية دولية محدودة، بقوله لا يوجد هناك اطار قانوني محدد ضمن الانظمة القانونية الوضعية لحكم نشاط الشركات متعددة الجنسية وان اخضاعها للقواعد القانونية الدولية امر لا مناص منه.[2] اما الاستاذ "Allain Pellet" فهو يرى ان خوف الشركات من امكانية حدوث نزاع بينها وبين الدول المضيفة فانها تفضل اللجوء الى التحكيم الدولي. الذي يعني انه يحرر الشركات متعددة الجنسية من الخضوع للانظمة الوطنية للدول المضيفة. فخوف هذه الشركات من تبدل انظمة الحكم يجعلها تلجأ الى التحكيم الدولي، ذلك انه يعتمد على قواعد تجد جذورها في اعراف العلاقات التجارية الدولية او في مبادئ القانون الدولي العام. وهكذا فان الشركات متعددة الجنسية لم تعد واقفة على هامش القواعد القانونية الدولية، وانما اصبحت تطرح كمسالة يجب تنظيمها من خلال قواعد القانون الدولي العام[3].

---

[1] Fredman W., The Changing Structure of the international Law. Stevens and Sons, London, 1964, P223.

[2] Nguyen Quon Dinh. Patrik Dailliar. Allain Pellet, Droit International Public. Librairie General de driot et de jurisprudence, E.J.A. Paris, 1999.P.692.

[3] Allain Pellet, La Droit International du Development Mondial Troisiemectude, New York, 1983, P 70.

ويذهب كل من "Celia Wells and Juanita Elias" الى انه نظرا الى النشاط المتزايد للشركات متعددة الجنسية وارتكابها جرائم ضد حقوق الانسان و القانون الدولي الانساني، فان الحاجة تدعو الى انشاء معاهدة ملزمة قانونا لضمان محاسبة االشركات متعددة الجنسية، ويجب ان تطبق هذه المعاهدة دوليا مع ضرورة تطور القانون الدولي ليشمل الشركات متعددة الجنسية فضلا عن الدول فليس من الصعب رؤية الشركات متعددة الجنسية كموضوع للقانون الدولي العام[1].

ويقترح الاستاذ "G.Ball" اعتبار الشركات متعددة الجنسية من الاشخاص الدوليين، وهذا يعني تعريفها عن طريق معاهدة او انشاء قانون دولي للشركات يكون مطابقا في نظامه للتنظيم فوق الدولي. وهذا التنظيم سيكون ممثلا بالدول التي سيكون بامكانها ان تضفي نوعا من الرقابة الاعتيادية على نشاطات تلك الشركات ولاجل تطبيق تشريع في مواجهة احتكاراتها ايضا.[2]

ويرى البعض ان تقنين السلوك الذي اعدته لجنة الشركات متعددة الجنسية التابعة للامم المتحدة يعد اعترافا لها بالوجود في الاطار القانوني الدولي، ما دام`انه قد وجه الخطاب اليها مباشرة، على الاقل بالنسبة لالتزاماتها تجاه الدول والمجتمع الدولي.[3]

وتعد قضية "Texaco-Calasistic"[4] نقطة تحول في اراء العديد من كتاب وفقهاء القانون الدولي العام. فحكم محكمة التحكيم لفض النزاع في هذه القضية اثار الشكوك حول امكانية تمتع الشركات متعددة الجنسية بالشخصية القانونية الدولية، ويرى الفقهاء ومنهم Nguyen Quoc Dinh and R.J.Dupuy الذين اسسوا رايهم على حكم هذه القضية امكانية منح الشركات متعددة الجنسية شخصية قانونية دولية، وان هذه الشخصية تمتاز بخاصتين:

---

1 Cellia Wells and juanita Elias, Holding Multinational Corporations Accountable for Breaches of Human Rights, Center for business Relationships, Cardiff University, 2004, p4.

2 انظر د.محسن شفيق، المشروع ذو القوميات المتعددة، مصدر سابق، ص29 هامش (1).

3 انظر د.مصطفى سلامة حسين، ص80.

4 سيتم عرض وقائع هذه القضية لاحقا.

**أولاهما:** انها شخصية مشتقة، أي ان اقرارها وتنظيمها يكون من جانب الدول المعنية.

**ثانتيهما:** انها شخصية قاصرة، أي انها غير مطلقة كالشخصية القانونية للدول ذات السيادة، وانما تقتصر على ممارسة بعض الحقوق في النطاق الدولي.[1]

ويبني المؤيدون لامكانية تمتع الشركات متعددة الجنسية بالشخصية القانونية الدولية اتجاههم على حجتين:

**الاولى:** تبنى على اساس القياس، أي ان منح الشخصية القانونية الدولية للشركات متعددة الجنسية لا يعني انها ترقى الى مصاف الدول ذات السيادة وانما بالقياس الى المنظمات الدولية، حيث انها تتمتع بشخصية قانونية دولية وفقا للغرض الذي أنشئت من اجله، لهذا فان تمتعها بشخصية قانونية دولية يتناسب والدور الذي تؤديه في ميدان العلاقات الدولية.

**الثانية:** أنها هي مؤسسة على اعتبارات عملية، أي ان اعطاء الشركات متعددة الجنسية شخصية قانونية دولية يمكن من فرض رقابة فعالة عليها.[2]

---

[1] انظر المصدر نفسه، ص82-83.

[2] مصطفى سلامة حسن، مصدر سابق، ص83.

## المطلب الثاني
## الطبيعة القانونية للعقود التي تبرمها الشركات متعددة الجنسية

لقد اختلف الفقه الدولي في تحديد الطبيعة القانونية للعقود التي تبرمها الشركات متعددة الجنسية مع الدول التي تعمل فيها وخاصة عقود الامتياز البترولية. فجانب من الفقه ذهب الى اعتبار ان تلك العقود هي عقود ادارية[1]، ذلك ان احد اطراف العقد هو سلطة عامة، وقد دافعت عن وجهة النظر هذه منظمة الدول المصدرة للنفط "اوبك"، بداعي ان احد اطراف العقد هو سلطة عامة تعمل نيابة عن الشعب من اجل استغلال الثروات الطبيعية ذات الاهمية الحيوية للدولة. فضلا عن ان عقود البترول كما ترى هذه المنظمة تعقد عادة لمدة طويلة الأمد.[2]

ويظهر ان القاضي "كافان" المحكم الوحيد في قضية "سافير-ايران" قد اعترف ضمنا بالطبيعة الإدارية للعقد الذي ابرم بين إيران والشركة الكندية (سافير) وذلك بقوله ان هذا "العقد يحتوي على عناصر تنتمي الى القانون الاداري".[3]

ويرى الدكتور "الغنيمي" ان اتفاقيات الامتياز البترولي هي "عمل قانوني ذو طابع مزدوج" فهو في جزء منه، والذي ينشىء حق الملتزم في استغلال البترول، يعد قرارا اداريا فرديا منشئا، اما في الجزء الاخر منه الذي ينظم عملية الاستغلال فانه يعد عقدا.[4]

---

[1] Philippe leboulanger, les contrats Enter Etate et Enterprises e'trange'res, Economicay, Paris, 1999, P215.

[2] انظر د.محمد يوسف علوان، الاتجاهات الحديثة في العقود الاقتصادية الدولية، مجلة الحقوقي، العددان (3-4) السنة الثامنة، جمعية الحقوقيين، 1976، ص5.

[3] انظر د.محمد يوسف علوان، النظام القانوني لاستغلال النفط في الاقطار العربية: دراسة في العقود الاقتصادية الدولية، ط1، الكويت، 1982، ص305.

[4] انظر د.محمد طلعت الغنيمي، شرط التحكيم في اتفاقيات البترول:بحث مقدم الى مؤتمر البترول العربي الثالث، الاسكندرية، 1961، ص3.

وهناك من يرى ان الشركات متعددة الجنسية عندما تبرم عقدا مع دولة ما فهي تقدم عروضا لتلك الدولة وللاخيرة ان ترفض او تقبل، أي ان الدولة لا تستطيع التفاوض لاجراء تعديلات حول الشروط المعروضة، وهذا ما يسمى بعقود الاذعان[1] المعروفة في القانون الإداري. غير ان الذي يلاحظ ان الشركات متعددة الجنسية هي التي تملي الشروط وليست الدولة والسبب في ذلك يعود الى ان تلك الشركات تملك مركزا تفاوضيا اقوى من الدول.

في حين حاول بعض الفقهاء تدعيم مركز الشركات متعددة الجنسية في القانون الدولي العام من خلال مطالبتهم وإخراج الاتفاقات التي تبرمها هذه الشركات من نطاق القانون الخاص الى نطاق قانون اخر يخضع للمبادئ العامة للقانون التي تقرها الامم المتمدنة، بل ان منهم من اراد اخضاع هذه الاتفاقات وخاصة اتفاقات الامتياز مباشرة للقانون الدولي العام. فلقد تبنى الفقيه (فيردروس Verdross ) اتجاها يقوم على اعتبار ان اتفاقات الاستثمار الاجنبي اتفاقات لها كيان ذاتي خاص، أي انه يعني استبعاد القواعد القانونية للدولة مانحة الامتياز والاستعاضة عنها بمبادئ وقواعد قانونية اخرى يختارها الاطراف[2]، بل انه يصنفها ضمن العقود شبه الدولية.[3]

ومن انصار هذا الاتجاه القاضي الامريكي "Jessup" حيث اقترح تسمية القانون الذي يحكم تلك الاتفاقات بـ "قانون عبر الدول" اذ انه اراد ان يحكمها وفقا لمبادئ القانون العامة للامم المتمدنة.[4]

---

[1] أنظر حسن زكريا، السيادة على المصادر الطبيعية والسعي لنظام إقتصادي عالمي جديد، مجلة النفط والتعاون العربي، المجلد السادس، العدد (3)، منظمة الأقطار العربية المصدرة للنفط، 1980، ص190.

[2] انظر د.عبد الباري احمد عبد الباري، اتفاقيات الامتياز البترولي بين القانون الدولي والقوانين الداخلية، مجلة الادارة والاقتصاد، العدد (6)، تصدرها جامعة الملك عبد العزيز، 1978، ص109

[3] انظر د.محمد طلعت الغنيمي، الاحكام العامة في قانون الامم، مصدر سابق، ص330 هامش (1).

[4] انظر د.عبد الباري احمد عبد الباري، مصدر سابق، ص110.

كما يرى الدكتور (محمد طلعت الغنيمي) في نقده للاراء التي تعكس هذا الاتجاه ان الاراء المعاكسة لهذا الاتجاه انما تعود للنزعة التقليدية الحالية على اتجاهات بعض الفقهاء، نعم ان القانون الدولي التقليدي لا يوجد في احكامه ما يشمل حكم هذه الحالات ولكن المبادئ العامة المعمول بها في الامم المتحضرة يمكن ان يزودنا بما يسد النقص في هذا القانون.[1]

كما ان الفقيه البريطاني "Lord Mc nair" نادى بوجود (مبادئ معترف بها في الدول المتمدنة) تحكم هذا النوع من الاتفاقات المبرمة بين احدى الدول وشركة تقوم بممارسة نشاط اقتصادي فيها، وقد اطلق عليها "اتفاقات التنمية الاقتصادية" وقد استند الى جملة معايير لتحديد الخصائص التي تميز الموضوعات الخاضعة لحكم القانون الدولي وهي:

1- ان احد طرفي العلاقة، هو الدولة والطرف الثاني هو مؤسسة اجنبية.
2- تزود عادة بالاستثمار طويل الاجل للموارد الطبيعية بما في ذلك حق اقامة المنشآت وعلاقات ممتدة الامد.
3- تحتوي غالبا على خلق حقوق ليست تعاقدية خالصة بل اقرب ما تكون الى حقوق الملكية مثل اجتياز جزء من اقليم الدولة المتعاقدة.
4- تضفى على مؤسسة شبه الاجنبي بعض الحقوق شبه السياسية مقرونة ببعض الامتيازات مثل الاعفاء من الضرائب.
5- تحكم العلاقات جزئيا بالقانون العام وجزئيا بالقانون الخاص.
6- تكاد تفتقر النظم القانونية للدولة المضيفة الى مفاهيم مشتركة مع قانون الدولة الام للشركة المستثمرة.
7- يتفق عادة ان تحل النزاعات بين الطرفين بطريق التحكيم".[2]

---

[1] انظر د.محمد طلعت الغنيمي، الاحكام العامة في قانون الامم، مصدر سابق، ص231 هامش (1).

[2] د.محمد طلعت الغنيمي، الاحكام العامة في قانون الامم، المصدر السابق، ص231-232.

أما بالنسبة للنظام القانوني الذي سيحكمها، فإنه نادى بتطبيق القانون الدولي العام على اتفاقيات التنمية الاقتصادية استنادا الى واحد أو أكثر من الأسس الثلاثة الآتية:

1- طبقا لقانون الدولة الطرف في العقد إذا سمح هذا القانون بانطباق القانون الدولي على الاتفاق.

2- بقوة القانون الدولي ذاته، بما في ذلك قواعده الاتفاقية، وذلك عندما تقتضي احدى المعاهدات المناسبة بانطباقه.

3- طبقا للعقد ذاته إذا نصت الاشتراطات العقدية على ذلك"[1]

اما الاستاذ "Mann" فقد ذهب الى ابعد من ذلك اذ خلص الى القول بامكانية خضوع الاتفاقات ما بين الدول والشركات للقانون الدولي مباشرة، بحيث يعتبر هذا القانون مصدرا للقواعد التي تحكم تلك العقود دون الحاجة الى محاولة استخلاص مبادئ عامة تتبعها مختلف الدول في نظمها القانونية. وبهذا فان الاستاذ "Mann" دعا الى تدويل اتفاقات التنمية الاقتصادية التي تبرم بين الدول المانحة والشركة[2].

فالعقود الدولية عند البعض تعتبر معاهدات، اذ ان تلك العقود لا تختلف كثيرا عن المعاهدات سواء من حيث الطبيعة ام الموضوع، فالقانون الدولي العام المطبق على هذه العقود هو نفس القانون الدولي الذي يحكم العلاقات بين الدول[3]، فضلا عن ذلك فانه اذا كان القانون الدولي العام ينطبق على المعاهدات التجارية، فانه من باب اولى خضوع العقود التي تبرمها الدول مع الشركات متعددة الجنسية لنفس القانون. والسبب في هذا يعود الى التماثل في موضوع هذه الاتفاقيات[4].

---

[1] عوني محمد الفخري، مصدر سابق، ص200.

[2] انظر د.عبد الباري احمد عبد الباري، مصدر سابق، ص110. كذلك انظر د.طرح البحور علي حسون فرج، تدويل العقد، منشأة المعارف، الاسكندرية، 2000، ص100 وما بعدها.

[3] انظر د.محمد يوسف علوان، القانون الدولي للعقود، مجلة الحقوق والشريعة، العدد(2) السنة الرابعة، تصدر عن كلية الحقوق والشريعة -جامعة الكويت، 1980، ص130.

[4] انظر د.محمد يوسف علوان، الاتجاهات الحديثة في العقود الاقتصادية الدولية، مصدر سابقن ص68

ويرى الأستاذ "Schwarzenberger" امكانية تطبيق القانون الدولي العام على العقود التي تبرمها الدولة مع الشركات، لان هذه العقود على وفق رايه لا تخرج تماما من دائرة القانون الدولي العام. ويبرر ذلك بقوله ان اي شخص من اشخاص القانون الدولي يستطيع ان يعترف لاي وحدة بالشخصية الدولية الا ان هذا الاعتراف لا يمتد اثره الى الاشخاص الدولية الاخرى[1].

ومما يؤكد دولية العقود التي تبرمها الشركات متعددة الجنسية مع الدولة تطبيق مصادر القانون الدولي العام عليها وخاصة المبادئ العامة للقانون التي اقرتها الامم المتمدنة. ولقد جرى العمل في العديد من القضايا المعروضة على التحكيم بتضمينها شرطا يتضمن تطبيق المبادئ العامة للقانون التي أقرتها الامم المتمدنة وقواعد العدالة والانصاف.

ففي قضية "لينا جولد فيلدس" اصدرت محكمة التحكيم حكما فيما يتعلق بالتعويضات استنادا الى مبدا الاثراء بلا سبب باعتباره مبدأ قانونيا عاما معترفا به من قبل الامم المتمدنة.

وفي قضية ابو ظبي طبق المحكم المبادئ التي يؤيدها الشعور السليم وما جرى عليه العمل في الامم المتمدنة اذ اطلق المحكم على هذه المبادئ اسم "القانون الطبيعي الحديث" وفي الحقيقة ان هذه المبادئ هي نفسها المبادئ العامة للقانون الدولي.

وفي قضية "ارامكو" اعتمدت محكمة التحكيم وبصورة خاصة مبدا الحقوق المكتسبة باعتباره احد المبادئ الاساسية للقانون الدولي العام وللقانون الداخلي لاغلب الامم المتمدنة.

وفي قضية "سافير" استنتج المحكم من نصوص عقد الامتياز بين ايران- سافير إذ تشير الى مبدا حسن النية وتعريف القوة القاهرة انما اريد من ايرادها هو

---

[1] Schwarzenberger.op, cit. p77.

الرجوع الى المبادئ العامة للقانون الدولي. ولقد طبق المحكم ثلاثة مبادئ عامة هي العقد شريعة المتعاقدين والدفع بعد التنفيذ والحقوق المكتسبة[1].

وفي قضية الكويت والشركة الأمريكية المستقلة التي رفع النزاع فيها الى محكمة التحكيم، أصدرت هيئة التحكيم حكمها عام 1982 لمصلحة الشركة الأمريكية، وقد استندت هيئة التحكيم في حكمها على المبادئ العامة للقانون في الدول المتمدنة الذي يعد مصدرا من مصادر القانون الدولي العام[2]

اما فيما يتعلق بقواعد العدالة والانصاف التي تعد من المصادر الثانوية للقانون الدولي العام والتي نصت عليها المادة (38) من النظام الاساس لمحكمة العدل الدولية، فان هناك العديد من العقود الدولية قد تضمنت نصا يحيل بمقتضاه المحكمين لحل النزاع وفقا لمقتضيات مبادئ العدل والانصاف.

وهناك العديد من الامثلة التي تؤكد احالة المحكمين الى مبادئ العدل والانصاف ومن بينها العقد الذي ابرم بين موريتانيا وشركة "S.O.M.I.N.A" وكذلك العقد المبرم بين تلك الدولة والشركة الافريقية للبترول "S.A.P" اذ انها تحيل المحكمين الى قواعد العدالة.

وكذلك تضمنت نفس الاحالة المادة (41) من الاتفاق المبرم بين الشركة الفرنسية "E.P.A.P" وايران إذ تخول اعتماد المحكم على اعتبارات العدالة والمبادئ العامة للقانون وخاصة مبادئ القانون الدولي العام[3].

وبهذا يمكن استنباط المركز القانوني الدولي للشركات متعددة الجنسية من طبيعة العقود التي تبرمها هذه الشركات، فاخضاع عقود هذه الشركات وخاصة عقود الامتياز منها للمبادئ العامة للقانون المعترف بها من قبل الامم المتحضرة وقواعد العدالة والانصاف يعني اخضاعها لمصدرين من مصادر القانون الدولي العام إذ حددتها المادة (38) من النظام الاساسي لمحكمة العدل الدولية[4]. فاخضاع تصرفاتها لمصادر القانون الدولي

---

[1] انظر د.محمد يوسف علوان، النظام القانوني لاستغلال النفط في الاقطار العربية، مصدر سابق، ص323.

[2] أنظر عوني محمد الفخري، مصدر سابق، ص197.

[3] انظر د.محمد يوسف علوان، الاتجاهات الحديثة في العقود الاقتصادية الدولية، مصدر سابق، ص67

[4] نصت المادة (38) من النظام الاساس لمحكمة العدل الدولية على ان "وظيفة المحكمة ان تفصل في المنازعات التي ترفع اليها وفقا لاحكام القانون الدولي. وهي تطبيق في هذا الشان". ج- مبادئ القانون العامة التي أقرتها الامم المتمدنة.

2- لا يترتب على النص المتقدم ذكره أي اخلال بما للمحكمة من سلطة الفصل في القضية وفقا لمبادئ العدل والانصاف متى وافق أطراف الدعوى عليه"

العام يعني الاعتراف الضمني بالمركز القانوني الدولي لها.

وتعد قضية شركتي California Asiatic Oil Company وTexaco Overseas Petroleum Company في نزاعهما مع الحكومة الليبية نقطة انبثاق وتطور فكرة "تدويل العقود" التي تبرمها الشركات متعددة الجنسية مع الدول.

وتتلخص وقائع هذه القضية في الآتي:

"ان الحكومة الليبية منحت الشركتين المذكورتين آنفا عام 1955 امتيازات في مجال استخراج واستغلال النفط. وفي عامي 1973و 1974 قامت حكومة الثورة الليبية بتاميم هاتين الشركتين على مرحلتين وذلك بموجب القانون المرقم /73/66 بتاريخ 1973/9/1 الذي اممت بموجبه 51% من اموال وحقوق الشركتين المعنيتين وبعض الشركات الاخرى والقانون المرقم 74/11 بتاريخ 1974/12/11 الذي اممت بموجبه كل اموال وممتلكات وحقوق الشركتين. وقد تضمن هذان القانونان النص على التعويض الذي يجب ان تحدده لجنة من ثلاثة اعضاء تعينهم الحكومة الليبية، ولكن يبدو ان مبالغ التعويض لم تحدد.

وخلافا للشركات الاخرى التي لحقت بها التاميمات الليبية، فان الشركتين السابقتين رفضتا التاميم الجزئي اولا والكلي بعد ذلك و هددتا باللجوء الى التحكيم وباتخاذ اجراءات قانونية ضد كل من يشتري النفط الخام المؤمم. وبتاريخ 1973/9/2 اعربت الشركتان عن رغبتهما في اللجوء الى التحكيم وذلك استنادا الى المادة (20ف1) من قانون البترول الليبي والمادة (28) من عقود الامتياز،

وعينت محامية من نيويورك هي السيدة "فولر هاملتون" للقيام بهذه المهمة. وامام امتناع الحكومة الليبية عن تعيين محكمها خلال المدة المنصوص عليها في عقود الامتياز ورفضها اسلوب التحكيم فقد طلبت الشركتان من رئيس محكمة العدل الدولية بتاريخ 1974/4/3 و 1974/12/8 تعيين محكم وحيد وذلك بموجب المادة (28) من عقود الامتياز.

وفي 1974/12/8 استجاب رئيس محكمة العدل الدولية لطلبات الشركات المدعية وعين استاذا بكلية الحقوق في جامعة نيس بفرنسا وعضوا في معهد القانون الدولي هو الاستاذ "رينيه جان دبوي" كمحكم وحيد في هذه القضية وقام هذا الاخير بدوره بتعيين الاستاذ "جان بيير سورنيه" من نفس الكلية كمسجل للمحكمة.

وفي 1975/11/27 اصدر المحكم قرارا اعلن فيه اختصاصه بالنظر في موضوع النزاع. وقد تغيبت الحكومة الليبية واكتفت بالمذكرة التي سبق ان ارسلتها لرئيس محكمة العدل الدولية.

هذا وكانت الشركات المدعية قد طلبت من المحكمة ان تقرر:

1- ان عقود الامتياز محل النزاع ملزمة للاطراف.

2- ان التاميمات الليبية عامي 1973 و1974 مخالفة للالتزامات الناجمة عن عقود الامتياز.

3- ان الحكومة الليبية ملزمة بتنفيذ هذه العقود وإعطائها مفعولها بالكامل أي تنفيذها تنفيذا عينيا.

وقد صدر قرار المحكم في موضوع هذا النزاع بتاريخ 1977/1/19 لمصلحة الشركات الطالبة وضد ليبيا."[1]

ويؤكد المحكم "دبوى" وهو بصدد نظره لهذه القضية وجود "فرع خاص جديد للقانون الدولي للعقود" ويضيف ان المعاهدات الدولية ليست النوع الوحيد من الاتفاقيات التي يحكمها هذا القانون بل ان العقود التي تبرم بين الدول والاشخاص

[1] د.محمد يوسف علوان، القانون الدولي للعقود، مصدر سابق، ص116.

الاجنبية الخاصة والتي ليست معاهدات بين الدول تتبع هذا الجزء من القانون الدولي"[1].

ويرى كذلك ان "فكرة الاهلية القانونية الدولية لا تقتصر اليوم على الدولة وان القانون الدولي يتضمن اشخاصا مختلفين واذا كانت الدول وهي الاشخاص الرئيسة للنظام القانوني الدولي تتمتع بكامل الاهليات التي يوفرها النظام القانوني فان الاشخاص الاخرين لا يتمتعون سوى باهليات محدودة تستهدف اغراضا محدودة"[2].

ويضيف المحكم "دبوي" معتمدا على آراء بعض كتاب القانون الدولي بان "اعلان ان عقدا ما بين دولة وشخص خاص يقع في النظام القانوني الدولي يعني انه لاغراض تفسير وتنفيذ العقد، فان من المناسب الاعتراف للمتعاقد باهلية دولية خاصة. ولكن خلافا للدول، فان الشخص ليس له الا اهلية محدودة. وصفته كشخص من اشخاص القانون الدولي لا تسمح له الا بالدفاع عن الحقوق التي يستمدها من العقد بالاستناد الى القانون الدولي العام"[3].

ومن قرار التحكيم يتبين ان المحكم "دبوي" يعترف بشخصية دولية محدودة للشركات متعددة الجنسية فهو لا يعطيها اختصاصات مشابهة لاختصاصات الدولة في محيط العلاقات الدولية. لذا فهو يقول "تدويل بعض العقود المبرمة بين الدولة وشخص خاص لا يستهدف اعطاء هذا الاخير اختصاصات مشابهة للدولة، ولكن فقط بعض الاهليات التي تسمح له بالتصرف على المستوى الدولي للدفاع عن حقوقه التي ترتبت له من عقد مدول "[4].

وهناك من يرى أن الشخصية الدولية للشركة الأجنبية لا تولد إلا مع العقد، ولا تستمر إلا مع بقاء العقد نافذا، وهذا يعني أن الاعتراف للشخص الخاص

[1] أنظر Philippe Leboulanger, op, cit,P.213

[2] د. محمد يوسف علوان، القانون الدولي للعقود، مصدر سابق، ص131.

[3] د. محمد يوسف علوان، القانون الدولي للعقود، المصدر السابق، ص131.

[4] نفس المصدر والصفحة.

بالشخصية الدولية إنما يأتي من إرادة أطراف العقد بقبول خضوع عقدهم للقانون الدولي العام[1].

هذا وقد ذكر الاستاذ "Martin Dornke" ان القانون الدولي العام اصبح الان ضروريا لأن يطبق على العلاقات التعاقدية بين الدول واصحاب رؤوس الاموال[2] أي الشركات متعددة الجنسية.

غير أنه يمكن القول إن التطورات المتسارعة التي يشهدها المجتمع الدولي قد انعكست على الشركات متعددة الجنسية، فلقد أدت الى زيادة أنشطتها وتشابكها وتعقدها مما أدى بالمقابل الى صعوبة تحديد طبيعة أعمالها التعاقدية، لهذا فإن أقل ما توصف به أعمالها التعاقدية بأنها ترقى فوق مستوى العقود المعروفة في القانون الخاص ودون المعاهدات المعروفة في القانون الدولي العام. أي أنها عقود دولية، غير أن هذا الوصف القانوني لطبيعة أعمالها يمكن أن يتبدل إذا ما تم الاعتراف لها بالشخصية القانونية الدولية من عقود دولية الى معاهدات دولية.

[1] أنظر Philippe Leboulanger, op. cit,P.212

[2] انظر د.عبد الباري احمد عبد الباري، التاميم واثاره في القانون الدولي العام مطابع حمزة الصناعية، القاهرة، 1972، ص427-428.

المبحث الثالث

منح الشخصية القانونية الدولية للشركات متعددة الجنسية

ينفرد كل نظام قانوني بتحديد الاشخاص الذين يقومون بتنظيم العلاقات القانونية فيما بينهم، بما يترتب عليه اسباغ وصف الشخصية القانونية عليهم. مما يعني قدرتهم على التمتع بالحقوق وتحمل الالتزامات والقيام بالتصرفات القانونية واللجوء الى القضاء المتخصص في ذلك النظام.[1]

فالتطورات المتعاقبة التي شهدها القانون الدولي العام في سعيه المتواصل لمواكبة متغيرات الواقع الدولي وملاحقة نمو وتشعب مجالاته. حملت جانبا من الفقه في نهاية المطاف الى التسليم بتوافر وصف الشخصية القانونية الدولية على وحدات لا يصدق عليها وصف الدول ومنها الشركات متعددة الجنسية.

ولغرض الاحاطة الكافية باحقية تلك الشركات بالتمتع بالشخصية القانونية الدولية فاننا قد قسمنا هذا المبحث الى ثلاث مطالب حسبما تقتضيه ضرورة البحث في هذا المجال. فالاول منها تناول رابطة الجنسية وستار الشخصية الوهمية والثاني تضمن مبررات منح الشخصية القانونية الدولية لها اما الثالث فقد تضمن ما آلت اليه الدراسة من نتائج.

المطلب الأول

جنسية الشركة وستار الشخصية الوهمية

---

[1] انظر د.صلاح الدين عامر، مصدر سابق، ص216.

أن تطبيق بعض المفاهيم القانونية السارية على الشركات متعددة الجنسية لا يكون دائما مناسبا، لان هذه المفاهيم تعتمد أساسا على نظريات و افتراضات قد لا يستقيم ومفهوم الشركات متعددة الجنسية.[1]

ومن بين هذه المفاهيم مفهوم جنسية الشركة، التي دار حولها جدال ونقاش كبير بين فقهاء القانون. ومفهوم الجنسية - بصورة عامة- يمكن ان يعرف بانها رابطة سياسية وقانونية تربط الفرد بالدولة.[2]

ولقد عرفها الدكتور فؤاد عبد المنعم رياض بانها "المعيار الذي يتم بمقتضاه التوزيع القانوني للافراد في المجتمع الدولي. الذي يحدد حصة كل دولة من الافراد الذين يكونون ركن الشعب"[3]

اما محكمة العدل الدولية وبمناسبة نظرها في قضية "Nottbehom" عام 1955 فقد عرفت الجنسية بانها "علاقة قانونية تقدم في اساسها على رابطة اصلية وعلى تضامن فعلي في المعيشة والمصالح والمشاعر"[4].

ولقد ثار جدال فقهي واسع حول امكانية تمتع الشخص المعنوي بالجنسية، ففضلا عن أن الجنسية تحدد هوية الانتماء- أي انتماء شخص ما لدولة معينة فإنها تربطه برابط روحي اجتماعي تجاه الدولة التي يحمل جنسيتها. فهي ذات مدلول اجتماعي أيضا. ولان الشخص المعنوي بصورة عامة والشركة بصورة خاصة خالية من أي روح فلا يمكن والحالة هذه ان تتمتع بجنسية الدولة التي توجد فيها،

---

[1] انظر د.عبد المعز عبد الغفار، مصدر سابق، ص112.

[2] انظر د.حسن الهداوي، الجنسية ومركز الاجانب واحكامهما في القانون العراقي، ط3، مطبعة الارشاد، بغداد، 1972، ص11. كذلك انظر بنفس المعنى، أمير موسى، حقوق الانسان: مدخل الى وعي حقوقي، ط1، مركز دراسات الوحدة العربية، بيروت، 1994، ص118.

[3] د.فؤاد عبد المنعم رياض، مبادئ القانون الدولي الخاص في القانونين المصري والبناني،ج1، بيروت، 1969، ص41.

[4] انظر د.غازي حسن صباريني، الوجيز في حقوق الانسان وحرياته الاساسية، ط1، مكتبة الثقافة للنشر والتوزيع، عمان، 1997، ص99. كذلك أنظر بنفس المعنى بول روتيه، مصدر سابق، ص146.

غير أنه رغم هذا الجدال الفقهي الواسع الا ان الرأي قد استقر نحو إمكانية تمتع الشخص المعنوي وخاصة الشركة بجنسية الدولة التي توجد فيها.

فالعمل جرى على أمكانية أعمال مصطلح الجنسية في مجال الشركات، ذلك ان هذه الجنسية تحمل معنى الارتباط القانوني بدولة معينة وليس الارتباط بمفهومه الضيق، أي انتماء شخص طبيعي لدولة معينة[1]، غير ان الشركة كشخص معنوي تتمتع بالجنسية حالها حال الأشخاص المعنوية الأخرى إلا انه لا يوجد هناك معيار او ضابط محدد يمكن بمقتضاه تحديد جنسية الشركة. ولقد طرح الفقه عدة معايير لتحديد جنسية الشركة، في حين ان التشريعات الوطنية للدول قد تباينت بالأخذ بمعيار او اكثر لتحديد جنسية الشركة التي تعمل فيها ومن بين المعايير التي طرحت معيار مكان التاسيس ومعيار جنسية الشركاء ومعيار مزاولة النشاط ومعيار مركز الإدارة الرئيس ومعيار الرقابة والاشراف ومعيار مركز اتخاذ القرارات[2] وغيرها من المعايير التي طرحت لتحديد جنسية الشركة.

ان هذه المعايير التي طرحت انما تصلح لتبرير الرابطة القانونية للشركة بدولة ما، حيث ان مفهوم جنسية الشركة يعني "العلاقة القانونية القائمة بين الشركة ودولة معينة بمقتضاها تعتبر الشركة، مندمجة في الاقتصاد الوطني للدولة المرتبطة بها، فتخضع لسيادتها وتتمتع بحمايتها"[3] وهذا يعني ان جنسية الشركة تحمل مفهوم الاندماج في الاقتصاد الوطني، غير انه اذا كان هذا الكلام يستقيم نوعا ما بالنسبة لتمييز الشركات الوطنية عن غيرها فانه لا يستقيم مع الشركات الوليدة او التابعة

---

[1] انظر د.باسم محمد صالح، د.عدنان احمد ولي العزاوي، القانون التجاري (الشركات التجارية) جامعة بغداد، بغداد، 1989، ص48.

[2] للاطلاع على تفاصيل هذه المعايير انظر د.هشام خالد، جنسة الشركة، دراسة مقارنة، دار الفكر الجامعي، الاسكندرية، 2000، ص104 وما بعدها كذلك انظر د.فؤاد عبد المنعم رياض، الوسيط في الجنسية ومركز الاجانب، ط5، دار النهضة العربية، القاهرة، 1988، ص327 وما بعدها. كذلك انظر د.هشام علي صادق، الحماية الدولية للمال الاجنبي، الدار الجامعية، بيروت، بدون سنة طبع، ص127 وما بعدها.

[3] د.هشام خالد، مصدر سابق، ص70.

التي يربطها بالشركة الام رابط وثيق هو "الاستراتيجية الكونية والمركزية الادارية في اتخاذ القرارات" فحقيقة وجوب اندماج الشركات في الاقتصاد الوطني ومساهمتها في التنمية لا تجد ترحيبا من قبل الشركات متعددة الجنسية.

ان الاعتراف بالشخصية القانونية الدولية للشركات متعددة الجنسية يقتضي- تفنيد الاستقلال القانوني للشركات الوليدة والتابعة عن الشركة الام وبالتالي اعتبار الشركة متعددة الجنسية -بما فيها من شركات وليدة وتابعة- وحدة واحدة. فالاستقلال القانوني للشركات الوليدة والتابعة ما هو إلا ستار وهمي لإخفاء حقيقة تبعيتها للشركة الام. فهناك من الاحكام القضائية للمحاكم ما يذكر ويعزز هذا الاتجاه.

فلقد ذهبت محكمة النقض الفرنسية في بعض احكامها الى عدم اعتدادها بالشخصية القانونية للشركة الوليدة طالما ان هذه الاخيرة ما هي الا واجهة لتمكين الشركة الام من تحقيق مصالحها وتهريب أموالها أضرارا بالدائنين. وهذا يعني انه يجوز لدائني الشركة الوليدة اللجوء الى الشركة الام للمطالبة بديونهم ما دامت الشركة الوليدة ما هي الا امتداد حقيقي للشركة الام.[1]

وفي حكم اخر قرر القضاء الفرنسي- ان افلاس احدى الشركات الوليدة يقود الى افلاس جميع شركات المجموعة بما فيها الشركة الام. حتى في حالة ثبوت ان بعضا من هذه الشركات لا تتوافر فيه شروط الافلاس، متى ما راى القاضي غياب الاستقلال القانوني للشركة الوليدة[2]. فالقضاء الفرنسي- قد غلب في العديد من الحالات الوحدة الاقتصادية لمجموعة الشركات على الاعتبارات القانونية أي انه جعلها بمثابة وحدة قانونية لاغراض معينة[3].

---

[1] انظر د.دريد محمود علي السامرائي، مصدر سابق، ص95.

[2] انظر د.دريد محمود علي السامرائي، المصدر السابق، ص96. كذلك أنظر بنفس المعنى د. شريف محمد غنام، مصدر سابق، ص436.

[3] انظر عوني محمد الفخري، مصدر سابق، ص79.

أما بالنسبة للقضاء الانكليزي فلم يكن في احكامه بعيدا عن القضاء الفرنسي فهو الأخر لم يتردد في تغليب الوحدة الاقتصادية للشركة متعددة الجنسية على الاعتبارات القانونية التي تقضي- بالنظر الى الشركات الداخلة ضمن المجموعة الواحدة بان كل واحدة منها تمتلك شخصية قانونية مستقلة عن الأخرى. ففي قضية عرضت على القضاء الانكليزي اعلن القضاء من خلالها عدم اعتداده بالستار الوهمي للشخصية القانونية للشركات الوليدة وتتلخص وقائع هذه القضية في ان "شركة لاستيراد وتوزيع المواد الغذائية كانت تمتلك شركتين وليدتين مستقلتين. أحداهما تمتلك الأرض التي يتم عليها مباشرة النشاط، والثانية تمتلك وسائل النقل اللازمة لهذا النشاط، وتبعا لهذا الواقع، صدر قرار من الادارة بنزع ملكية الارض، الامر الذي أدى إلى انتهاء نشاط الشركة ودخول الشركات الثلاث طور التصفية، فتقدمت الشركات الثلاث إلى المحكمة بطلب التعويض المقرر قانونا عن نزع الملكية الذي يلزم ان يغطي قيمة الأرض والتعويض الناجم عن الأضرار الناتجة عن اضطراب النشاط. فقررت المحكمة ان لاحق في التعويض الا للشركة مالكة الأرض. اما الشركتان الأخريان فلاحق لهما بالتعويض في تصفية النشاط.

استأنفت الشركات الثلاث الحكم فقررت محكمة الاستئناف انه:

لما كانت الشركات تشكل مجموعة واحدة فانه يجب التعامل معها كشركة واحدة وانه يتعين تجاهل الاستقلال القانوني لكل شركة داخل المجموعة. إذ أن هذه الشركات الثلاث تمارس نشاطا واحدا ويتولى نفس الأشخاص مهمة الإدارة فيها فضلا عن ان ملكية الشركتين الوليدتين تعود للشركة الام. ورات المحكمة أن الأخذ بالاعتبارات القانونية المجردة يؤدي الى ان احدا لا يحصل على أي تعويض.... فتجاهل العلاقة الخاصة التي تربط بين الشركات الثلاث والتمسك بالاستقلال القانوني لكل منها لا يؤدي الى التعسف فقط وانما يفضي الى نوع من انكار العدالة.

وخلصت المحكمة الى الزام الادارة بدافع التعويض للشركات الثلاث سواء عن نزع الملكية ام عن التصفية"[1].

وفي حكم اخر للقضاء الانكليزي جاء فيه عدم الاعتداد بالشخصية القانونية للشركة الوليدة رغم تكوينها وتسجيلها وفقا للقانون الانكليزي بوصفها شركة انكليزية للانتاج السينمائي، حيث ان 90% من اسهمها مملوكة لرئيس شركة امريكية تعمل في نفس الاتجاه، وبهذا قضى القضاء الانكليزي بان الشركة الانكليزية ما هي في حقيقتها سوى وكيل للشركة الامريكية في انكلترا.[2]

ولم يحد القضاء الامريكي عن سابقيه. فلقد قضت احدى المحاكم الامريكية بمسؤولية الشركة الام عن ديون شركاتها الوليدة، لان الشركة الام تتصرف في اموال الشركات الوليدة كما لو كانت اموالها هي، اذ انها استخدمت -أي الشركة الام- وسائل النقل المملوكة للشركة الوليدة كما لو كانت مملوكة لها.

وفي قضية أخرى قضت إحدى المحاكم الأمريكية بمسؤولية الشركة الام عن ديون شركاتها الوليدة حيث ثبت من وقائع الدعوى أن الشركة الأم كانت تتولى مباشرة اعمال الشركة الوليدة والتعامل لحسابها دون الاستعانة بممثلي الشركة الوليدة. ولم يختلف القضاء الألماني والايطالي والسويسري عن ذلك[3].

ان البحث في حقيقة الشخصية المعنوية يوصلنا الى ان أي وحدة لا يمكن ان تتمتع بالشخصية القانونية ما لم تمتلك ارادة مستقلة ومصلحة ذاتية. فهما يمثلان الاساس الذي تبنى عليه الشخصية المعنوية وبدونهما لا يمكن القول بوجود شخصية قانونية مستقلة.[4]

---

[1] د.محمود مختار بريري، الشخصية المعنوية للشركة التجارية، دار الفكر العربي، 1985،ص ص 201-203.

[2] انظر د.حسام عيسى، الشركات المتعددة القوميات، مصدر سابق، ص218-219.

[3] انظر المصدر نفسه، ص219.

[4] د.حسام عيسى، الشركات المتعددة القوميات، المصدر السابق، ص177.

وعند تحليل عناصر الشخصية القانونية للشركة الوليدة او التابعة فاننا نرى انها لا تمتلك ارادة مستقلة. فهي تنفذ ما يملى عليها من قرارات تاتي من الخارج -أي من الشركة الام- وكما لاحظنا من خلال احكام القضاء الوطني للدول فان الشركة الام تستخدم الشركة الوليدة والتابعة كغطاء لتحقيق مصالحها. وبالتالي فان الشركة الوليدة ما هي الا اداة تحركها الشركة الام كيفما تشاء وحيثما تريد. وهذا يجد اساسه في ان مركزية السيطرة- التي تلغي الارادة المستقلة للشركة الوليدة -ضرورة حتمية تفرضها الاستراتيجية الانتاجية العالمية للشركة متعددة الجنسية. فمثلا نجد ان الوحدة الانتاجية التابعة لشركة (I.B.M) الموجودة في الهند ترتبط مع وحدة مشابهة تابعة لنفس الشركة في المكسيك بعلاقات مباشرة واوثق بكثير مما ترتبط بباقي اقتصاديات الهند وباقي وحدات الهند الانتاجية.[1]

اما بالنسبة للذمة المالية المستقلة فان الشركة الام تستخدم اموال وممتلكات شركاتها الوليدة كما لو كانت ممتلكاتها واموالها هي. فهي -أي الشركة الام- تستطيع نقل الارباح من شركة تابعة او وليدة الى شركة وليدة او تابعة اخرى لنفس المجموعة فضلا عن انها تستطيع ان تستخدم بعض الاصول المالية المملوكة لاحدى وليداتها لتمويل نشاط شركة وليدة ثانية، وهكذا مما يفقد استقلالية الذمة المالية للوحدة الوليدة او التابعة، واذا فقدت هاتان الاخريان ارادتهما المستقلة وذمتهما المالية فلا مبرر من استمرار تمتعهما بالشخصية القانونية.

ان ما يزيد من وهمية الاستقلال القانوني للشركة الوليدة هو دخول الشركات ضمن الشركة متعددة الجنسية الواحدة في تكامل راسي (عمودي) اذ ان بعضها يحتاج الى البعض الاخر وبالتالي فان عامل الرقابة التي يمكن للدول المضيفة ممارسته يكون غير ذي فائدة. فمثلا لايمكن للشركة الوليدة ان تمارس نشاطها الا بشراء منتجات والات من شركات وليدة اخرى او من الشركة الام نفسها.

---

[1] انظر د.حسن حنفي. د.صادق جلال العظم، ما العولمة؟ ط1، دار الفكر، دمشق، 1999، ص169.

وبهذا فان الشركة الام تمتلك بالضرورة من وسائل الضغط ما يمكنها من احباط أي محاولة رقابة او أي فائدة يمكن ان تترتب على هذه الرقابة.[1] وهكذا فما دام الاساس الذي بنيت عليه الرقابة قد سقط وهو الاستقلال الوهمي للشركة الوليدة فان موضوع الرقابة هو الآخر يسقط بالتبعية.

ويتضح من كل ما سبق ان تبعية الشركات الوليدة للمركز يجب ان تكون كاملة، وهي في ازدياد مستمر مع الازدياد التدريجي لمركزية الوظائف على صعيد المركز الرئيسي "فكل فرع ما هو سوى طرف في جسم ضخم تقرر حركاته في مركز رئيس يتخذ القرارات التي تنسق حركات الأطراف فيما بينها"[2].

ويذهب الأستاذ "توغندات" الى انه مهما بلغت درجة المبادرة المتروكة لمختلف الوحدات فان هذه الأخيرة تظل خاضعة لإدارة مركزية تمثل بالنسبة للفروع ما يمثله الدماغ والجهاز العصبي بالنسبة لأطراف الجسم. فالفروع ليست لديها مصالح خاصة بها. ولكنها تتصرف حسب ما تقتضيه مصلحة الجماعة كما تحددها الادارة المركزية" في حين يرى الاستاذ "Broukeet Remmers" ان على مديري شركات وليدة فرنسية او امريكية او ايطالية او انكليزية ان يتحلوا بروح امية _اي عالمية- ويشير الدكتور (ماكس غلور) مدير شركة "Nestle Aliementana" الى ان جهاز العاملين في "نستلة" يجب ان يعرفوا انهم يحملون جنسية نستلة فقط.[3]

ولنسق بعض الامثلة التي تؤكد ان جنسية الشركة الوليدة ما هي الا ستار وهمي تنفذ من خلاله الشركة الأم إلى الدول، إذ أن رابطة الوحدة الاقتصادية -بالنسبة للشركات متعددة الجنسية- أقوى بكثير من الاعتبارات القانونية. فمثلا يتم تصميم معدات هوكي الجليد في السويد، وتمول من كندا وتجمع في كليفلاند والدنمارك، لتوزع في امريكا الشمالية واوربا. كذلك يتم تمويل صناعة سيارة

---

[1] انظر أوردونو، مصدر سابق، ص214.

[2] المصدر نفسه، ص146.

[3] المصدر نفسه، ص147.

رياضية في اليابان، صممت في ايطاليا وجمعت في انديانا والمكسيك وفرنسا[1]، فاي من هـذه المنتجات يعتبر وطنيا والاخر يعتبر اجنبيا.

ولناخذ مثالا اكثر دقة يبين حقيقة ما قلناه، فمثلا عندما يشتري شخص ما سيارة "بونتياك لومان" من "جنرال موتورز" يدخل هذا الشخص مـن غـير قصـد منـه في صـفقة دوليـة، فمـن العشرة الاف دولار المدفوعـة لـ "جنرال موتورز" يـذهب حـوالي "3000" دولار لكوريـا الجنوبيـة للعمالـة الروتينيـة وعمليات التجميع، و "1750" دولار لليابان للمكونات المتقدمة والمحركات ومحاور القيادة والالكترونيـات و "750" دولار لالمانيا لوضع الهيكل وهندسة التصميم و "400" دولار الى تايوان وسنغافورة للمكونـات الصـغيرة و "250" دولار لبريطانيا للاعلان وخدمات التسويق وحوالي "50" دولار لايرلندا وبربادوس لمعالجة البيانات، أما الباقي وهو اقل من "400" دولار فيذهب للاستراتيجيين وجماعات الضغط في واشنطن وعمال التـامين والرعاية الصحية في انحاء البلاد والمساهمين في "جنرال موتورز".[2]

خلاصة القول ان هذا الترابط والتشابك بين الوحدات الانتاجية ضمن الشركات متعددة الجنسية يجعل من الشخصية القانونية للشركات الوليدة والتابعة مفرغة من أي محتوى او مضمون، وبالتالي لا بـد من الغائها والاعتراف بالشركة متعددة الجنسية ككل متكامل وليس الاعتراف بها كاجزاء مكونة لهذا الكل.


المطلب الثاني
مبررات منح الشخصية القانونية الدولية
للشركات متعددة الجنسية

---

[1] انظر روبرت ب.رايش، اقتصاد الامم وراسمالية القرن الحادي والعرين ترجمة سمية شعبان، ط1، الجمعية المصرية لنشر المعرفة والثقافة العالمية، القاهرة، 1999، ص135-136.
[2] انظر المصدر نفسه، ص136.

على الرغم من عدم وجود اتفاقية دولية منشأة للشركات متعددة الجنسية ومن خلالها تستمد تلك الشركات مركزها القانوني الدولي، الا ان الاعتراف بالشخصية القانونية الدولية للشركات متعددة الجنسية يجد اساسه في القانون الدولي للتنمية، وإذ هو في حقيقته فرع من فروع القانون الدولي العام. بدات اكثر قواعده بالظهور والتطور بشكل واضح في ظل منهج التعاون الاقتصادي الذي تبنته الامم المتحدة في ميثاقها عام 1945.[1]

وعلى حد تعبير الدكتور محمد طلعت الغنيمي "فنحن الان نعيش في مرحلة تنظيم المجتمع الدولي وليس في مرحلة تأسيسه. لهذا يجب ان تختلف نظرتنا الى مشكلة الشخصية القانونية الدولية عن تلك التي كان ينظر بها الفقهاء الاوائل إلى المشكلة نفسها. لقد اوجد الفقهاء السابقون أشخاص القانون الدولي الأصول، ومهمتنا الآن هي التعرف على اشخاص القانون الدولي الفروع".[2]

ان الشركات متعددة الجنسية تحتل مكانة مرموقة من بين الموضوعات الرئيسة التي يغطيها القانون الدولي للتعاون الاقتصادي، الذي يعد من اكثر مجالات القانون الدولي تطورا، لهذا من الطبيعي ان تسعى الشركات متعددة الجنسية للاسهام في اجراءات وضع القواعد الدولية الناشئة. ولهذه المساهمة اشكال متعددة منها:

1- تؤدي الشركات دورا قياديا بدخولها في اتفاقيات قانونية عبر قومية مع الدول ذات السيادة، كاتفاقيات الامتيازات النفطية وعلى الرغم من انها لا تصنف ضمن الاتفاقات الدولية الا ان مدد وشروط هذه الاتفاقات تقدم سوابق مهمة في العلاقات الدولية الاقتصادية.

2- تسعى الشركات متعددة الجنسية الى ممارسة نفوذ مباشر على المواقف القانونية الدولية والسياسات الخارجية لحكومة بلادها، اذ من السهل التاثير في هذه الحكومات ما دامت مهتمة بحماية استثمارات مواطنيها

---

[1] انظر د.عبد الواحد محمد الفار، مصدر سابق، ص564.

[2] محمد طلعت الغنيمي، الاحكام العامة في قانون الامم، مصدر سابق، ص575.

في الخارج. وبالتاثير في المحيط القانوني الذي تتم فيه هذه الصفقات المتعلقة بتلك الاستثمارات.

3- تؤثر الشركات متعددة الجنسية وبصورة مباشرة في الية تدفق السلع والخدمات في التجارة الدولية، مما يتيح لها ممارسة ضغوط اقتصادية على الدول او التجمعات الاخرى في المجتمع الدولي، مما يسهل حدوث التغييرات في العلاقات الدولية الاقتصادية او الاحكام التي تنطبق على تلك العلاقات.

4-التاثير غير المباشر للشركات متعددة الجنسية في تدفق الافكار القانونية والبحوث في مجالات القانون الدولي العام التي تؤثر في عملياتها، وهذا يكون عن طريق مؤلفات اعضاء الدوائر القانونية التابعة للشركة او باعطائها مكافأة خاصة للابحاث التي يجريها رجال القانون، وللمعاهد المنشأة لهذا الغرض.[1]

ولو تفحصنا القانون الدولي العام جيدا لوجدنا ان منح الشخصية القانونية الدولية للشركات متعددة الجنسية يجد صداه في افراد قواعد دولية تتعلق بهذه الشركات ضمن نطاق القانون الدولي المعاصر ومنها:

1- اتفاقية البنك العالمي لتسوية المنازعات الاستثمارية بين الدول ومواطني الدول الاخرى المبرمة عام 1965، ويتم فصل المنازعات التي تثور بين الدول المذكورة امام المركز الدولي لتسوية المنازعات الدولية.

2- منح المشروعات الخاصة الحق في الطعن في القرارات الصادرة عن الاجهزة التنفيذية للمجموعة الاوربية.

3- التنظيم الدولي الشامل للاستثمارات والشركات متعددة الجنسية في اطار منظمة التعاون والتنمية الاقتصادية.

4- مدونة السلوك المتعلقة بالاستثمارات الاجنبية في اطار مجموعة الانديز.

---

[1] انظر د.محمد مغربي، مصدر سابق، ص72.

5- اتفاقية انشاء الوكالة الدولية لضمان الاستثمار عام 1985[1].

6- القرار المرقم 3201 (S.VI): اعلان حول اقامة نظام اقتصادي دولي جديد. وقد نصت فقرات القرار الاربع على جملة مبادئ منها تنظيم ومراقبة نشاط الشركات متعددة الجنسية[2].

ومنذ عام 1995 تجري مناقشة اتفاقية الاستثمار الدولي بسرية تامة في قاعات منظمة التعاون الاقتصادي والتنمية (OECP) ومن اهم بنود هذه الاتفاقية المتعلق بموضوع الشركات متعددة الجنسية ما يلي:

1- تسهيل الاستثمار الدولي للشركات في كل مكان من العالم.

2- منع الاضرار التي تصيب الشركات في حالة وقوع الاضطرابات الاجتماعية.

3- في حالة تاميم المشاريع الوطنية يحق للشركات المطالبة بالعودة او التعويض.

4- الدول حرة في توقيع الاتفاقية، ولكن ما ان توقع عليها فانها تلتزم بها لمدة عشرين عاما، مع حق الانسحاب بعد مرور خمس سنوات.

5- بموجب الاتفاقية يمكن لاية شركة مقاضاه اية دولة موقعة في محكمة دولية.[3]

ولقد اوضحت السيدة "ماريا دي كونيشا وتافاريز" اهداف هذه الاتفاقية في ثلاث نقاط هي:

1- يحق للشركات متعددة الجنسية الاستثمار في أي منطقة او قطاع او نشاطات وبدون اية قيود او تحديدات.

---

[1] انظر د.محمد سعيد الدقاق. د.مصطفى سلامة حسين، مصدر سابق، ص220-221.

[2] انظر د.عبد المجيد العبدلي، مصدر سابق، ص288. كذلك انظر د.عبد الواحد محمد الفار، مصدر سابق، ص594.

[3] انظر قيس حسون الملا، الاثار المحتملة للعولمة واتفاقية الجات على المصارف التجارية العراقية، رسالة دبلوم عالي، كلية الادارة والاقتصاد، جامعة بغداد، 1998، ص25.

2- للشركة متعددة الجنسية مقاضاة الدولة والمطالبة بالتعويض في حالة حدوث أي خطوة او امرار أي قانون او اتخاذ موقف من قبل الحكومة او المجتمع او أي جهة اخرى تهدد الارباح الحقيقية التي تحصل عليها هذه الشركات. ويتم تحديد الاسس او القواعد التي يتم في ضوئها النظر في الدعوى من قبل الشركة المستثمرة وليس الحكومة المعنية، وعليه فان هذه الاسس هي ذاتية محضة ويحق للشركة المستثمرة المطالبة بتعديل القوانين اذا كانت لا تتفق مع توجهاتها.

3- تقوم الشركة المستثمرة باختيار المحكمة التي تنظر في النزاع وليس حكومة الدولة المضيفة.[1]

كذلك فقد قامت اللجنة الفرعية لتعزيز وحماية حقوق الانسان التابعة للامم المتحدة بوضع مجموعة قواعد يحدد بمقتضاها مسؤولية الشركات متعددة الجنسية وغيرها من مؤسسات الاعمال في مجال حقوق الانسان فهذه القواعد قد حددت مسؤوليات الشركة متعددة الجنسية في مجال حق العمل وحرية تكوين النقابات والاتحادات العمالية وكذلك في مجال البيئة وحقوق الطفل والمراة وفي مجال القانون الدولي الانساني فضلا عن ذلك فان هذه القواعد قد حذرت الشركات من إفساد الحياة السياسية في الدول المضيفة بارشائها المسؤولين وغيرها من الالتزامات التي يقع على عاتق الشركات الالتزام بها واذا ما خرقتها فانها طبقا لقواعد المسؤوليات التي وضعتها اللجنة الفرعية لتعزيز وحماية حقوق الانسان تكون مسؤولة مسؤولية كاملة.[2]

---

[1] انظر د.فرناندو سيكويرا، معركة سياتل التي انقذت العالم، بحث مقدم الى ندوة (من اجل عالم عادل وتقدم دائم) نظمتها بيت الحكمة من 5-7 اذار، بيت الحكمة بغداد، 2000، ص217.

[2] انظر الاعلان المتعلق بقواعد مسؤوليات الشركات عبر الوطنية وغيرها من مؤسسات الاعمال في مجال حقوق الانسان، مسحوب من الانترنت على الموقع

http://www.umn.edu/humanrts/arab/commentary-aug2003.htm ص5-7

فضلا عما تقدم فان من مبررات منح الشركات متعددة الجنسية الشخصية القانونية الدولية هو تمتعها بسمات متعددة منها "كبر حجمها وتنوع انشطتها ومنتجاتها وتفوقها التكنولوجي والتشتت الجغرافي ومركزية الادارة العليا"[1].وغيرها من السمات التي تمتاز بها هذه الشركات فما دام المطلوب من الكوادر العاملة في الشركات متعددة الجنسية التنقل في أنحاء العالم كافة وان تتخلى عن كل نظرة تقف عند الحدود الوطنية فضلا عن اتصافها بانها دولية النشاط يجعل من الصعوبة بمكان تحديد الاطر والفضاءات القانونية التي تعمل وفقها هذه الشركات اذا بقينا متمسكين بانها شخص قانوني خاص.

اذن يمكن القول ان هذه العوامل مجتمعة او فرادى تعتبر مبررات لمنح الشخصية القانونية الدولية للشركات متعددة الجنسية اذا ما عرفنا انه ليس ما يمنع -من الناحية النظرية على الاقل- من زوال اشخاص القانون الدولي العام الحاليين وقيام اشخاص جدد ليسوا في حساباتنا، بل ان الدولة باعتبارها شخص القانون الدولي النموذجي قد تفنى في المستقبل او قد تزول عنها الشخصية القانونية الدولية وهذا ليس بالامر المستغرب.[2] ويقوم مقامها اشخاص جدد.

المطلب الثالث

النتائج المترتبة على منح الشخصية القانونية

الدولية للشركات متعددة الجنسية

يترتب على إضفاء نوع من الشخصية القانونية الدولية للشركات متعددة الجنسية، تمتعها بمركز قانوني دولي يكون لها بمقتضاه ممارسة بعض الحقوق وتترتب عليها بعض الالتزامات، فالشركات متعددة الجنسية تتمتع بالشخصية

---

[1] Marcel Merle, Firmes multinationals et Relations Internationales, Revue Egyptienne De Droit internationals, Vol.27, 1971. p6-9.

[2] انظر د.محمد طلعت الغنيمي، الأحكام العامة في قانون الأمم، مصدر سابق، ص576.

الدولية بالقدر الذي يسمح لها بممارسة أنشطتها من جهة وفرض الرقابة عليها من جهة اخرى. وهذا يترتب عليه جملة نتائج منها:

**أولا:** يكون لها الحق في عقد الاتفاقيات الدولية في الحدود اللازمة لتحقيق الاهداف المرجوة من منحها شخصية قانونية دولية. ولها في اطار هذا التحديد ان تتعاقد مع الدول او مع المنظمات الدولية الأخرى أو مع غيرها من المشروعات الاقتصادية.

**ثانيا:** يثبت لها الحق في تحريك دعوى المسؤولية الدولية اذا ما اضر احد اشخاص القانون الدولي العام بها او حاول عرقلة عملها.

**ثالثا:** يمكن ان تكون مدعيا او مدعى عليها امام محاكم التحكيم ومختلف المحاكم الدولية الاخرى التي لا تتضمن نظمها صراحة عدم اختصاصها بالقضايا المرفوعة من غير الدول.

**رابعا:** للشركات متعددة الجنسية الحق، وفي اطر النظم القانونية الداخلية للدول، في التعاقد مع الافراد العاديين، كذلك يكون لها الحق في تملك المنقولات والعقارات كما يكون لها حق التقاضي أمام المحاكم الداخلية بصدد العقود التي تبرمها مع الحكومات او الافراد.

**خامسا:** يكون للشركات متعددة الجنسية اكتساب الحق في براءات الاختراع التي تؤول اليها عن طريق شركاتها الوليدة. وتحظى براءة الاختراع المملوكة للشركات متعددة الجنسية باهمية كبيرة وخاصة في مجال الذرة وتخصيب اليورانيوم وغيرها من الميادين العلمية والتكنولوجية الحديثة، وتتمتع الشركات متعددة الجنسية باوجه الحماية القانونية المقررة دوليا في هذا السبيل.

**سادسا:** قدرتها على الاسهام في خلق وانشاء قواعد القانون الدولي العام، سواء بالمساهمة في إنشاء القواعد العرفية، أو عن طريق إصدار قرارات عامة ذات طابع تشريعي.

**سابعا:** تتمتع الشركات متعددة الجنسية ببعض الحصانات والمزايا والإعفاءات منها:

أ- عدم اتخاذ اجراءات جبرية ضد الشركات متعددة الجنسية كالتاميم او الاستيلاء اوالمصادرة وما شابهها من اجراءات يمكن ان تؤدي بها او تعرضها للخطر واذا ما سمح باتخاذ تدابير جبرية ضد الشركات تنفيذا لاحكام قضائية فان ذلك يجب ان يكون محاطا بضمانات تكفل حماية نشاطها.

ب- تتمتع الأماكن التي تشغلها الشركات متعددة الجنسية بحرمة اذ لا يجوز السماح بدخولها إلا بأذن يصدر من مدير الشركة او من يقوم مقامه. فضلا عن ذلك، يجب صيانة الوثائق الخاصة بالشركات متعددة الجنسية وضمان سريتها اذا كانت سرية.

ج- كذلك يمكن ان يتمتع العاملون في الشركة متعددة الجنسية ببعض الحصانات والمزايا والاعفاءات. كاعفائهم من الضرائب على المرتبات التي يحصلون عليها. وكذلك إعفاؤهم من الضرائب الكمركية على الاثاث والامتعة الشخصية التي يستوردها العاملون الى مناطق عملهم، والتي تكون من ضرورياتهم الشخصية.

د- امكانية اعفاء الشركات متعددة الجنسية من الضرائب التي يمكن ان تعيق عملها.

**ثامنا:** اخراجها من اللعبة السياسية وعدم اعتبارها مؤسسات ضغط على حكومات الدول المضيفة لها، أي اخراجها من سيطرة الدولة الأم واحكام الرقابة الدولية على عملياتها المختلفة.

**تاسعا:** امتلاكها لارادة ذاتية مستقلة عن الدول التي أنشأتها او الدول المتواجد فيها انشطتها المختلفة.[1]

---

[1] انظر الصياغة العامة لهذه النتائج من المصادر الاتية:

- د.يحيى الجمل، مصدر سابق، ص48 وما بعدها.

- د. محمد طلعت الغنيمي، الاحكام العامة في قانون الامم، مصدر سابق، ص573 وما بعدها

- د.صلاح الدين عامر، مصدر سابق، ص232 وما بعدها.

- Jean Combacan, Droit International Public, 4e'd, editions Montchrestien, E.J.A. Paris, 1999, P523- 534.

وفي نهاية البحث حول امكانية تمتع الشركات متعددة الجنسية بالشخصية القانونية الدولية وفي ضوء الاراء السابقة يمكننا القول انه ليس ما يمنع من تمتع الشركات متعددة الجنسية في ظل النظام القانوني الدولي المعاصر بنوع من الشخصية القانونية الدولية وبالقدر اللازم لتمكينها من القيام بانشطتها من غير تاميم او مصادرة من جهة وامكانية فرض الرقابة عليها من جهة اخرى، فالملاحظ ان القانون الدولي العام على قدر من المرونة التي تسمح له بمواكبة تطور الجماعة الدولية وان لديه من الامكانات ما يسمح له باستيعاب ابعادها القانونية كافة.

ان التجربة قد كشفت ظهور وحدات اقتصادية قد تخطت بانشطتها ذات الصفة الدولية، الاشكال التنظيمية لاساليب التعاون الاقتصادي على نحو تجاوزت فيه الاطر التقليدية، الى اشكال وانماط جديدة تلائم الغايات والميادين الجديدة للتعاون في مجال الاقتصاد الدولي، ومن هنا كان على القانون الدولي اسباغ اوصافه القانونية القائمة على هذه الاشكال والانماط الجديدة او تقديم الاوصاف والاحكام والشرائط القانونية التي تتناسب مع طبيعتها.

وان الراي الاستشاري لمحكمة العدل الدولية عام 1949 القاضي بتعويض الاضرار التي تصيب موظفي الامم المتحدة اثناء تاديتهم وظائفهم يقدم لنا اساسا لهذا الفهم والتفسير. كما انه ويعد في الوقت نفسه اساسا للقول بان للشركات متعددة الجنسية نوعا من الشخصية القانونية الدولية. فلقد صرحت المحكمة ان تقدم في صياغة عامة على ان الدول هي ليست وحدها اشخاص القانون الدولي العام وان وحدات اخرى غير الدول يمكن لها ان تتمتع بالشخصية القانونية الدولية اذا ما اقتضت ظروف نشاتها وطبيعة انشطتها من الاعتراف لها بهذه الشخصية.

ان الشخصية القانونية الدولية تسعى الى اضفاء عنصر التوازن على الوحدة المعترف لها بالشخصية القانونية الدولية. فهي التي تحدد طبيعة القوى المتفاعلة او المتنافرة داخل وحدة ما. فهي تسعى دائما نحو التفاعل والتحرك والتطور وبالتالي نحو التكامل الذي يبقى هدفها دائما، المتمثل بالتوازن الذاتي والتوافق البيئي. فالاعتراف للشركات بالشخصية القانونية الدولية يميل بها نحو نقطة التوازن شيئا

فشيئا، وان كانت مسالة التوازن مسالة نسبية الا ان هذا يكشف الغموض والابهام عـن حقيقـة وطبيعة الانشطة التي تقوم بها. وبالتالي الوقوف على انجح الاساليب القانونيـة لـدرء تأثيراتهـا السـلبية في الدول المضيفة لها.

فالشركات متعددة الجنسية هي ليست من الوحدات الدوليـة الثابتـة وانمـا هـي وحـدة تتفاعـل داخلها قوى متعددة، تتجاذبها كذلك القوى المحيطة بها من الوحدات الدولية الاخرى، فهي في حالة تـأثير وتأثر مستمر، وان الاعتراف لها بالشخصية القانونية الدولية من شانه ان يحدد قدراتها ومجالات تفاعلها مع الوحدات الدولية الأخرى من خلال ما تشغله من مراكز في بناء المجتمع الدولي مـن ناحيـة، وتأثيراتهـا في العلاقات الدولية من ناحية أخرى. وهي اذا اعترف لها بالشخصية القانونية الدولية فانه يمكن لصورتها الحقيقية ان تستكمل ولأبعاد حركتها ان تتحدد.

# الفصل الرابع
## المكانة الدولية للشركات
## متعددة الجنسية في ظل العولمة

# الفصل الرابع
## المكانة الدولية للشركات
## متعددة الجنسية في ظل العولمة

يشهد المجتمع الدولي تحولات عظيمة في بنيته منذ حقبة التسعينات من القرن العشرين، تمثل هذا التحول بظهور مفهوم العولمة كظاهرة كبرى لها مضامينها وانعكاساتها على العالم اجمع.

فالعولمة باعتبارها اصبحت واقعا مفروضا على طبيعة العلاقات بين اعضاء المجتمع الدولي، فانها لم تأت من العدم، بل كان هناك عدة مؤسسات وقوى تعمل على بلورة العولمة وانضاجها. ومن هذه المؤسسات والقوى المؤسسات المالية والتجارية، كصندوق النقد الدولي والبنك الدولي ومنظمة التجارة العالمية والشركات متعددة الجنسية فضلا عن حلف شمال الاطلسي وشبكة المعلومات "الانترنت". الا ان الشركات متعددة الجنسية تعد من اهم مؤسسات العولمة واهم القوى المؤثرة في دور الدولة وخاصة في بعض الميادين فضلا عن تاثيرها البالغ في حقوق الانسان والقانون الدولي الانساني.

ان المركز القانوني الدولي للشركات متعددة الجنسية اصبح اكثر تمايزا في ظل العولمة من اي فترة مضت. فالشركات متعددة الجنسية لا يمكن وصفها بانها ذات مركز قانوني داخلي، لان هذا الاخير غير قادر على فرض الرقابة والقيود على اعمال هذه الشركات قبل ظهور العولمة. فما هو الحال عند ظهور العولمة وبروز الشركات متعددة الجنسية كأقوى القوى العالمية الاقتصادية في ظل العولمة. اذن في ظل العولمة برز المركز القانوني الدولي للشركات متعددة الجنسية بشكل واضح وجلي واضحت ضرورات منحها شخصية قانونية دولية تفرض نفسها على الواقع اكثر من اي فترة مضت.غير انه ليس من الاوفق تحديد معالم المركز

القانوني الدولي للشركات في ظل العولمة ما لم يكن الامر مسبوقا بتحديد مفهوم العولمة ذاتها وكذلك ابراز نمو وازدهار الشركات متعددة الجنسية في ظلها وبغير هذا وذاك فان حقيقة تحديد المركز القانوني الدولي للشركات متعددة الجنسية يبقى غير واضح ولا يمكن الحسم في طبيعته ومضمونه معا.

ولغرض الاحاطة الكافية بحقيقة المركز القانوني الدولي للشركات متعددة الجنسية، فقد قسمت هذا الفصل الى مبحثين تناول الاول عولمة الشركات متعددة الجنسية من حيث تعريف العولمة وازدهار هذه الشركات في ظلها.

اما المبحث الثاني فقد تضمن اثر الشركات متعددة الجنسية في دور الدولة واثرها كذلك في مجال حقوق الانسان.

## المبحث الأول
## عولمة الشركات متعددة الجنسية

هناك كثيرة من التعاريف التي وضعت والدراسات والأبحاث التي أجريت للعولمة غير ان الذي يمكن استشفافه من كل ذلك، هو ان للعولمة تاثيرها المباشر وغير المباشر في العلاقات الدولية، فهي عملية كبرى تحاول اخضاع العالم لها بمفاهيم ومنهجيات واساليب مختلفة وتعد الشركات متعددة الجنسية احدى اهم وسائل العولمة فقد ازدهرت في ظلها كثيرا، فاذا كانت الدولة تعد محور الاقتصاد الدولي، فان الشركات متعددة الجنسية تعد لولب اقتصاد العولمة ومحوره وذلك بوضع العالم في اطار سوق كونية واحدة خاضع لسيطرة ونشاط هذه الشركات.[1]

وبهذا لا يمكن دراسة الشركات متعددة الجنسية واظهار حقيقة مركزها القانوني الدولي في ظل العولمة ما لم تتم الاحاطة ولو بشئ بسيط عن العولمة. ذلك ان دراسة الشركات متعددة الجنسية بمعزل عن العولمة يجعل من الدراسة غير مكتملة وغير واضحة المعالم.

لهذا فقد قسمت هذا المبحث الى مطلبين تناول الاول التعريف بالعولمة وتضمن الثاني ازدهار الشركات في ظل العولمة.

### المطلب الأول
### التعريف بالعولمة

لم يكن مفهوم العولمة حدثا تاريخيا عابرا وانما هي تجسيد لمزيد من التفاعلات المعقدة والمتشابكة التي يمر بها المجتمع الدولي، فلا يمكن وصفها بانها

[1] انظر د.رسلان خضور، د.سمير ابراهيم حسن، مستقبل العولمة: قضايا راهنة، العدد(7)، المركز العربي للدراسات الاستراتيجية، دمشق، 1998، ص12.

ذات مدلول اقتصادي او سياسي فحسب، بل هي ذات مدلولات متعددة تتعدد بتعدد وجهات النظر التي ياخذ بها الكتاب حسب اختلافهم في التركيز على عوامل معينة دون اخرى، وعلى الرغم من كثرة التعاريف التي وضعت لها الا انها لم تحط بحقيقة ظاهرة العولمة، ذلك انها ما زالت مفهوما ضبابيا وشائكا ومعقدا وغير واضح القسمات، فهي ما زالت في طور التكوين والتبلور، غير ان ملامحها وتجلياتها قد فرضت نفسها على واقع العلاقات الدولية.

وهناك من يرى ان العولمة هي ظاهرة كبرى، والظواهر الكبرى توصف اكثر من ان تعرف[1]، غير ان المتتبع لمفهوم العولمة يجد ان تعريفها قد اخذ منحنيات عدة، فهو لم يسرـ في منحى واحد، فمن هذه التعاريف ما ركز على اعتبارها عملية اقتصادية بحتة وبعضها الاخر جعلها ذا مغزى وهدف سياسي مجرد من السمات الاخرى للعولمة، فضلا عن تعاريف اخرى قد ركزت على الجوانب الاجتماعية-الثقافية و التقانية بينما هناك تعاريف قد تضمنت اشارات واضحة حول تاثير العولمة في مبدا السيادة والانتقال في عصر العولمة من عدم التدخل الى الحق في التدخل وتاثيرها في الحدود وبالتالي في مستقبل الدولة ذاتها، وبذلك تطرقت الى ناحية القانون الدولي العام.[2]

فمن بين التعاريف التي وضع لها تعريف الاستاذ "جيمس روزانو" وهو من احد علماء السياسة الامريكان فقد بدت له العولمة عبارة عن "العلاقة بين مستويات متعددة لتحليل الاقتصاد والسياسة والثقافة والايديولوجيا، وتشمل اعادة الانتاج،

[1] انظر د.عبد الكريم بكار/العولمة: طبيعتها -وسائلها- تحدياتها- التعامل معها، ط1، دار الاعلام للنشرـ والتوزيع، عمان، 2000، ص11.

[2] انظر طلعت جياد لجي علي الحديدي، مبادئ القانون الدولي العام والعولمة، رسالة ماجستير مقدمة الى كلية القانون، جامعة الموصل، 2001، ص7.

وتداخل الصناعات عبر الحدود وانتشار اسواق التمويل وتماثل السلع المستهلكة لمختلف الـدول نتيجة الصراع بين المجموعات المهاجرة والمجموعات المقيمة".[1]

في حين يرى الاستاذ "صادق جلال العظم" ان العولمة هـي "وصـول نمـط الانتـاج الراسمالي عنـد منتصف هذا القرن تقريبا الى نقطة من عالمية دائرة التبادل والتوزيع والسوق والتجارة والتداول الى عالمية دائرة الانتاج واعادة الانتاج ذاته.... الخ أي ان العولمة بهذا المعنى هي رسملة العالم عـلى مسـتوى العمـق بعد ان كانت قد رسملته على مستوى سطح النمط و مظاهره قد تمت".[2]

ويذهب الدكتور محمود مرتضى في تعريفه للعولمة الى القول "انها تعني باختصار اطلاق المنافسـة دون قيود على مستوى الكوكب الارضي، تلك المنافسة التي تحقق للدول الغنية المزيد من المكاسب، والتي تلحق بالدول الفقيرة المزيد من الخسائر".[3]

ومن خلال ما سبق يتضح ان العولمة تعني حرية المنافسة الاقتصادية بين الدول مما يترتـب عليه سيادة قوى السوق وهجـرة العمالة حيث موطن العمـل، فضـلا عـن انتشار التوظيفـات والاسـتثمارات الراسمالية مما يستتبعه زيادة واسعة النطاق في العملية الانتاجية، ومع ذلك يتبين ان الاستاذ العظم يـرى ان النشاط الاقتصادي بعد نصف قرن ينتقل من عالميته التقليدية المعروفة بالتـداول والتسويق والتجارة والتبادل الى عالمية الانتاج، وهذا يعني الانتقال من طور العلاقات اللامتكافئة بين الدول في مجالات التبادل التجاري الى طور جديد من العلاقات الدولية في مجال

[1] د.صالح الرقب/ العولمة، بحث منشور على الانترنت على الموقع: http://www.alima.org/awlama.htm ص5.

[2] د.صادق جلال العظم، نقد لمواقف المفكرين العرب، مجلة وجهات نظر، العدد 10، دمشق، 1999، ص32.

[3] د.محمود مرتضى، ظاهرة العولمة وتحديات المستقبل، مجلة الثوابت، العدد 10، صنعاء، 1999، ص12.

التوظيف والاستثمارات اللامتكافئة، وخاصة تلك التي تقودها الشركات متعددة الجنسية.

والعولمة في نظر البعض تعني تحديا للدول وسيادتها، فلقد عرفها الـدكتور "ريتشارد هيجـوت" بكونها "مزيجا متباينا من الروابط والعلاقات المتداخلة التي تتجاوز الدولة القومية"[1] في حين يرى الاستاذ "فيليب غوميت" "... ان عمليـة العولمة قـد ضربت بجـذورها في الاعماق في بعض الميـادين وتخطت السيادة القومية للدول.."[2] وهذا يعني ان الدول ليس بمقدورها ان تفرض قيما مغايرة للعولمة، لان الاخيرة بما لها من امكانات هائلة تمتلك القدرة في اختراق الدول وتهميشها عـن طريق ادوات ووسائل متعددة وخاصة منها الشركات متعددة الجنسية.

وهناك مـن يرى ان العولمة تعني "القوى التي لا يمكن السيطرة عليها في الاسواق الدولية، والشركات متعددة الجنسيات التي ليس لها ولاء لايـة دولـة قوميـة"[3]. لقد اعطى هـذا التعريـف اهمية خاصة ومتميزة للمركز الدولي للشركات متعددة الجنسية في ظل العولمة، حيث انها اصبحت منافسا خطيرا لدور الدولة في ميدان العلاقات الدولية وامتلكت من القوة ما يؤهلها لان تكون أشخاصا قانونيـة دوليـة مستقلة عن الدول التي نشأت فيها.

ولا يختلف الاستاذ محمد الاطرش عن سابقه في تعريفه للعولمة بقوله انها تعني "انـدماج اسواق العالم في حقول التجارة والاستثمارات المباشرة، وانتقال الاموال والقوى العاملـة والثقافات والتقانة ضـمن راسمالية حرية الاسواق، وتاليا خضوع العالم لقوى السوق العالميـة، ما يـؤدي الى اختراق الحدود القوميـة والى الانحسار الكبير في سيادة الدولة، وان العنصر الاساسي في هذه الظاهرة هي

[1] د.ريتشارد هيجوت/ العولمـة والاقلمـة: اتجاهـان جديـدان في السياسـات العالميـة، ط1، مركـز الامارات للدراسات والبحوث الاستراتيجية، ابو ظبي، 1998، ص3.

[2] نايف علي عبيد، العولمة... والعرب، مجلة المستقبل العربي، العدد 211، مركز دراسات الوحدة العربية، بيروت، 1997، ص28.

[3] المصدر نفسه، ص28.

الشركات الراسمالية الضخمة متخطية القوميات"[1] اذن فالشركات متعددة الجنسية لها من القدرة ما يمكنها من الحد من سيادة الدول وتقليصها.

اما الدكتور "سيار الجميل" فلم يحصر الظاهرة ضمن مجال محدد وانما البسها ثوب الكونية باحتوائها على انظمة شاملة تخص الحياة الانسانية كلها بقوله "فالعولمة ظاهرة استراتيجية تاريخية تتمفصل وتتسرب مياهها في مسارب العالم كله، وتتوغل دماؤها في كل اوردته وشرايينه، وهي ليست مجرد ايديولوجيا فكرية او سياسية تعمل على تغيير انظمة حكم او انقلابات حكومات او تاميم مصالح مجتزأة.. انها عملية اختراق كبرى للانسان وتفكيره وللذهنيات وتركيبها وللمجتمعات وانساقها، وللدول وكياناتها، وللجغرافيا ومجالاتها، وللاقتصاديات وحركاتها، وللثقافات وهويتها، وللاعلاميات ومدياتها....الخ"[2] فهي اذن عملية كونية كبرى تدخل في كل صغيرة وكبيرة من حياة الانسان ومؤثرة ومتأثرة فيه، وهي بهذا الوصف لا يمكن النظر اليها من زاوية دون اخرى والا جاء تعريف مفهومها واستجلاء حقيقتها مبتورة وغير واضحة.

وهناك من يرى ان العولمة هي نتاج لتلاقي اعادة هيكلية نمط الانتاج والتكنولوجيا، أي اندماج الاثنين في عملية تتعدى بكبرها وعمق تفاعلاتها الفضاءات الوطنية للدول، ومن هؤلاء الاستاذ "برهان غليون" حيث ان العولمة تبدو له عبارة عن "الدمج بين معطيات الثورة التقنية العلمية واستراتيجية اعادة هيكلة الراسمالية معا، وان أي عامل من العاملين لا يكفي لتفسيرها لوحده. ينجم عن هذا الدمج ديناميكية تاريخية جديدة تخضع الفضاءات الوطنية التي كان استقلالها قاعدة العمل في الحقبة السابقة، للراسمالية والدولة الوطنية معا، اعني الحقبة الوطنية او

[1] محمد الاطرش، العرب والعولمة ما العمل؟، مجلة المستقبل العربي، العدد 229، مركز دراسات الوحدة العربية، بيروت، 1998، ص101.

[2] د.سيار الجميل، العولمة والمستقبل: استراتيجية تفكير من اجل العرب والمسلمون في القرن الحادي والعشرين، ط1،الاهلية للنشر والتوزيع، عمان، 2000، ص32.

القومية، لاليات تكوين فضاء جديد يتجاوز القوميات ويخترق حدودها التقليدية. وهو فضاء العالمية الذي اشتقت منه كلمة عولمة"[1].

ويعرفها السيد كوفي عنان الامين العام للامم المتحدة "بانها مصطلح يجسد التفاعلات المتزايدة التعقيد بين الافراد والشركات والمؤسسات والاسواق عبر الحدود الوطنية"[2] فالعولمة لديه تضم العديد من التحديات وعلى الدول ان تعي تلك التحديات، فتعمل بصورة جماعية للتقليل من اثارها الضارة، حيث انه ليس بمقدور الدول القومية ان تعمل بصورة منفردة لمجابهة تحديات العولمة المتزايدة. والعولمة تبدو واضحة في نمو التجارة وتزايد معدلاتها والتكنولوجيا وازدياد التدفقات المالية والنمو المتزايد للقوى الفاعلة والمؤثرة في نمو المجتمع المدني الدولي، واتساع نشاط الشركات متعددة الجنسية، فضلا عن الانتشار الواسع الذي احدثته ثورة الاتصالات وعمليات تبادل المعلومات عبر الانترنت. ومن مظاهر العولمة تفشي الامراض والاثار البيئية الضارة و انتشار الجرائم المنظمة عبر الحدود، وهذا يعني ان فوائدها ومضارها موزعة بصورة غير متوازنة ولا متساوية، فاذا كانت تساهم في نمو وازدهار الكثيرين فانها في الكفة الاخرى تعمل على تهميش وتمزيق الاخرين مما يعمل على خلق مجتمع غير مدني،[3] وبهذا يتبين ان الامين العام للامم المتحدة يدعو الى المشاركة في العولمة وليس إلى محاربتها باعتبارها اصبحت قدرا لا مفر منه.

## المطلب الثاني
## ازدهار الشركات متعددة الجنسية في ظل العولمة

[1] برهان غليون/ رهانات العولمة، بحث مسحوب من الانترنت على الموقع: http://www.mafhoum.com ص6.

[2] كوفي عنان/ منع اندلاع الحروب وانتفاء الثروات تحد عالم متنامي (التقرير السنوي عن اعمال المنظمة) 1999، ص71.

[3] انظر المصدر نفسه، ص71.

لقد بدأ المركز القانوني للشركات متعددة الجنسية اكثر وضوحا وتميزا في ظل العولمة من أي فترة زمنية مضت. فالشركات متعددة الجنسية باتت احدى اكبر الجماعات الضاغطة نحو تبني العولمة فكرا و مضمونا، ذلك انها تعدو وبحق المحرك الاساسي للنظام الراسمالي بشقيه الانتاجي "التجارة الدولية والاستثمار الاجنبي المباشر" والمالي"عولمة الأسواق المالية"[1].

فالشركات متعددة الجنسية اصبحت ظاهرة كونية ولها من الامكانات والقدرات ما تتجاوز به الحدود الوطنية للدول، فمنطق الزمان والمكان في ظل العولمة لم يعد يشكل عائقا امام نمو الشركات وازدهارها. فراس المال اصبح عولميا لا تحد حركته حدود فقد اصبح خارج سيطرة الدول بما فيها الدول الكبرى.[2] وانتقال السلع والخدمات كذلك اصبح عولميا، فالشركات متعددة الجنسية في زمن العولمة لم تعد تحت سيطرة فضاء قومي او صناعة واحدة محددة او تحت نظام قانوني معين ينظم تعاملاتها المالية لهذا فقد "نشرت انشطتها في عشرات الدول وهي تحاول الاستفادة من أي ميزة نسبية في أي دولة دون افضلية لبلد المقر القانوني، كما تنتقي كوادرها على اساس الكفاءة والاداء بغض النظر عن جنسية أي منهم. وتحصل على تمويل محلي من كل بلد يمتد اليه نشاطها الذي قد يكون فرعا او شركة مملوكة بالكامل او شركة مساهمة نشأت في ظل القانون المحلي، وتبيع اسهمها لمواطنيه، وتقترض من بنوكه او من الجمهور في شكل سندات، كما تجتذب مدخرات كبيرة من بلدان العالم الثالث من خلال البنوك والبورصات العالمية..."[3].

---

[1] انظر د.مازن عيسى الشيخ راضي/ العولمة والشركات العالمية والاثر المتبادل الشراع والذراع، مجلة كلية بغداد للعلوم الاقتصادية الجامعة، العدد 4، تصدر عن كلية بغداد للعلوم الاقتصادية الجامعة، بغداد، 2001، ص83.

[2] انظر برهان غليون، مصدر سابق، ص6.

[3] يحيى اليحياوي، العولمة:أي عولمة؟ افريقيا الشرق، بيروت، 1999، ص41.

ان عدم استجابة النظم القانونية الداخلية للنشاط المتنامي والمتزايد للشركات في ظل العولمة الذي عكسته الارقام والنسب المئوية للمبيعات والارباح السنوية لها يعكس حقيقة وجوب اخضاعها للقواعد القانونية الدولية، فلقد ازداد عدد الشركات متعددة الجنسية في ظل العولمة، وبالتالي ازدياد سيطرتها على مجمل التجارة الدولية، فلقد زاد عددها من (11.000) شركة تتحكم بـ (82.000) شركة وليدة تزيد مساهمتها على 25% من حجم التجارة عام 1975 الى (37.000) شركة تتحكم بـ (207.000) شركة وليدة تتعامل باكثر من نصف التجارة الدولية عام 1990[1]، زاد بنسبة 75% من حجم التجارة العالمية في نهاية عقد التسعينات من القرن العشرين[2].

وحسب تقرير الاستثمار الذي قدمته لجنة الشركات متعددة الجنسية التابعة للامم المتحدة عام (2000) فان عدد الشركات متعددة الجنسية يزيد على (63.000) شركة ام تدير (690.000) شركة وليدة وان اكبر مائة شركة متعددة الجنسية يعمل فيها اكثر من ستة ملايين شخص تجاوزت مبيعاتها ترليون دولار وتركزت هذه المبيعات في الالكترونيات والمعدات الالكترونية والسيارات والبترول والكيمياويات والمستلزمات الطبية.[3]

ان التحول الكبير على مستوى الاقتصاد الدولي ممثلا بالتحالفات الاستراتيجية والاندماجات الدولية بين الشركات متعددة الجنسية في ظل العولمة عكس حقيقة بروز المركز القانوني الدولي لهذه الشركات، وبين انه من الصعوبة بمكان اخضاعها للقواعد القانونية الوطنية فهذه الاخيرة بما انها محصورة ضمن نطاق اقليمي محدد، غير قادر على الاحاطة بموجة الاندماجات التي تشهدها الشركات متعددة الجنسية، وحيث ان القانون الدولي العام يحتوي على قواعد قانونية

---

1 انظر د.مازن عيسى الشيخ راضي، مصدر سابق، ص90.

2 انظر دان غالين/ أي حركة نقابية في زمن العولمة، بحث مسحوب من الانترنت http://www.maroc.attac.org ص2

3 UN Transnational Corporations, Vol. 9, No.3, December 2000, P 99-101.

صالحة للتطبيق على المجتمع الدولي فهي بالمقابل صالحة للتطبيق على انشطة هذه الشركات وموجات اندماجها.

ومن بين موجات الاندماجات التي تعزز المركز القانوني الدولي للشركات متعددة الجنسية التي حصلت عام 1999 حيث حدث اكبر اندماجين لاربع شركات متعددة الجنسية بترولية عملاقة فالاول حدث بين شركة بريتش بتروليوم وشركة اموكو باسم جديد هو "B.p.Amoco" وبصفقة قيمتها (50) مليار دولار. اما الثاني فقد حدث بين شركة اكسون وشركة موبيل وبصفقة قيمتها (80) مليار دولار[1]. وسوق النفط عموما تسيطر عليها الان اربع شركات متعددة الجنسية بترولية عملاقة وهي "شركة اكسون موبيل وشركة شفيرون-تيكساكو وشركة بريتش بتروليوم وشركة رويال دوتش شل"[2] ولم تقتصر ـ موجة الاندماجات على شركات النفط فحسب بل امتدت لتشمل انواع الشركات كافة. فلقد حصل اندماج بين شركة "تايم وارنر" وشركة "اميركا اون لاين" لخدمات الكومبيوتر نتج عنه تكوين امبراطورية كبرى متعددة الانشطة امتد نشاطها ابتداء من المجلات مرورا بافلام السينما وانتهاء بالانترنت. ويتجاوز دخلها السنوي (30) مليار دولار[3]. وكذلك اندماج شركة "سمث" العملاقة للادوية مع شركة (كلاسكو) واندماج اخطبوط الاتصالات (فود فون) مع (مان سمان) وان كل اندماج اكبر من الاخر يعطي مزيدا من القوة لهذه الشركات ويعزز مركزها على المستوى الدولي[4].

---

[1] انظر د.مازن عيسى الشيخ راضي، مصدر سابق، ص93.

[2] انظر مامون الباقر، الشركات متعددة الجنسية تلغي نفوذ الدولة القومية، بحث مسحوب من الانترنت على الموقع
http://www.albayan.ae/servatt ص4

[3] انظر خالد عبد العزيز الجوهري، الاندماج ما بين الظاهرة والهوس، مجلة السياسة الدولية، العدد 140، مؤسسة الاهرام، القاهرة، 2000، ص177.

[4] Yanuar Nuyroho, The Power of Corporations Towards Good governance , p4

بحث مسحوب من الانترنت على الموقع www.globalpolicy.org

ويذهب "ريكاردو بتريلا" الى القول "بقدر ما تتعولم الشركة بقدر ما تفقد تدريجيا هويتها وسط شبكات الشركات والتحالفات والاسواق"[1].

ان من مستلزمات نجاح الشركات متعددة الجنسية في نشاطاتها المختلفة في ظل العولمة، ان عليها ان تتبنى استراتيجية كونية، متمثلة باستخدام التكنولوجيا المتطورة فتصبح بذلك قادرة على تصنيع منتجات فائقة الجودة والنوعية وذات انماط متميزة فيكون من الصعوبة تقليدها[2]. وتهدف هذه الشركات من خلال استخدام التكنولوجيا المتطورة فضلا عن تنميط منتجاتها بحيث تكون مقبولة عالميا، تسويق قيم ثقافية بحيث تؤثر في طبيعة الدول المضيفة لها، اذ انها تقوم بتركيز السيطرة على التقبل النفسي- للسلع الاستهلاكية بالتعرف على اذواق المستهلكين ورغباتهم[3]، فهي بما تمتلكه من سيطرة عالية على وسائل الاعلام، لها القدرة العالية على ترويج ثقافة العولمة التي "تتمحور حول تطوير وتوصية انماط استهلاكية محاكية للانماط الاستهلاكية الغربية عموما والامريكية خصوصا"[4].

ويؤكد "بيكمور" ان الشركة المتخصصة بانتاج بسكويت "ريتزكراكرز" عندما قامت بعرض هذا البسكويت على شاشات التلفزيون ليصل الى دول العالم، لم يكن اساسه الترويج لتلك السلع من اجل الربح فحسب، بل انها عمدت من خلال ذلك ان تقول "اننا نبيع مفهوما"[5].

وبهذا فان الشركات متعددة الجنسية تعد بحق اهم مؤسسات العولمة وذا مركز قانوني دولي متميز، اذ انها تقوم بالدور الكبير بتعميم الكثير من مفاهيم تلك الظاهرة، حيث تبلغ قيمة مبيعاتها ما يزيد على اجمالي الناتج القومي للعديد من دول العالم متوسط الدخل وخاصة في دول العالم الثالث ولو "تناولنا بالدراسة اضخم

[1] انظر يحيى اليحياوي، مصدر سابق، ص50.

[2] انظر سعد غالب ياسين، مصدر سابق، ص153.

[3] انظر محمد السيد سعيد، الشركات القومية ومستقبل الظاهرة القومية، مصدر سابق، ص57.

[4] انظر د.مازن عيى الشيخ راضي، مصدر سابق، ص96.

[5] انظر مايكل ماتزر واخرون، مصدر سابق، ص43.

مائة اقتصاد في العالم فستجد ان اكثر من 50% منها متمثلة في شركات، والباقي في دول، وان شركة متعولمة واحدة لديها دخل ومبيعات سنوية تفوق مجموع اجمالي الناتج القومي لتسع دول يبلغ تعداد سكانها (550) مليون نسمة، او ما يعادل 10% من تعداد سكان العالم، وتخضع 25% من الموجودات في العالم لهيمنة (300) شركة متعولمة فقط. كما تبلغ الموجودات المجمعة لاكبر (50) مصرفا تجاريا ومؤسسة مالية في العالم ما يعادل زهاء 60% من الاسهم العالمية في راس المال المنتج. هذه السلطات والقوى التي لا يصدق مداها تقع تحت امرة زمرة قليلة اصبح نفوذها اوتقراطيا تفرضه على الدول. وتهمش أية ديمقراطية تحجمها، كما تقف في وجه أي تشريع او حكومة تحاول اعتراض نفوذها او الوقوف بوجه مصالحها المتعولمة"[1].

لقد لجات الشركات متعددة الجنسية في ظل العولمة الى اتباع اسلوب التركيز الشديد في الملكية والسيطرة يقابلها التخصص في وحدات الانتاج الصناعي، فهذه الشركات قد اعادت هيكلية عملها عن طريق تصغيرها حجم اجهزتها الادارية والتخلي عن اسلوب المجمعات الصناعية الضخمة، و بالمقابل فأنها نشرت أنشطتها في الخارج عن طريق انشاء شركات وليدة او تابعة لها او بطريق التعاقد من الباطن.[2]

واخيرا يمكننا القول ان العولمة تعد اهم الاحداث والمنعطفات التاريخية التي ساهمت في ازدهار الشركات متعددة الجنسية وابقائها إلى الآن الوحدة الاقتصادية القادرة على التكييف مع الواقع والتجاذب مع المتغيرات التي تلحق المجتمع الدولي من حين إلى آخر. فالشركات قد اخذت مكانا عظيما في الاقتصاد الدولي فهي لم

---

[1] د.عبد الحي يحيى زلوم/ نذر العولمة: هل بوسع العالم ان يقول لا للراسمالية المعلومالية، عمان، 1999، ص352.

[2] انظر د.اسماعيل صبري عبد الله، العرب والعولمة: العولمة والاقتصاد والتنمية العربية (العرب والكوكبة) بحث مقدم الى ندوة العرب العولمة التي نظمها مركز دراسات الوحدة العربية، بيروت، 1998، ص366.

تعد مجرد وحدات اقتصادية تمارس نشاطا على مستوى دولي فحسب بل امتلكت مفاتيح القوة، فهي في ظل العولمة قد غيرت الكثير من سياساتها المالية والاقتصادية بل وحتى السياسية واصبحت تنافس الدول كلاعب رئيس في العلاقات الدولية، لان امتلاكها امكانات وقدرات هائلة قد مكنها من ان تمارس مختلف الضغوط على حكومات الدول لتحقيق مصالحها مما شهد بالمقابل تراجعا ملحوظا في الدور الوظيفي للدولة داخل اقليمها. وهكذا فان العولمة قد اضفت على الشركات متعددة الجنسية وصف الاشخاص الدوليين لانها برزت مركزها الدولي بصورة واضحة، حيث انها في ظل العولمة اصبحت اقوى من اقوى الدول فما عساها ان تفعل أي دولة تجاه شركة (I.B.M) مثلا، اذا ما ارادت هذه الشركة نقل الوحدة الانتاجية التابعة لها من هذه الدولة الى دولة اخرى الامر الذي يلحق ضررا بالاقتصاد القومي للدولة. امام هذا العجز الذي يزيد يوما بعد يوم للدول بمواجهة الشركات فان اعادة هيكلية مركزها على المستوى الدولي والاعتراف لها بشخصية قانونية دولية محدودة امر تتطلبه ضرورة مراجعة الانشطة المتزايدة للشركات متعددة الجنسية في ظل العولمة.

## المبحث الثاني
## اثر الشركات متعددة الجنسية في الدولة وحقوق الانسان

تطرح الشركات متعددة الجنسية نفسها كقوة هائلة في ميدان العلاقات الدولية، وتمارس عملها من خلال شبكة معقدة من الهياكل التنظيمية في سبيل تحقيق استراتيجية عالمية تتميز بتقسيمات جديدة للعمل فيما بين الشركات بالنسبة لكل وظيفة فيها مما يترتب عليه ان تنشئ نظاما عالميا متكاملا للإنتاج[1].

بينما تطرح الدولة نفسها "ككيان قائم بذاته تجتمع فيه المستويات السياسية والاقتصادية والاجتماعية والثقافية لتؤسس بنية متكاملة على شكل عضوي[2].

اما بالنسبة لحقوق الانسان فانها اصبحت قضية عالمية تهم المجتمع الدولي باخراجها من نطاق الاختصاص الداخلي للدولة الى موضوع خاضع لاحكام القانون الدولي العام وبالتالي تدخل المجتمع الدولي في شؤون الدول التي تنتهك حقوق الانسان باسم التدخل الانساني.[3]

لهذا فان تبيان طبيعة العلاقة بين الشركات متعددة الجنسية من جهة وبين الدولة وحقوق الانسان كل على حدة من جهة اخرى امر يتطلبه ابراز حقيقة المركز الدولي الذي تتمتع به هذه الشركات. لهذا فاننا قد قسمنا المبحث الى مطلبين تناول الاول التغيير الوظيفي للدولة و تناول الثاني اثر هذه الشركات في حقوق الانسان.

---

[1] انظر مامون الباقر، مصدر سابق، ص3.

[2] سعد المتدين، العولمة والدولة القومية اربع طروحات، بحث مسحوب من الانترنت على الموقع http://www.fikrwanakd.aljabriabed.com ص2

[3] للمزيد من التفصيل حول مفهوم التدخل الانساني انظر د.محمد طلعت الغنيمي الاحكام العامة في قانون الامم، مصدر سابق، ص339 كذلك انظر:

Brownlie, L. International Law on the Use of Force by state, Oxford, 1963, P34.

## المطلب الأول
## التغيير الوظيفي للدولة لمصلحة الشركات متعددة الجنسية

تشهد الدولة تحولا تدريجيا في مسارها الوظيفي سواء اكان ذلك من الناحية القانونية ام من النواحي الاخرى. وينتج هذا التحول من خلال تفاعل العديد من العوامل المؤثرة في مستقبلها كدولة مستقلة ذات سيادة في المجتمع الدولي. وهذه العوامل هي التي ساهمت في وجودها - كالعوامل السياسية والاقتصادية والاجتماعية والجغرافية وغيرها- ومع ذلك فان هذه العوامل نفسها سوف تؤدي الى تغيير تلك الوظائف بوجود ضغوط خارجية، تؤثر في مسار تلك العوامل، باتجاه التاثير في وحدة الدولة الوظيفية. تلك الضغوط ممثلة بالشركات متعددة الجنسية والمؤسسات المالية كصندوق النقد الدولي والبنك الدولي ومنظمة التجارة العالمية وثورة الاتصالات والمعلومات الكونية... الخ وتمثل الشركات متعددة الجنسية الضاغط الاكبر نحو تغيير مسار الدولة الوظيفي.

ولغرض الاحاطة بالتغيير التدريجي لنشاط الدولة في ظل العولمة، فان منطق البحث يقتضي- التطرق الى تعريف الدولة كوحدة سياسية وقانونية ضمن نطاق اقليمي معين، بايراد بعض التعاريف التي عرفت بها الدولة واستخلاص عناصرها من هذه التعاريف ومن ثم إعطاء نبذة مختصرة عن الدور التقليدي الذي تمارسه الدولة.

ان كلمة المهتمين بالبحث في المجال القانوني، لم تتفق سواء في نطاق القانون الداخلي العام ام في نطاق القانون الدولي العام حول اعطاء تعريف موحد لها. ذلك ان الدولة مفهوم يكتنفه الغموض والابهام، اذ انها في الواقع "ظاهرة

متعددة الصور والعناصر" وما وضع لها من تعاريف، قد ركز على بعض الصور دون ان يتعرض للبعض الاخر بالبحث والدراسة.[1]

فالدولة كظاهرة اجتماعية وحدث تاريخي ساهم في ايجادها تظافر عوامل جغرافية واقتصادية وسياسية واجتماعية[2]، لذلك يمكن تعريفها بانها "مجموعة من الافراد يقيمون بصفة دائمية في اقليم معين تسيطر عليهم هيئة حاكمة ذات سيادة"[3] وعرفت كذلك بانها "جمع من الناس، من الجنسين معا" يعيشون على سبيل الاستقرار على اقليم معين محدود، ويدين بالولاء لسلطة حاكمة لها سيادة على الاقليم وعلى افراد هذا الجمع"[4]

ومن خلال استعراض هذا التعريف يتبين انها ثلاثة عناصر، بتوافرها تنهض الدولة بوصفها شخصا من اشخاص القانون الدولي العام. وهذه العناصر هي: 1-الشعب 2-الاقليم 3-الهيئة الحاكمة[5].

اذن فتوافر تلك العناصر الثلاثة، تكتمل الدولة ويتاكد وجودها كعضو في المجتمع الدولي. وهنا يجب ابراز الدور التقليدي للدولة حتى يمكن الوقوف على التغيرات التي ستلحق بدور الدولة الوظيفي.

---

[1] انظر د.عصام العطية، مصدر سابق، ص295. كذلك انظر بنفس المعنى سليمان صالح الغويل/ الدولة القومية: دراسة تحليلية مقارنة، ط3، المركز العالمي لدراسات وابحاث الكتاب الاخضر، طرابلس، 1989، ص41-42.

[2] د.حسن الجلبي، القانون الدولي العام، ج1، مطبعة شفيق، بغداد، 1964، ص177.

[3] د.علي صادق ابو هيف، القانون الدولي العام، ج1، ط12، منشاة المعارف الاسكندرية، بدون سنة طبع، ص113.

[4] د.حامد سلطان، القانون الدولي العام في وقت السلم، مصدر سابق، ص33. كذلك أنظر بنفس المعنى د. طعيمة الجرف، نظرية الدولة والاسس العامة للتنظيم السياسي، مكتبة القاهرة الحديثة، 1965،ص333 وما بعدها.

[5] وللمزيد من التفصيل حول عناصر الدولة انظر على التوالي:-

- د. علي صادق أبو هيف، مصدر سابق، ص114 وما بعدها.

- د. حامد سلطان، القانون الدولي العام في وقت السلم، مصدر سابق، ص34 وما بعدها.

- د. عصام العطية، مصدر سابق، ص297 وما بعدها

فمنذ تحول المجتمع الدولي من كيانات سياسية متصارعة فيما بينها الى دول مستقلة ذات سيادة، يرتبط بينها حد ادنى من التنظيم الدولي -وان كان هناك انشطار في بنية هذا المجتمع بقيام الحربين العالميتين - منذ ذلك الحين بدأت الدولة تحتكر وسائل العنف لمصلحتها، وتعمل على تعبئة الجماهير والموارد المادية لمصلحة قضاياها المصيرية فكان دور الدولة انعكاسا لطبيعة التجانس الثقافي والاجتماعي بين افراد شعبها ففي الداخل كانت الدولة باعتبارها ممثلة بالسلطات الثلاث - التشريعية والتنفيذية والقضائية - تقوم بسن القوانين وتشريع السياسات العامة التي تبين طبيعة الايديولوجيا التي تنتهجها الدولة واتخاذ الوسائل والتدابير التي تحافظ على تماسك المجتمع باستئصال عوامل الفوضى واقصائها. وهي فضلا عن ذلك تقوم باصدار السياسات الاقتصادية الكفيلة بتحقيق الاستخدام الكامل والنمو من دون ان يحيق به لولب تضخمي او كساد يعصف بالمجتمع كله. فتوفر بذلك حدا أدنى من الرفاه والرخاء الذي يحفظ للدولة كيانها ويعطي للافراد القدرة في استنهاض الطاقات الذهنية والبدنية في سبيل اعادة النمو للاقتصاد القومي وانعاشه والمحافظة على الحياة العامة للشعب وردع المجرمين بتشريع السياسات العقابية.[1]

وفي اطار العلاقات الدولية، ومنذ معاهدة وستفاليا عام 1648 -التي اعتبرت نقطة تحول في وجود وتطور القانون الدولي العام[2]- اصبحت الدول تمارس اعمالها السيادية بحرية وبمنأى من التدخل في شؤونها من قبل الدول الاخرى وان كانت بصورة متباينة من وقت الى آخر. فنمت تلك العلاقات الدولية على اسس من التعاون في الميادين السياسية والاقتصادية والثقافية والعلمية. اما في ميدان القوة فقد احتكرت الدول لنفسها وسائل العنف والحق في اللجوء الى الحرب. غير ان تطور صناعة الاسلحة بادخال التقنية المتطورة والتكنولوجيا في تصنيعها وتصنيع

[1] انظر طلعت جياد لجي علي الحديدي، مصدر سابق، ص103-104.

[2] للمزيد من الاطلاع انظر د.عبد الحسين القطيفي، في اصول القانون الدولي العام، ج1، مطبعة العاني، بغداد، 1970، ص250.
كذلك أنظر د. حكمت شبر، القانون الدولي العام: دراسة مقارنة بين الفقه الاشتراكي والرأسمالي، ج1، مطبعة دار السلام، بغداد، 1975، ص191.

الاسلحة النووية، جعل من الحرب وسيلة بالية للمحافظة على وجود الدولة بل انها ستلحق الدمار الشامل بالدول المتحاربة. فاصبح اللجوء الى الحرب ضربا من المستحيل اذا كان لدى القيادات السياسية الممتلكة لتلك الاسلحة درجة ادنى من العقلانية، غير ان هذا لا ينفي قيام حروب بالاسلحة التقليدية بين دول الاطراف التي لا تملك الاسلحة النووية والتي يمكن ان نطلق عليها تسمية الحرب بالوكالة لمصلحة القوى العظمى.[1]

وبعد هذا العرض الموجز لعناصر ومقومات وجود الدولة والدور التقليدي الذي تقوم به الدولة يمكن التساؤل في ضوء المستجدات على الساحة الدولية والمتجسدة بالدرجة الاساس ببروز الشركات متعددة الجنسية كقوى عظمى لا يمكن تجاهلها وكقوة تؤثر في طبيعة العلاقة بينها وبين الدول وتاثيرها بالدرجة الاساس في دور الدولة كموجه للنشاط الاقتصادي والسياسي والاجتماعي- اذا ما عرفنا ان الدولة تمثل الاداة السياسية والقانونية المنظمة لشؤون الجماعة – فهل ان ظهور الشركات متعددة الجنسية يعد ايذانا بتراجع الدور المركزي للدولة في العلاقات الدولية ؟ أي عن طريق تخليها عن بعض وظائفها المركزية لمصلحة هذه الشركات وهل ان هذا يعني تاثيرها في دور الدولة الموجه للنشاط الاقتصادي و السياسي والاجتماعي ؟

إن الإجابة عن هذه التساؤلات، تكمن في انحسار دور الدولة في احتكار وسائل العنف وفي اللجوء الى منطق القوة كوسيلة لحسم النزاع لمصلحة الدولة ذات القدرة العسكرية الهائلة، فقد نقل تنظيم العلاقات الدولية من القوة العسكرية المتمثلة بالتحالفات والتكتلات العسكرية الى القوة الاقتصادية المتمثلة بالشركات متعددة الجنسية، التي لها من القدرة الاقتصادية ما يمكنها من الضغط على حكومات البلدان النامية المضيفة لانشطة فروع تلك الشركات. وبهذا فان دور الدولة اخذ

---

[1] انظر بول هيرست وجراهام تومبسون، مسالة العولمة وامكانية التحكم في الاقتصاد الدولي، ترجمة ابراهيم فتحي، المشروع القومي للترجمة، القاهرة، 1999، ص292، كذلك انظر بنفس المعنى برهان غليون، مصدر سابق، ص10.

بالانحسار التدريجي على الرغم من كثرة الاجراءات التي تتخذها البلدان المضيفة، لغرض تنظيم الاستثمار الاجنبي بما يتلاءم والمصالح الوطنية.[1]

فالدولة التي عرفها القانون الدولي العام كشخص رئيس له[2] بدات بوادر ومعالم التغيير تظهر فيها وبدا المجتمع الدولي يسير نحو تبني صياغة جديدة لمفاهيمه القانونية تتلاءم وطبيعة المرحلة المقبلة. وحسب تقرير صدر عن لجنة الامم المتحدة للتجارة والتنمية اشار الى ان "التقييم التقليدي بين الاندماج على مستوى القومية ومستوى الامة يميل الى الزوال، اذ تتطاول الشركات عابرة الاوطان على مجالات كانت السيادة، تقليدا، مجالا خاصا بالحكومات القومية"[3].

فالسلطة الفعلية التي عرفها القانون الدولي العام[4] باتت بيد المجموعات الاقتصادية الكونية والشركات متعددة الجنسية المتعولمة التي يزيد وزنها في بعض الاحيان على وزن الدول والحكومات[5] فكان لكبر حجم تعاملات ومبيعات الشركات متعددة الجنسية اثره في الدور السيادي للدولة، فمثلا نجد ان ايرادات ثلاث عشرة شركة متعددة الجنسية موجودة في هولندا، ووفق تقديرات مجلة فورشن، بلغت "211" مليار دولار في حين ان الناتج المحلي الاجمالي الهولندي لا يزيد على "360" مليار دولار وفي فرنسا قدر ايراد الـ (39) شركة متعددة الجنسية موجودة فيها بـ (880) مليار دولار في حين ان الناتج المحلي الفرنسي قدر بـ (1396) مليار دولار أي ان ايراد الشركات متعددة الجنسية يساوي 59.3% من الناتج

---

[1] انظر جوزيف أ. كاميليري، ازمةالحضارة افاق انسانية في عالم متغير، ترجمة د.فيصل السامر، دار الشؤون الثقافية والنشر، بغداد، 1984، ص178.

[2] لمزيد من الاطلاع انظر د.علي صادق ابو هيف، مصدر سابق، ص113 وما بعدها د.عصام العطية، مصدر سابق، ص292 وما بعدها، د.شارل روسو، القانون الدولي العام، الاهلية للنشر والتوزيع، بيروت، 1982، ص95 وما بعدها.

[3] انظر دان غالين، مصدر سابق، ص1.

[4] انظر د.علي صادق ابو هيف، مصدر سابق، ص121.

[5] انظر انياسيو رامونة، السلطة الخامسة، بحث مسحوب من الانترنت على الموقع http://www.mifo.gov.ps/12.10.03.htm ص3

المحلي الاجمالي لفرنسا[1]. وفي مثال اخر نجد ان شركة "جنرال موتورز" قد بلغ اجمالي ايراداتها عام 1997 نحو (178.2) مليار دولار وهو ما يعادل 320% من الناتج المحلي لمصر ويفوق الناتج المحلي لاغلب الدول العربية، وبهذا من الطبيعي ان يتقلص دور الدولة ازاء هذه الشركات[2].

إذن التنامي المتزايد للقدرة الاقتصادية للشركات متعددة الجنسية والتناقض المتزايد في قدرة الدولة في التحكم في الحياة الاقتصادية فيها قد جعل من المفاهيم القانونية الدولية التقليدية اعجز من ان تواكب هذا التغيير الذي تشهده الدولة وان التمسك بها او بحرفية نصوصها سيجعل من القواعد الدولية مجرد قواعد قانونية جامدة مفرغة من أي محتوى او مضمون، وبهذا فانها ستكون غير ذات مغزى أو ذات دلالة قانونية مفيدة.

ان قدرة الدولة في الوقوف امام تحديات سياسة العولمة المتمثلة بالشركات متعددة الجنسية محدود بقدرة تلك الشركات في التاثير في سلطات فرض الضرائب من خلال تسللها الى مراكز اتخاذ القرارات بهذا الشان كما انها فضلا عن ما تم ذكره تستطيع التاثير في ادوات السياسة الحكومية المتعلقة بالسيادة النقدية وسياسة الاجور وغيرها. والتقليل من فاعليتها كادوات تحد من نشاط تلك الشركات. فامتداد نشاطها في اقليم البلد المضيف يمثل قنوات اتصال تتسلل عبرها قوانين ومفاهيم وثقافة بلد المركز الى بلد اخر فتؤثر في مبدأي السيادة الوطنية والمساواة[3].

من جانب اخر فان افتقار العديد من الدول الى امكانية الحصول على الموارد المالية اللازمة والموارد التكنولوجية والادارية المتطورة، التي تمتلكها الشركات

---

[1] انظر بهجت محمد ابو النصر، التحول في دور الدولة واعادة اكتشاف الحكومة، مجلة الوحدة الاقتصادية العربية، العدد (24)، تصدر عن الامانة العامة لمجلس الوحدة الاقتصادية العربية، 1987، ص112.

[2] انظر المصدر نفسه، ص108.

[3] انظر مايكل تانزر واخرون، مصدر سابق، ص79. كذلك انظر بنفس المعنى د.محمد السيد سعيد، الشركات متعددة الجنسية واثارها الاقتصادية والاجتماعية والسياسية، مصدر سابق، ص6.

متعددة الجنسية قد اثر في الاختيارات الاقتصادية المتاحة امام البلدان المضيفة بفعل علاقة التبعية التي تربط الدول المضيفة بالاستثمارات الاجنبية، هذا الى جانب انكماش قدرتها في السيطرة على الاقتصاد القومي للبلاد[1].

لم يعد الاعلام من رموز السيادة، فالسيادة التي عرفها القانون الدولي العام وقال بنسبيتها العديد من فقهاء القانون الدولي العام[2] بدات تفقد الكثير من معالمها وبدا تحجيمها من قوى العولمة واضحا وخاصة من قبل الشركات متعددة الجنسية[3]، فلقد امتدت سيطرتها في ظل العولمة على وسائل الاعلام، واصبحت الشركات العملاقة في مجال الاعلام من امثال "نيوزكروب، فياكوم، تايم وارنر، جنرال الكترك، ميكروسوفت، برتلسمان، يونايتد غلوبل كوم، ديزني، تلفونيكا، مجموعة ار تي ال، فرانس تلكوم وغيرها" تمتلك امكانات جديدة للتوسع بفضل التطور التكنولوجي. فهي تمتاز بفضل العولمة بميزتين "أولهما:- الاهتمام بمختلف اشكال المكتوب والمرئي والمسموع وبثها عبر اقنية متعددة من الصحافة المكتوبة والاذاعات والتلفزيونات الى الكوابل والبث الفضائي او عبر الانترنت ومختلف اقنية البث الرقمي.

اما الثانية:- فهي كون هذه المجموعات عالمية الطابع كونية وليست وطنية او محلية"[4]. فتقانة المعلومات قد مكنت الافراد من معرفة الاحداث العالمية بسرعة هائلة، حتى لو كان وقوع الحرب او الحدث في اماكن نائية او دول معزولة، حيث

---

[1] انظر جوزيف أ كامليري، مصدر سابق، ص179. كذلك انظر د.هالة مصطفى/ العولمة: دور جديد للدولة، مجلة السياسة الدولية، العدد (134)، مؤسسة الاهرام، القاهرة، 1998، ص45.

[2] لمزيد من التفصيل عن هذ الموضوع انظر د.عامر الجومرد، السيادة، مجلة الرافدين للحقوق، العدد (1) كلية القانون -جامعة الموصل، 1996، ص158 وما بعدها، انظر د.سامي السعد، مبدا السيادة في القانون الدولي العام، مجلة القانون المقارن، العدد (5)، 1972، ص189 وما بعدها، كذلك انظر:

Cavare, L. "Droit International Public postitif", 3ed, t1. Paris, 1969, p332-333.

[3] Kanishka Jayasuriya, Globalization, law, and the Transformation of sovereignty: the Emergence of Global Regulatory Governance, Global legal studies Journal, vol.6:425. 1999. P426.

[4] ايناسيو رامونة، مصدر سابق، ص2.

بامكان المراسل الذي يتوافر لديه لاقط قمر صناعي ان يقوم بارسال تقاريره المصورة من خلال لاقطه المحمول لتتلقاها جميع الوسائل الاعلامية التي لديها اشتراك مع هذه الوكالات والشركات العالمية بفترة وجيزة لا تتجاوز العشر دقائق.[1] وهذا يعني ان الدولة لم يعد بامكانها ممارسة اعمالها السيادية على ما يقع داخل اقلمها من احداث.

ووفقا لما ينص عليه القانون الدولي العام، فالدولة قد فقدت قدرتها بالتحكم والرقابة في تدقيق الاخبار والبيانات من والى اقليمها لمصالح الشركات متعددة الجنسية.

وحول الكلام عن تراجع دور الدولة امام الشركات متعددة الجنسية، فلقد استشهد مؤلفا كتاب "الوصول الى الكونية" بمقولة رئيس شركة التجارة العالمية للكومبيوتر (I.B.M) بوصفه الحدود القومية التي تصل بين دولة واخرى بأنها حدود لم تعد واقعية، بل انها اصبحت وهمية حالها حال خط الاستواء[2]، اذا ما عرفنا ان الحدود في القانون الدولي العام تعرف بانها "هي الخط الذي يحدد اين تبدا واين تنتهي الاقاليم التي تخضع لدولتين مختلفتين جارتين... والحدود المعاصرة هي خط يفصل الاقاليم التي تمارس عليها سيادتين مختلفتين"[3]

في حين يزيد كل من "هورسمان ومارشال" في قولهما "إن عصر الدولة القومية قد انتهى" وان قدرة الدولة في التحكم على المستوى القومي، قد اصبح باليا وغير فعال في مواجهة التغيرات التي نتجت من العمليات الاقتصادية والاجتماعية المعولمة. فراس المال نظرا لطبيعته المتحركة لا تحده الحدود القومية، فموقعه

---

[1] انظر الصادق رابح، وسائل الاعلام والعولمة، مجلة المستقبل العربي، العدد(243) مركز دراسات الوحدة العربية، بيروت، 1999، ص25. كذلك انظر د.محمد شومان، عولمة الاعلام والسيادة الوطنية، مقال مسحوب من الانترنت على الموقع http://www.suhuf.net ص3.

[2] انظر مايكل تانزر واخرون، مصدر سابق، ص12. كذلك يستشهد هذان الكاتبان بما تضمنته مجلة "Business International" بقولها "ان الامة -الدولة اصبحت بالية وغدا ستصبح ميتة بكل ما في الكلمة من معنى" نفس المصدر والصفحة.

[3] Patriek daillier, Alain pellet. Op, cit, p162.

الجغرافي يتعين حيثما تكون القدرة في استثماره. وقوى السوق قد عملت على التقليل من "السياسات القومية والخيارات السياسية" على اعتبار ان قوى السوق تمتلك من القدرة ما يجعلها اقوى من اقوى الدول. وبالتالي فان دور الدولة سينحصر في تقديم الخدمات الاجتماعية والعامة التي تحتاجها الشركات متعددة الجنسية كبنى تحتية لها وبكلفة اقل فتعمل الدولة طبقا لهذا الوصف بتشريع القوانين الكفيلة بالقيام بذلك الدور[1].

ويرى البعض امثال "اوهمي" و "رايش" "ان الدولة القومية قد صارت السلطات المحلية للنظام الدولي فهي لم تعد تستطيع على نحو مستقل ان تؤثر في مستويات النشاط الاقتصادي او العمالة داخل حدود اراضيها، لان هذه المستويات تمليها اختبارات راس المال حر الحركة عالميا وتشبه مهمة الدولة القومية بمهمة المجالس المحلية او البلدية ضمن حدود الدول حتى الان: أي تقديم البنية التحتية والخدمات العامة التي تحتاجها الاعمال الاقتصادية باقل كلفة ممكنة"[2] ويزيد "اوهمي" بوصفه الدولة القومية بأنها "... وحدة غير طبيعية. بل انها مختلة وظيفيا لدرجة تجعلها اعجز من ان يناط بها مهمة تنظيم النشاط الانساني"[3].

ولا يختلف "ملجان" في دعواه عنهما، اذ يرى ان السياسة القومية في أي بلد من البلدان المتقدمة اخذت بالفتور. فالقضية اليوم لم تعد قضية حرب او سلام او صراع طبقي ولا حتى تعبئة الجماهير القومية من اجل مسألة تمس كيان الدولة. فالدولة لم تعد إلا مجالس محلية وظيفتها تقديم البنى الارتكازية التي تعمل عليها القوى السياسية والاقتصادية والاجتماعية المعولمة. وينتهي قائلا الى ان "الدولة الان اقل استقلالا وتمتلك درجة اقل من التحكم الذي لا ينازع في العمليات

[1] انظر بول هيرست وجراهام تومبسون، مصدر سابق، ص257.
[2] المصدر نفسه، ص257.
[3] د.ريتشارد هيجوت، مصدر سابق، ص4.

الاقتصادية والاجتماعية داخل حدود اراضيها. وهي اقل قدرة على صيانة التميز القومي والتجانس الثقافي"[1].

ويرى الاستاذ "جلال امين" انه "كما حلت الدولة محل الاقطاع تدريجيا منذ خمسة قرون، تحل اليوم الشركات متعددة الجنسية تدريجيا محل الدولة والسبب في الحالتين واحد هو التقدم التقني وزيادة الانتاجية والحاجة الى اسواق اوسع....."[2].

هذا التغيير في دور الدولة انعكس على ما يسمى بالاختصاص الداخلي او الاختصاص الوطني المانع وبموجبه تحتكر الدولة اصدار القوانين الداخلية التي تحكم السياسة العامة الداخلية والخارجية للبلد[3]، فالدولة اصبحت اليوم - مجبرة على تعديل قوانينها - بما يخدم ومصلحة الشركات متعددة الجنسية وخاصة تلك المتعلقة بالضرائب والتجارة والانفاق الحكومي. فالدولة لم تعد تمتلك القدرة في احتكار القوانين وسنها بل بدأت إصدارات القوانين عبارة عن املاءات من الخارج واضحت القوانين الداخلية تسير نحو التوحيد اذ ان هذه القوانين يجب ان تكون متفقة مع قوانين المنظمات الدولية وخاصة منظمة التجارة العالمية، فالقوانين التي تضعها منظمة التجارة العالمية تكون ذات نفاذ على اقليم الدولة المنظمة اليها على اساس سمو القاعدة القانونية الدولية على القاعدة القانونية الوطنية. والدولة التي تخالف فانها تتعرض لعقوبات متنوعة.[4]

---

[1] بول هيرست وجراهام تومبسون، المصدر السابق، ص259-260.

[2] جلال امين/ العولمة والدولة/ مجلة المستقبل العربي، العدد (228)، مركز دراسات الوحدة العربية، بيروت، 1998، ص25.

[3] لقد ثار جدل فقهي حول تحديد معنى الاختصاص الداخلي بين فقهاء القانون الدولي العام نظرا إلى اتساع معناه، وحول الاراء الفقهية في تحديد معنى الاختصاص الداخلي انظر تباعا:

- د.محمد سعيد الدقاق، المنظمات الدولية (العالمية والاقليمية)، مصدر سابق، ص93 وما بعدها
- د.مفيد محمود شهاب، المنظمات الدولية، ط2، دار النهضة العربية، القاهرة، 1974، ص125 وما بعدها.
- Joseph Nisot, Art2 part7 of the United Nations charter, A.J.I.L, vol.43, October 1949, p776-777.

[4] انظر د.كامل ابو صقر، العولمة التجارية والادارية والقانونية، رؤية اسلامية، ط1، دار الوسام، بيروت، 2000، ص416-417.

ويوجد الان اجماع على ان الشركات متعددة الجنسية هي اللاعب الرئيس في الاقتصاد الدولي اليوم، كما انها تعد الاداه شبه الوحيدة لتصدير العمليات الانتاجية من الدول المتقدمة الى الدول النامية، أي انها الاداء الوحيد لتدويل الانتاج وعولمته، فضلا عن ان هناك اجماعا بان الشركات متعددة الجنسية بدات تفقد ما تبقى من هويتها ان لم تكن قد فقدتها تماما.

ففي السابق كان الشخص عندما يشتري بضاعة يتفحص هل مكتوب عليها مثلا "made in Japan, made in Germany , made in U.S.A" "لان بلد الصنع يعني الكثير لمواصفات السلع التي نريد شراءها" لكن الوضع في ظل العولمة اختلف فلم يعد معنى للقول هل ان هذه البضاعة امريكية او فرنسية او المانية او يابانية وتحولت العبارة في ظل العولمة الى "made by I.B.M, made by Toshiba, made by Nike, made by Puma"[1].

وهكذا يتضح أن كثيرا من رموز السيادة الوطنية بدأ بالزوال والأفول التدريجي ببروز هذه الشركات ونموها وازدهارها، فقد تمخض عنه تقليص دور الدولة وتهميشه في الكثير من ميادين الحياة وخاصة الاقتصادية منها. فهذه الشركات فرضت نفوذها وقوتها على الدولة ليس من خلال الحرب والاسلحة وانما من خلال سيطرتها على حركة وموازين القوة الاقتصادية ومتطلبات السوق واضحت البضاعة المصنعة لا تعكس اصالة البلد الذي انتجت فيه وانما تعكس استقلالية الشركات متعددة الجنسية اكثر فاكثر عن الدول الموجودة فيها.

وفي تقرير صدر عن الامم المتحدة رصد فيه قوة الشركات متعددة الجنسية بانها تتمتع بالنفوذ والثروة والقدرة على ادارة الموارد بشكل يفوق قدرات الدول. ويرد هذا التقدير قدرة هذه الشركات وقوتها الى امرين:

**الأول:** تمتاز هذه الشركات بجملة خصائص تمكنها من التكيف مع البيئة الاقتصادية والاجتماعية التي تعمل فيها.

---

[1] أنظر د. حسن حنفي، د. صادق جلال عظم، مصدر سابق، ص146.

**وثانيا:** تعدد الانشطة التي تقوم بها هـذه الشركات مـما يعنـي هيمنتهـا عـلى الاصـول الانتاجيـة الخارجية من خلال مجموعة متباينة من الترتيبات غـير المتعلقـة بحقـوق الملكيـة الفكريـة كالتعاقـد مـن الباطن مثلا او منح الامتيازات او التراخيص او اقامة تحالفات استراتيجية.[1]

ولم يتوقف نشاط الشركات متعددة الجنسية بانتزاع الرموز السيادية للدولة عند هـذا الحـد، بـل امتد ليشمل الامن الداخلي والامن الاجتماعي والسياسي. فبالنسبة للامن الـداخلي فـان الشركـات متعـددة الجنسية بدأت تعتمد على نظم أمن خاصـة امـا تمتلكهـا او تسـتاجرها مـن شركـات متخصصـة تسـتخدم احدث الاساليب الالكترونية فهي بذلك لم تعد بحاجة للجوء الى الشرطة.

اما بالنسبة للامن الاجتماعي والسـياسي، فانـه لا يمثـل الان ضرورة ملحـة. فنزاعـات العمـل التـي تحدث بين العمال والشركات. لا تتدخل الحكومات لتسويتها وانما يقتصر دورها في تقريب وجهـات النظـر فيما بين الاطراف المتنازعة بتوسطها بين نقابات العـمال وادارة الشركـات حيـث انهـا تنظـر الى الامـر عـلى اساس انه امر تعاقدي يدخل ضمن عقود العمل الجماعي. والقضاء هو الاخر تم الاستغناء عنه. فالشركات متعددة الجنسية في كل العقود التي تبرمها تشترط في حالة حدوث نزاع فانه يصار اللجـوء الى التحكـيم في اقصر وقت ممكن.[2]

وعليه انه لمن المغالاة القول بفناء الدولة في ظل العولمة وحلول الشركات متعددة الجنسية محلها، بل انه سيدخل عليه بعض التغيرات لمصلحة الشركات متعددة الجنسية، وخاصة في بعض الوظائف، حيث اصبحت الشركات ممتلكة لنظم امنية وبريدية خاصـة بهـا وليسـت مرتبطـة بالدولـة. كـذلك فـان لهـذه الشركات نظاما نقديا خاصا بها عن طريق قدرتها في اصـدار بطاقـات الائـتمان التـي لا تقـع تحـت اشراف الحكومات. وبهذا زال حق من اهم حقوق الدولة السيادية في مجال الانفراد

[1] انظر مامون الباقر، مصدر سابق، ص3.

[2] انظر بهجت محمد ابو النصر، مصدر سابق، ص112-113.

في اصدار عملة النقود. فضلا عن ذلك فان الشركات متعددة الجنسية بدات تستولي على المرافق العامة والخدمات العامة التي استأثرت بها الدولة سابقا من خلال تحويل القطاع العام الى قطاع خاص[1]. اذن فدور الدولة لـن يختفـي ولكـن سـتدخل عليـه تغيـرات جوهريـة وملموسـة في الوظـائف الاساسية والتقليديـة للدولـة على اساس ان جـزءا مـن تلـك الوظـائف بـدأ يعطـى للشـركات متعددة الجنسية وللمؤسسات والمنظمات الدولية.[2]

فالدولة تبقى شخصا من أشخاص القانون الـدولي العـام ولهـا دور محـوري في العلاقـات الدوليـة. والشركات متعددة الجنسية بما لها من قـدرة وقـوة في التـاثير الا انهـا لا تسـتطيع الاسـتغناء عـن الدولـة، فالاخيرة تمثل القاعدة التي تنطلق منها الشركات متعددة الجنسية، غير ان الدور الذي ثبـت للدولـة منـذ معاهدة وستفاليا عام 1648م والذي تاصل داخل كيانها بدأ في ظل العولمة وعلى يـد الشـركات متعددة الجنسية بالتغيير نحو الانحسار المتزايد. فالمركز الدولي للشركات متعددة الجنسية بدأ بالتزايد على حساب انحسار المركز الدولي للدولة. وهذا يعني ان الاعتراف بالشخصية القانونية الدولية للشركات امـر لا مناص منه في ظل الاوضاع الدولية الراهنة من جهة وفي المحافظة على توازن بيئة المجتمع الدولي من جهة اخرى.

[1] للمزيد من الاطلاع عن تحول القطاع العام الى قطاع خاص انظر

UNCTAD, comparative Experiences with Privatization, United Nations Publication, February, 1996, p13-16.

كذلك أنظر د. أحمد محمد محرز، النظام القانوني للخصخصة: تحول القطاع العام الى شركات القطاع الخاص، منشأة المعارف، الاسكندرية، 2003،ص117 وما بعدها.

[2] انظر د.رسلان خضور، د.سمير ابراهيم حسن، مصدر سابق، ص13. كذلك انظر بهجت محمد ابو النصر، مصدر سابق، ص113-114.

المطلب الثاني
اثر الشركات متعددة الجنسية في مجال حقوق الانسان

توجد هناك فجوة كبيرة ما بين التصور القانوني لحقوق الانسان وحرياته الاساسية التي جاءت بها المواثيق والاتفاقيات الدولية وخاصة ميثاق الامم المتحدة[1] والاعلان العالمي لحقوق الانسان والعهد الدولي الخاص بالحقوق المدنية والسياسية والعهد الدولي الخاص بالحقوق الاقتصادية والاجتماعية والثقافية وغيرها من الاتفاقيات الدولية الخاصة بحقوق الانسان، وما بين الواقع الفعلي المتمثل بممارسة الشركات متعددة الجنسية لانشطتها المختلفة على ارض الواقع. فهناك انتهاكات خطيرة لحقوق الانسان وخاصة في الدولة المضيفة لها.

ولقد اصدرت اللجنة الفرعية لحقوق الانسان في دورتها الحادية والخمسين قرارا بعنوان "العولمة واثرها على التمتع الكامل بجميع حقوق الانسان" جاء فيه "واذ تعرب عن ضرورة تحقيق التعاون الدولي على تعزيز وتشجيع الاحترام لحقوق الانسان للجميع دون تمييز، وان تدرك ان ظاهرة العولمة ليست مجرد عملية اقتصادية بل لها ايضا أبعاد اجتماعية وسياسية وبيئية وثقافية وقانونية ذات اثار ملموسة على التمتع الكامل بجميع حقوق الانسان"[2] وحيث ان الشركات متعددة الجنسية تعد اهم وسائل العولمة فهي الاخرى لها اثار ملموسة على التمتع الكامل بجميع حقوق الانسان.

ولقد وصف الامين العام لمنظمة العفو الدولية السيد "بال بيرسين" الشركات متعددة الجنسية بانها اللاعب الرئيس في قضية حقوق الانسان بقوله "بالتاكيد، طالما ان لها نشاطات كبيرة في كل قارة وتوظف أعدادا هائلة من الناس، فان هذه

---

[1] انظر المواد (1، 2، 55، 56) من ميثاق الامم المتحدة.

[2] انظر القرار 8/1999 الصادر من اللجنة الفرعية لتعزيز وحماية حقوق الانسان التابعة للامم المتحدة والمسحوب من الانترنت على الموقع:

http://www.1.umn.edu/humanrts/arab/sub1999.8.htm ص1.

الشركات الكبرى تتحمل مسؤولية هائلة اجتماعيا تجاه الاف العمال الـذين يعملـون في مصانعها، وسياسيا تجاه حكومات البلدان الثرية، حيث توجد مكاتبها الرئيسية، وتجاه البلدان الفقيرة التي عـادة مـا تكون اقتصاداتها الوطنية اصغر من اجمالي عائدات شركة متعددة الجنسية"[1].

لقد اخذت انشطة الشركات متعددة الجنسية في انتهاكها لحقوق الانسان مستويات متعددة فهي لم تقتصر على حق دون اخر وانما تكاد تشمل جميع حقوق الانسان. فعلى صعيد الحق في العمل نـرى ان الشركات متعددة الجنسية قامت بتسريح الاف العمال ومارست ضغوطا كبيرة عـلى حكومـات الـدول المضيفة بغية التقليل من شان النقابات والاتحادات العمالية، ان لم يكن الغاء دورها تماما.

واذا ما اجرينا مقارنة ما بين التصور القانوني والواقع الفعلي وجدنا الانتهاكات الخطيرة لحقوق الانسان من قبل الشركات متعددة الجنسية فمثلا نجد ان (ف/1م23) من الاعلان العالمي لحقوق الانسان تنص على "لكل شخص حق في العمل وفي حرية اختيـار عملـة وفي شروط عمـل عادلـة وفي الحمايـة مـن البطالة" في حين تنص (ف/2م23) ن نفس الاعلان على "لجميع الافراد دون تمييز الحق في اجر متساو على العمل المتساوي" كذلك نصت (ف/1م6) مـن العهـد الـدولي الخاص بـالحقوق الاقتصادية والاجتماعيـة والثقافية على "تعترف الدول الاطراف في هذا العهد بالحق في العمل، الذي يشمل ما لكل شخص من حق في ان تتاح له امكانية كسب رزقه بعمل يختاره او يقبله بحرية، وتقوم باتخاذ تدابير مناسبة لصون هذا الحق"[2]. وكذلك وضعت اللجنة الفرعية لتعزيز وحماية حقوق الانسان التابعة للامم المتحدة عـدة قواعـد متعلقة بمسؤولية الشركات متعددة الجنسية ومؤسسات الاعمال

---

[1] بال بيير سين، العولمة والشركات متعددة الجنسية تهدد حقوق الانسان، مقال منشور في مجلة البيان ومسحوب من الانترنت على الموقع http://www.albayan.com ص2.

[2] انظر المادة (6) من العهد الدولي للحقوق الاقتصادية والاجتماعية والثقافية والمـادة (22) مـن العهـد الـدولي الخاص بالحقوق المدنية والسياسية والمادة (15) من الميثاق الافريقي لحقوق الانسان وكذلك المواد (17-18-19) من مشروع الميثاق العربي لحقوق الانسان.

في حقوق الانسان. وقد جاء في المادة (5) منها ما ياتي: "لا يجوز ان تلجأ الشركات غـير الوطنيـة وغيرهـا مـن مؤسسات الاعمـال الى اسـتخدام السـخرة او العمـل الجبري المحظـور في الصكوك الدوليـة والتشريعـات الوطنية ذات الصلة، وكذلك في القانون الدولي لحقوق الانسان والقانون الانساني الـدولي" امـا المادة (7) منه فقد نصت على "توفر الشركات عبر الوطنية وغيرها من مؤسسات الاعمال بيئـة عمـل امنـة وصحية على النحو المنصوص عليه في الصكوك الدولية والتشريعات الوطنية ذات الصلة وكذلك في القانون الدولي لحقوق الانسان والقانون الانساني الدولي" في حين ان المادة (8) نصت على ان "تدفع الشركات عـبر الوطنية وغيرها من مؤسسات الاعمال للعاملين فيها اجورا تضمن لهم ولاسرهـم مسـتوى معيشـة لائقـا. ويجب ان تراعي هذه الأجور مراعاة تامة احتياجـاتهم لتـوفير ظـروف معيشية ملائمة بهـدف تحسينها تدريجيا"[1].

كذلك فقد تضمنت الاتفاقيتان المنبثقتان عن منظمة العمل الدولية وهما اتفاقية الحرية النقابية وحماية حق التنظيم "المرقمة 87 لعام 1948" واتفاقية تطبيق مبادئ حـق التنظيم والمفاوضـة الجماعيـة "رقم 98 لعام 1949" تضمنتا الحق في تشكيل النقابات العمالية والاتحادات المهنية وان يعطى لهم الحـق الكافي في التنظيم من حيث (تكوين وعقد الاجتماعات واجراء المفاوضات وغيرها مـن الامور التـي تكفـل حقوق العاملين)[2].

غير ان الامر في الممارسة يختلف عما هو مدون في النصوص، فعلى سبيل المثال نجد ان العامـل الذي يعمل في الشركة الموجودة في بريطانيا ينال اجرا اكثر

[1] انظر الاعلان المتعلق بقواعد مسؤوليات الشركات عبر الوطنية وغيرها من مؤسسات الاعمال في مجال حقوق الانسان. مسحوب من الانترنت على الموقع
http://www.umn.edu/humanrts/arab/commentary-Any2003.htm ص5-7.
[2] انظر الشركات متعددة الجنسية ودور الاتحادات المهنية في مواجهة سياساتها. مصدر سابق، ص6.

من ذلك الذي يعمل في شركة تابعة في المكسيك وذلك بفارق (2.5) مرة في الساعة و(9) اضعاف نظيره الذي يعمل في سريلانكا.[1]

وعلى صعيد الممارسة النقابية نجد انه في سيريلانكا تقوم هيئة الاستثمار الحكومية بانشاء مجالس خاضعة لسيطرة الشركات متعددة الجنسية، مهمتها التخلص من العمال الذين يحاولون تشكيل اتحادات حقيقية. وفي الصين لا يختلف الامر في شئ فالعمال الذين يحاولون تشكيل اتحادات مستقلة يتعرضون للطرد والمضايقة والسجن.[2]

وفي النمور الاسيوية (سنغافورة-تايوان-تايلند-ماليزيا- كوريا الجنوبية-الفلبين-اندونيسيا) فالشركات تقوم بالتدخل المباشر في علاقات العمل وتحرم العمال الكثير من الحقوق وتتباطأ في اعطائهم المزايا والمكاسب المتفق عليها مسبقا. ففي كوريا الجنوبية مثلا نجد ان الحكومة الكورية الجنوبية ما زالت لا تعترف بشرعية نقابات عمال كوريا وتنزل عقوبات قاسية بالعمال الذين يشتركون في مظاهرات الاحتجاج. وفي بورما واندونيسيا لا تزال عمليات قتل النقابيين وانتهاكات حقوق الانسان مستمرة.اذ كانت محاكمة القائد الاندونيسي "مختار باكياهان" مثالا واضحا لقيام السلطات الاندونيسية بخرق الحريات النقابية[3] وكذلك فان هذا العمل يخرق ما جاء به اعلان اللجنة الفرعية لتعزيز وحماية حقوق الانسان حول القواعد مسؤولية الشركات متعددة الجنسية اذ نصت المادة (9) منه "على الشركات عبر الوطنية وغيرها من مؤسسات الاعمال ان تكفل للعاملين فيها الحرية النقابية، والاعتراف الفعلي بالحق في المفاوضة الجماعية من خلال حماية حقهم في العمل النقابي

---

[1] انظر عماد خليل ابراهيم/ القانون الدولي لحقوق الانسان في ظل العولمة، رسالة ماجستير مقدمة من كلية القانون، جامعة الموصل، 2004، ص98.

[2] انظر لانس كومبا، لا بد من الربط بين التجارة الحرة وحقوق الانسان، بحث مسحوب من الانترنت على الموقع http://www.alwatan.com ص1.

[3] انظر المؤتمر العام العاشر/الوضع النقابي الدولي (1994-1999) مسحوب من الانترنت على الموقع http://www.lcatu.org/conf.7.htm ص8 كذلك انظر Clavde K. Apokavi, op., cit., p 1-3

والانضمام الى منظمات يختارونها بانفسهم، على الا يخضع ذلك الا للوائح المنظمة المعنية، دون تمييز او دون الحصول على اذن مسبق او تدخل في شؤون عملهم وذلك لاغراض حماية مصالحهم المهنية وغير ذلك من اغراض المفاوضة الجماعية على نحو ما تنص عليه التشريعات الوطنية والاتفاقات ذات الصلة لمنظمة العمل الدولية"[1].

وعلى صعيد الحياة السياسية نجد ان الشركات متعددة الجنسية قد تغلغلت الى مراكز اتخاذ القرار فعجز الدول من اصدار قوانين تحكم بانشطة الشركات متعددة الجنسية لاتؤدي إلى إضعاف الدولة نفسها فحسب وانما الى اضعاف كل المؤسسات التي تعمل داخل الدولة من برلمان واحزاب سياسية واتحادات نقابية او بعبارة اخرى كل ادوات التحكم الديمقراطي الممكن او الفعلي[2]. حيث انها قامت بافعال تتنافى واعلان قواعد المسؤولية التي وضعتها اللجنة الفرعية لتعزيز وحماية حقوق الانسان فلقد نصت المادة (11) منه "تمتنع الشركات عبر الوطنية وغيرها من مؤسسات الاعمال عن تقديم رشوة او أي اكرامية اخرى في غير محلها او عن قطع وعد بتقديمها او منحها او قبولها او التسامح ازاءها او الاستفادة منها عن علم او طلبها، ولا يجوز ان يطلب او يتوقع منها ان تقدم رشوة او اكرامية في غير محلها الى أي حكومة او مسؤول حكومي او مرشح لوظيفة انتخابية او أي فرد من افراد القوات المسلحة او افراد الامن او أي فرد اخر او منظمة اخرى. كما تمتنع عن القيام باي نشاط يدعم او يحض او يشجع الدول او أي كيانات اخرى على

---

[1] انظر القواعد المتعلقة بمسؤوليات الشركات عبر الوطنية وغيرها من مؤسسات الاعمال في مجال حقوق الانسان، مصدر سابق، ص7-8. وكذلك انظر (ف4/م23) من الاعلان العالمي لحقوق الانسان والمادة (8) من العهد الدولي الخاص بالحقوق الاقتصادية والاجتماعية والثقافية والمادة (22) من العهد الدولي الخاص بالحقوق المدنية والسياسية.

[2] انظر دان غالين، مصدر سابق، ص2.

انتهاك حقوق الانسان وعليها، بالاضافة الى ذلك ان تسعى الى ضمان عدم استخدام السلع والخدمات التي توفرها في انتهاك حقوق الانسان"[1].

وعلى الرغم مما هو مدون في النصوص فلقد قامت الشركات متعددة الجنسية بأفعال سابقة او لاحقة على هذا الاعلان وفي مختلف الوثائق والاتفاقات الدولية الخاصة بحقوق الانسان حيث انها قامت بارشاء المسؤولين في الدولة وشراء ذممهم من اجل تحقيق مصالحها ففضيحة شركة (لوكهيد) لبيع الطائرات خير دليل على ذلك فلقد امتدت شبكة الرشاوي فيها من هولندا وايطاليا واليابان وانتهاءا بالعديد من الدول النامية وخاصة البترولية منها، ولقد كان وراء كشف هذه الفضيحة اللجنة الفرعية لمجلس الشيوخ الامريكي المكلفة حينها بمراقبة نشاط الشركات متعددة الجنسية حيث كشفت هذه اللجنة ان شركة (لوكهيد) قد دفعت ما لا يقل عن (12) مليون دولار كرشاوي للمسؤولين السياسيين في تلك الدول[2].

فالشركات تعمل على افساد الحياة السياسية بافساد ممثليها وارشائهم بغية ابعاد منافس او الحصول على عقد من غير امتلاكها لشروط المفاضلة، وان افساد ممثل الدول حرمته اتفاقية فينا لقانون المعاهدات واعتبرت المعاهدة المبرمة على اساسه باطلة ويحق للدولة التي وقعت ضحية المطالبة بانهاء المعاهدة[3]. بل ان الامر امتد الى ابعد من ذلك فلقد اصبح رؤساء الدول والحكومات يحملون عقودا تجارية لخدمة الشركات متعددة الجنسية في زياراتهم الخاصة بغية الحصول على منافع شخصية له او لحزبه فليس من المبالغة القول ان اكبر الساسة هم "مندوبي مبيعات"[4].

---

[1] انظر القواعد المتعلقة بمسؤوليات الشركات عبر الوطنية وغيرها من مؤسسات الاعمال في مجال حقوق الانسان، مصدر سابق، ص9.

[2] انظر فائز محمد علي، مصدر سابق، ص71، د.فاضل حمه صالح الزهاوي، المشروعات المشتركة وفقا لقوانين الاستثمار جامعة صلاح الدين - اربيل، 1990، ص105.

[3] انظر المادة (50) من اتفاقية فينا لقانون المعاهدات لعام 1969.

[4] انظر د.اسماعيل صبري عبد الله، الكوكبة: الراسمالية العالمية في مرحلة ما بعد الامبريالية، مصدر سابق، ص20.

ولم يتوقف عمل الشركات متعددة الجنسية عند افساد وارشاء الرموز السياسية للعديد من الدول، وانما امتد عملها ليشمل التدخل المباشر في شؤون الدول وهو امر يحرمه القانون الدولي العام، اذ ان مبدأ عدم التدخل يشكل احد الاعمدة الثلاثة مع (مبدأ السيادة ومبدأ المساواة) الذي يرتكز عليهم القانون الدولي في بنائه[1]. فلقد قامت بالاطاحة بالحكومات التي تقف بالضد منها. وان الانقلاب الذي حصل في تشيلي عام 1973 والاطاحة بحكومة "السلفادور الليندي" انذاك خير مثال على ذلك. فلقد قامت شركة (I.T.T) بالتدخل مباشرة فساعدت المعارضة وأطاحت بالحكومة في تشيلي لان الاخيرة قامت باصدار قرارات امميت بموجبها حصص الشركات متعددة الجنسية في البلاد.[2]

ومن الوان التدخل المباشر الاخرى مدها للحركات الانفصالية بالدعم المالي فلقد قامت شركة مناجم الماس "Debeers" التي تعد اكبر منتج للماس في العالم، بدعمها حركة (يونيتا) الانفصالية التي فرضت سيطرتها على اقليم (كانتغا) في انغولا، حيث تم ابرام اتفاق بين شركة "Debeers" وبين حركة يونيتا الانفصالية مفاده وصول تلك الحركة الى السلطة مقابل تمكين هذه الشركة من السيطرة على انتاج الماس الانغولي[3].

---

[1] للمزيد عن مبدا عدم التدخل انظر د.محمد طلعت الغنيمي، مصدر سابق، ص329 كذلك انظر د. عامر الجومرد/ تدخل الامم المتحدة في شؤون الدول، مجلة الرافدين للحقوق العدد (7) كلية القانون-جامعة الموصل، 1997، ص113 وما بعدها.

[2] انظر مايكل تانزر واخرون، مصدر سابق، 207-208، محمد صبحي الاتربي، مدخل الى دراسة الشركات الاحتكارية المتعددة الجنسيات، مصدر سابق، ص13. كذلك انظر بنفس المعنى، ناطق شاكر محمود، الشركات متعددة الجنسية ودورها الاستغلالي في نهب ثروات الشعوب، ط1، وزارة الثقافة والاعلام /السلسلة الاقتصادية(13)، بغداد، 1981، ص18. أنظر د. حسني الجمل، مصدر سابق ص157.

[3] انظر زكي العبيدي/ الحروب المتغيرة والعولمة/ مجلة الانساني، العدد(11) اللجنة الدولية للصليب الاحمر، جنيف، 2000، ص19.

ولم تكن شركة (Unocal) افضل من سابقتها فلقد عملت هذه الشركة مع شركة "Totals.A" على انتهاكات حقوق الانسان بالتعاون مع الحكومة في بورما. فلقد عانى الشعب البورمي كثيرا من عمليات التعذيب والاعتداء والاغتصاب وفقدان البيوت والممتلكات واعمال السخرة وغيرها من خروقات حقوق الانسان التي قام بها الجيش البورمي بدعم شركتي(Unocal) و"Totals.A" حيث قامتا بتقديم الدعم المالي للجيش البورمي[1] ولا يفرق الامر بالنسبة لما قامت به شركات "Citiyroup, UBS and Credit Suisse for The Blood and Misery" في جنوب افريقيا.[2]

هذه الاعمال التي قامت بها الشركات متعددة الجنسية تخالف ما نصت عليه المواثيق والاتفاقيات الدولية الخاصة بحقوق الانسان من ان كل شعب له الحق في تقرير مصيره ولا يحق لاي جهة خارجية فرض ارادتها عليه او تعكير صفو الحياة السياسية فيه او تنمية النزاعات العرفية والدينية فيه او اللجوء الى اساليب واشكال من شأنها زعزعة الاستقرار السياسي والاقتصادي داخل البلد. ولقد نصت المادة (5) من الاعلان العالمي لحقوق الانسان على "لايعرض أي انسان للتعذيب ولا للعقوبات او المعاملات القاسية أو الوحشية أو المحطة بالكرامة "[3] كذلك فقد ذهبت المادة (3) من اعلان قواعد مسؤولية الشركات متعددة الجنسية الذي جاءت به اللجنة الفرعية لتعزيز حقوق الانسان الى ان "على الشركات عبر الوطنية وغيرها من مؤسسات الاعمال الا ترتكب او تستغل جرائم الحرب او الجرائم المرتكبة ضد الانسانية او جرائم الابادة الجماعية والتعذيب والاختفاء القسري والسخرة او العمل القسري واخذ الرهائن والاعدام خارج نطاق القضاء او الاعدام

---

[1] Celia Wells and juanitu Elius, op, cit. p4.

[2] Ibid. p.4. Saman Zia- Zarifi, op, cit, p2.

[3] انظر م(5)من الاعلان العالمي لحقوق الانسان والمادة (7) من العهد الدولي الخاص بالحقوق المدنية والسياسي والمادة (3) من الاتفاقية الاوربية لحقوق الانسان والمادة (5) من الاتفاقية الامريكية لحقوق الانسان والمادة (5) من الميثاق الافريقي لحقوق الانسان والشعوب كذلك انظر المادة (5) من اعلان القاهرة عن حقوق الانسان والذي اقره المؤتمر الاسلامي التاسع لوزراء الخارجية

باجراءات موجزة او الاعدام التعسفي، وغير ذلك من انتهاكات القانون الانساني والجرائم الدولية الاخرى التي ترتكب ضد الانسان على نحو ما حدده القانون الدولي، وبوجه خاص حقوق الانسان والقانون الانساني"[1].

ان نشاط الشركات متعددة الجنسية لم يتوقف عند ما ذكرناه سابقا بل شمل البيئة ايضا، فالشركات تمتلك تكنولوجيا متطورة وتعمل في صناعة اسلحة جرثومية وغير جرثومية فنشاطها شمل اذن تصنيع الاسلحة وتسويقها وتصنيع الاسلحة السامة المستخدمة في النزاعات المسلحة سواء كانت هذه النزاعات داخلية ام دولية.[2] في حين ان المادة (14) من اعلان قواعد مسؤولية الشركات متعددة الجنسية قد نصت على "تضطلع الشركات عبر الوطنية وغيرها من مؤسسات الاعمال بانشطتها وفقا للقوانين واللوائح التنظيمية والممارسات الادارية والسياسات الوطنية فيما يتصل بالحفاظ على البيئة في البلدان التي تعمل فيها، كذلك وفقا للاتفاقات والمبادئ والاهداف والمسؤوليات والمعايير الدولية ذات الصلة بالبيئة فضلا عن حقوق الانسان والصحة العامة والسلامة العامة واخلاقيات علم الاحياء ومبدا الحيطة، وتنفيذ انشطتها بشكل عام على نحو يسهم في بلوغ الهدف الاوسع نطاقا المتمثل في تحقيق التنمية المستدامة"[3].

وفي "القمة العالمية للتنمية المستدامة" اتهم انصار البيئة الشركات متعددة الجنسية بانها تهدف الى تحقيق الربح حتى لو أدى ذلك إلى الإضرار بالبيئة وتوصلوا الى ان مشاركة الشركات بجانب الحكومات في هذه القمة يعطي الدليل على أنها تسعى نحو تغليب مصالحها عن الاهداف البيئية واهداف التنمية المستدامة في الدول التي تعمل فيها. وطالب انصار البيئة بضرورة التوصل إلى صيغة اتفاق

---

[1] انظر اعلان القواعد المتعلقة بمسؤوليات الشركات عبر الوطنية وغيرها من مؤسسات الاعمال، مصدر سابق، ص3.

[2] David Baigun/ criminal responsibility of transnational Corporation

بحث مسحوب من الانترنت على الموقع http://www.cetim.ch/active/activeny.htm ص4

[3] انظر الاعلان المتعلق بقواعد المسؤولية للشركات عبر الوطنية وغيرها من مؤسسات الاعمال، مصدر سابق، ص11.

دولي يمكن من خلاله مساءلة الشركات متعددة الجنسية اذا ما قامت بانشطة من شـأنها الأضرار بالبيئة أو بالتنمية المستدامة على اعتبار ان هذه الشركات تملك ميزانية تفوق العديد مـن ميزانيـة الـدول النامية الامر الذي يضعف كثيرا موقف الدول النامية ازاء هذه الشركات[1].

ان قوة ممثلي الشركات متعددة الجنسية ووقوفها في مرتبة واحدة مع ممثلي الحكومات في التمثيل في المؤتمرات الدولية يعطي الدليل على ان تلك الشركات بدأت تتصرف عـلى اعتبـار انهـا وحدات مستقلة حالها حال الوحدات الدولية الاخرى. وهذا يعني انها بدأت تتبوأ مركزا دوليا مميزا يميزها عـن بقية الاشخاص القانونية الخاصة وليجعل منها وحدات دولية يمكن اخضاعها لقواعد القانون الدولي العـام، اذ يمكن لقواعده ان تخاطبها بصورة مباشرة.

وفي معرض الكلام عن انتهاكات الشركات متعددة الجنسية لحقوق الانسان فان اثاره "مسؤولية الشركات متعددة الجنسية" في غاية الاهمية. اذا ما عرفنا ان الاتحاد الاوربي قد اكد ضرورة تبني "القمـة العالمية للتنمية المستدامة" نصا يدعو الى "مساءلة الشركات"[2] فهناك عدة اسئلة تطرح نفسها عـلى الواقع من بينها واهمها: هل يمكن اثارة مسؤولية الشركات متعددة الجنسية؟ وما هـو نطـاق هـذه المسؤوليـة؟ وهل يمكن اخضاعها للقانون الداخلي ام الدولي؟ واذا امكن اخضاعها للقانون الدولي العام فمن هي الجهة المختصة في تحديد مسؤولية الشركات متعددة الجنسية؟ وما هـو المعيار الـذي يمكـن الاخـذ بـه لتحديد المسؤولية؟ أي ما هو الحد الادنى الذي بتوافره تنهض مسؤولية الشركات متعددة الجنسية؟

---

[1] انظر مها سراج الدين كامل/ القمة العالمية للتنمية المستدامة رؤية تحليلية، مجلـة السياسـة الدوليـة، العـدد(105)، مؤسسـة الاهرام، القاهرة، 2002، ص262. كذلك أنظر المبدأ السادس من شرعة مبادئ لرجـال الاعمـال ومؤسسـاتهم والخـاص بالبيئة مسحوب من الانترنت على الموقع http://www.caurroundable.org ص4

[2] انظر مها سراج الدين كامل، المصدر السابق، ص262

ان الذي يحرك المسؤولية الدولية تجاه الشركات متعددة الجنسية هو ارتباكها لتصرفات وافعال يحرمها القانون الدولي العام، ويوقع على مرتكبها الجزاء،ومن هذه الجرائم جرائم ابادة الجنس البشري والاعتداء على حقوق الانسان وحرياته الاساسية. وفي الامثلة السابقة وجدنا ان شركات (Unocal) و"Totals.A" و "Debeers" وغيرها قد قامت بمثل هذه الافعال اذ انها ساعدت الاطراف المتنازعة في بورما وانغولا وجنوب افريقيا وغيرها عن طريق مدهم بالاسلحة والاموال التي أدت الى تشريد الاف من ابناء شعوب تلك الدول، فقد ذهبوا ضحية التعذيب واعمال السخرة والاغتصاب وفقدان الاموال والممتلكات والقتل الجماعي وغيرها من الاعمال الوحشية التي يحرمها القانون الدولي العام.

وقواعد المسؤولية الدولية عموما ما زال ينتابها بعض الغموض والابهام وخاصة في بعض الميادين والسبب في ذلك ان الالتزامات الدولية وخاصة تلك التي أوجدها العرف ومبادئ القانون العامة ما زالت غامضة ولاتوجد طريقة محددة لتوضيحها[1]. غير ان الكتاب والباحثين قد عملوا على وضع مجموعة من الدراسات لتحديد مسؤولية الشركات متعددة الجنسية وفي مقدمة ما توصلوا اليه انه لا يمكن اخضاع تلك الشركات للقضاء الوطني لاي دولة لان مساءلة هذه الشركات بالاعتماد على التشريع والقضاء الوطني لا يلقى استجابة دولية[2].

اذن لا بد من صياغة معاهدة دولية يحدد بمقتضاها الاطر القانونية الدولية لمساءلة الشركات متعددة الجنسية عن انتهاكات حقوق الانسان وفي حالة وضع

---

[1] انظر د.محمد حافظ غانم/ المسؤولية الدولية: دراسة لاحكام القانون الدولي وتطبيقاتها التي تهم الدول العربية، محاضرات القاها على طلبة قسم الدراسات القانونية بمعهد الدراسات العربية العالمية، جامعة الدول العربية، 1962، ص7.

[2] Celia wells and Juantia Elias, op, cit,P4

كذلك انظر Francois Rigaux, An International Criminal Court for Transnational Corporations بحث مسحوب من الانترنت على الموقع http://www.cetim.ch/activ/actieny.htm ص1-3 كذلك انظر:.David Baigun, op, cit, P3

معاهدة دولية ملزمة، لضمان محاسبة الشركات، فان هذه المعاهدة يجب ان تحتوي على محورين:

**الاول:** يتعلق بتحديد مبادئ مسؤولية الشركات متعددة الجنسية.

**الثاني:** يتعلق بتحديد اركان وعناصر الجريمة [1].

ويذهب البعض الى امكانية اخضاع الجرائم التي ترتكب ضد حقوق الانسان وضد القانون الدولي الانساني للمحكمة الجنائية الدولية، اذ ان مسودة النظام الاساسي للمحكمة تحتوي على عبارات يمكن من خلال اعتمادها توسيع السلطة القضائية للمحكمة الجنائية الدولية لتشمل الشركات متعددة الجنسية.[2]

غير ان هناك من يرى ان النظام الاساسي للمحكمة الجنائية الدولية لا تحتوي على نصوص تتعلق بالحقوق الاقتصادية والاجتماعية والثقافية، لهذا فانه لا يمكن والحالة هذه شمول صلاحياتها لنشاط الشركات متعددة الجنسية، وهذا مرده الى انه لا توجد في نصوصه عبارات تشمل الاشخاص غير الطبيعيين او حتى ارتكاب الاشخاص الطبيعيين جرائم ضد الحقوق الاقتصادية والاجتماعية والثقافية وبالتالي والحالة هذه عدم اخضاع جرائم الشركات لان تنظرها المحكمة الجنائية الدولية.[3]

غير انه يمكن استشفاف اثارة المسؤولية الدولية تجاه الشركات متعددة الجنسية في نص المادة (16) من اعلان القواعد المتعلقة بمسؤولية الشركات متعددة الجنسية فلقد نصت هذه المادة على "تخضع الشركات عبر الوطنية وغيرها من مؤسسات الاعمال لعمليات المراقبة وتحقق دورية من جانب الامم المتحدة واليات

---

[1] Celia wells and Juantia Elias, op, cit,P4.

[2] انظر .Ibid. p5، كذلك حول المحكمة الجنائية الدولية للشركات متعددة الجنسية انظر .Francois Rigaux, op, cit, p 1-3

[3] Human Rights sub-commission, transnational corporations and legal aspects

بحث مسحوب من الانترنت على الموقع www.human-tor.orgt p4 كذلك انظر

Transnational corporations and human rights

بحث مسحوب من الانترنت على الموقع www.niwi.knaw.n1/en/oc/noderzek/ond. p3

دولية ووطنية اخرى سواء كانت قائمة بالفعل او سيتم انشاؤها فيما يتعلق بتطبيق هذه القواعد وتكون عملية المراقبة هذه شفافة ومستقلة وتأخذ في الاعتبار المساهمات التي يقدمها اصحاب الشأن (بمن فيهم المنظمات غير الحكومية) وتكون نتيجة شكاوى تتعلق بخرق لهذه القواعد. وعلاوة على ذلك، يجب ان تكون الشركات عبر الوطنية وغيرها من مؤسسات الاعمال بعمليات تقييم دورية لما لانشطتها من تأثير في حقوق الانسان في اطار هذه القواعد"[1].

اذن يمكن القول إن أساس مسؤولية الشركات متعددة الجنسية ينجم من حق تلك الشركات في ممارسة انشطتها، فممارسة الحق يقابله الامتناع عن الاضرار بالغير. وحيث ان الشركات تضر- بالغير اثناء ممارستها لحقها -انشطتها المختلفة- فان المسؤولية تبرز هنا لتحديد ماهية الحق الذي تتمتع به هذه الشركات.

وفيما يتعلق بنوعية المسؤولية فانها تكون دولية، لان الشركات متعددة الجنسية اصبحت تتمتع وخاصة في ظل العولمة بمركز قانوني دولي متميز واضحت تمتلك مقومات التمتع بالشخصية الدولية وبالتالي فان رفع دعوى المسؤولية الدولية تجاه الشركات امر لا مناص منه على اساس عولمة المسؤولية الدولية للشركات متعددة الجنسية.

اما بالنسبة لنطاق مسؤولية الشركات متعددة الجنسية فانه يمتد ليشمل كل انواع النشاطات التي تمارسها هذه الشركات دون استثناء ما دامت تبغي من وراء ذلك الربح، لهذا فان تحديد معالم مسؤوليتها تتطلب ضرورة وضع تقييدات على ارباح الشركات متعددة الجنسية.

وفيما يخص تحديد الحد الأدنى للقول بوجود امكانية مساءلة الشركات من عدمه فهذا امر مرتبط اساسا بتحديد الجهة التي تنظر في دعوى المساءلة.

اذن تأسيس مسؤولية الشركات متعددة الجنسية عن انتهاكات حقوق الانسان والقانون الدولي الانساني يتطلب قيام الامم المتحدة بوضع مدونة قانونية خاصة

---

[1] انظر اعلان القواعد المتعلقة بمسؤولية الشركات عبر الوطنية وغير ها من مؤسسات الاعمال، مصدر سابق، ص13.

تتعلق باثر انشطة الشركات متعددة الجنسية في حقوق الانسان، ويجب ان تشمل هذه المدونة تحديد الالية القانونية لمنازعات تلك الشركات مع الدول في مجال انتهاكات حقوق الانسان والقانون الدولي الانساني من حيث تحديد المعيار الذي يؤخذ به للقول ان تلك الشركات متورطة بانتهاكات حقوق الانسان والقانون الدولي الانساني وتعيين الجهة التي تنظر في النزاع او في الدعوى التي تبين تورط الشركة في انتهاكات حقوق الانسان والقانون الدولي الانساني، وقد تكون هذه الجهة المحكمة الجنائية الدولية بعد توسيع النصوص او اعادة صياغتها لتشمل الشركات متعددة الجنسية او تشكيل هيئة قضائية مستقلة للنظر في انتهاك الشركات متعددة الجنسية لحقوق الانسان والقانون الدولي للانسان، ويجب ان تكون القرارات الصادرة عن المحكمة ملزمة للشركات متعددة الجنسية.

وهكذا تتضح معالم الصورة الدولية للشركات متعددة الجنسية، فموجة الاندماجات الدولية المتلاحقة التي تشهدها هذه الشركات في ظل العولمة وتكوينها ميزانيات ضخمة وسيطرتها على اسواق المال العالمية وارتكابها انتهاكات خطيرة ضد حقوق الانسان ومدها للاطراف المتحاربة باسلحة ومواد كيمياوية تتنافى ومبادئ القانون الدولي الانساني، وتدخلاتها المتلاحقة في شؤون الدول، كل هذه الامور مجتمعة او فرادى تستدعي وجوب إعادة النظر حول المركز القانوني الحقيقي للشركات متعددة الجنسية، فمن الاجحاف بحق الدول وخاصة الدول النامية منها ترك تنظيم انشطة هذه الشركات للقوانين الداخلية للدول، وحيث ان الاخيرة عاجزة عن تأطير نشاط هذه الشركات ضمن اطار قانوني خاص بها فان نشاطها سوف يكون طليقا وينأى عن كل مراقبة.

ونظرا إلى أن المجتمع الدولي يمر بمرحلة تاريخية عظيمة ممثلة بالعولمة، وان الشركات متعددة الجنسية احدى واهم وسائلها، فان المنطق القانوني يقتضي مواكبة الواقع الفعلي لهذه الشركات ومن ثم اعادة هيكلة مركزها وجعلها تتمتع بمركز قانوني دولي، بدا من الاعتراف لها بشخصية قانونية محدودة مرورا باخضاع افعالها وتصرفاتها للقانون الدولي العام وانتهاءا بتحميلها المسؤولية الدولية

عن الاخطاء والتصرفات الضارة التي ترتكبها وليس أدل من ذلك سـوى الاعـلان المتعلـق بقواعـد مسؤوليات الشركات متعددة الجنسية وغيرها من مؤسسات الاعمال في مجال حقوق الانسان الـذي صـدر عن اللجنة الفرعية لتعزيز وحماية حقوق الانسان التابعة للأمم المتحدة. فهذه القواعد تعد اعترافا ضمنيا من قبل هيئة الامم المتحدة بالمركز القانوني الـدولي للشركات متعـددة الجنسية وبالتـالي الاعـتراف بانهـا شخص من اشخاص القانون الدولي العام له كيانه وطبيعته الخاصة التي تميـزه عـن الوحـدات الاقتصـادية الاخرى.

# المصادر

## أولا: المصادر العربية

### أ: الكتب

1. أمير موسى، حقوق الإنسان: مدخل إلى وعي حقوقي، ط1، مركز دراسات الوحدة العربية، بيروت، 1994.

2. اوردونو، الصراع بين الشركات متعددة الجنسية والدول، ترجمة جورج الراسي، مطبعة الأديب البغدادية، بغداد، 1977.

3. د. اسماعيل صبري عبد الله، العرب والعولمة: العولمة والاقتصاد والتنمية العربية (العرب والكوكبة) بحث مقدم الى ندوة العرب العولمة التي نظمها مركز دراسات الوحدة العربية، بيروت، 1998.

4. بوزويف، الاحتكارات العالمية والسياسة العسكرية، ترجمة فائق ابو الحب، دار التقدم، موسكو، 1984.

5. بول روتيه، التنظيمات الدولية، ترجمة أحمد رضا، دار المعرفة، القاهرة، 1978.

6. بول هيرست وجراهام تومبسون، مسالة العولمة وامكانية التحكم في الاقتصاد الدولي، ترجمة ابراهيم فتحي، المشروع القومي للترجمة، القاهرة، 1999.

7. جوزيف أ. كاميليري، ازمة الحضارة افاق انسانية في عالم متغير، ترجمة د. فيصل السامر، دار الشؤون الثقافية والنشر، بغداد، 1984.

8. جوزيف تشمبرلن، التعاون الدولي وتنظيمه، ترجمة د. عبد الله العريان دار المعرفة، القاهرة، 1961.

9. د. ابراهيم مصطفى مكارم، الشخصية القانونية للمنظمات الدولية، القاهرة، 1979.

10. د. ابو زيد رضوان، القانون التجاري (الشركات التجارية)، القاهرة، 1970.

11. د. احمد فكري سنجر، القانون الدولي الاقتصادي، ط1، المطبعة الاقليمية بمراكش، مراكش، 1984.
12. د. أحمد محمد محرز، النظام القانوني للخصخصة: تحول القطاع العام الى شركات القطاع الخاص، منشأة المعارف، الاسكندرية، 2003.
13. د. احمد محمد محرز، اندماج الشركات من الجهة القانونية: دراسة مقارنة، منشأة المعارف، الاسكندرية، بدون سنة طبع.
14. د. عبد الستار كاظم الطائي، العولمة واثرها في نقل التكنولوجيا في الوطن العربي، بحث مقدم الى ندوة العولمة واثارها على الاقتصاد العربي، ج5، بيت الحكمة، بغداد، 2002.
15. د. الشافعي محمد البشير، المنظمات الدولية، منشاة المعارف، الاسكندرية، 2003.
16. د. انس السيد عطية سليمان، الضمانات القانونية لنقل التكنولوجيا الى االدول النامية والمشروعات التابعة لها: دراسة في الاطار القانوني للنظام التكنولوجي الدولي السائد، دار النهضة العربية، القاهرة، 1996.
17. د. باسم محمد صالح، د.عدنان احمد ولي العزاوي، القانون التجاري (الشركات التجارية) جامعة بغداد، بغداد، 1989.
18. د. حازم حسن جمعة، الحماية الدبلوماسية للمشروعات المشتركة، ط2، مصر الجديدة، 1981.
19. د. حامد سلطان، د. عائشة راتب، د. صلاح الدين عامر، القانون الدولي العام، ط 3، دار النهضة العربية، القاهرة، 1984.
20. د. حامد سلطان، احكام القانون الدولي في الشريعة الاسلامية، القاهرة، 1970.
21. د. حامد سلطان، القانون الدولي العام وقت السلم، دار النهضة العربية، القاهرة، 1975.

22. د. حسام الدين عبد الغني الصغير، النظام القانوني لاندماج الشركات، ط1، دار الثقافة للطباعة والنشر، القاهرة، 1987.

23. د. حسام عيسى، الشركات المتعددة القوميات، المؤسسة العربية للدراسات والنشر، بيروت، بدون سنة طبع.

24. د. حسام عيسى، مشروع القانون المصري لتنظيم نقل التكنولوجيا، دراسة نقدية، القاهرة، 1988.

25. د. حسن الجلبي، القانون الدولي العام، ج1، مطبعة شفيق، بغداد، 1964.

26. د. حسن الهداوي، الجنسية ومركز الاجانب واحكامهما في القانون العراقي، ط3، مطبعة الارشاد، بغداد، 1972.

27. د. حسن حنفي. د.صادق جلال العظم، ما العولمة؟ ط1، دار الفكر، دمشق، 1999.

28. د. حسين عمر، المنظمات الدولية والتطورات الاقتصادية الحديثة، ط2، دار المعارف بمصر، القاهرة، 1968.

29. د. حكمت شبر، القانون الدولي العام: دراسة مقارنة بين الفقه الاشتراكي والرأسمالي، ج1، مطبعة دار السلام، بغداد، 1975.

30. د. ريتشارد هيجوت/ العولمة والاقلمة: اتجاهان جديدان في السياسات العالمية، ط1، مركز الامارات للدراسات والبحوث الاستراتيجية، ابو ظبي، 1998.

31. د. ريمون حداد، العلاقات الدولية، ط1، دار الحقيقة، بيروت، 2000.

32. د. سرمد كوكب الجميل، نظرية الاعمال المالية المعاصرة، ط1، الحامد للنشر والتوزيع، عمان، 2001.

33. د. سعد غالب ياسين، الادارات الدولية "مدخل استراتيجي"، ط1، دار اليازوري العلمية للتوزيع والنشر، عمان، 1999.

34. د. سميحة القليوبي، مبادئ القانون التجاري، مركز كومبيوتر كلية الصيدلة-جامعة القاهرة، 1993.

35. د. سيار الجميل، العولمة والمستقبل: استراتيجية تفكير من اجل العرب والمسلمون في القرن الحادي والعشرين، ط1،الاهلية للنشر والتوزيع، عمان، 2000.
36. د. طرح البحور علي حسون فرج، تدويل العقد، منشأة المعارف، الاسكندرية، 2000.
37. د. طعيمة الجرف، نظرية الدولة والاسس العامة للتنظيم السياسي، مكتبة القاهرة الحديثة، 1965.
38. د. عائشة راتب، المنظمات الدولية، القاهرة، 1964.
39. د. عبد الباري احمد عبد الباري، التاميم واثاره في القانون الدولي العام مطابع حمزة الصناعية، القاهرة، 1972.
40. د. عبد الحسين القطيفي، في اصول القانون الدولي العام، ج1، مطبعة العاني، بغداد، 1970.
41. د. عبد الحي يحيى زلوم/ نذر العولمة: هل بوسع العالم ان يقول لا للراسمالية المعلوماتية، عمان، 1999.
42. د. عبد القادر محمد فهمي، النظام السياسي الدولي: دراسة في الاصول النظرية والخصائص المعاصرة, دار الشؤون الثقافية العامة، بغداد، 1995.
43. د. عبد الكريم بكار/العولمة: طبيعتها - وسائلها - تحدياتها - التعامل معها، ط1، دار الاعلام للنشر والتوزيع، عمان، 2000.
44. د. عبد المجيد العبدلي، قانون العلاقات الدولية، ط2، اوريس للطباعة، تونس، 2000.
45. د. عبد الواحد محمد الفار، احكام التعاون الدولي في مجال التنمية الاقتصادية، عالم الكتب، القاهرة، بدون سنة طبع.
46. د. عدنان نعمة، السيادة في ضوء التنظيم الدولي المعاصر، بيروت، 1978.
47. د. عصام العطية، القانون الدولي العام، ط6، دار الكتب للطباعة والنشر، بغداد، 2001.

48. د. علي صادق ابو هيف، القانون الدولي العام، ج1، ط12، منشاة المعارف الاسكندرية، بدون سنة طبع.

49. د. عماد محمد علي العاني، اندماج الاسواق المالية الدولية: اسبابه وانعكاساته على الاقتصاد الدولي، ط1، بيت الحكمة، بغداد، 2002.

50. د. غازي حسن صباريني، الوجيز في حقوق الانسان وحرياته الاساسية، ط1، مكتبة الثقافة للنشر والتوزيع، عمان، 1997.

51. د. فؤاد عبد المنعم رياض، الوسيط في الجنسية ومركز الاجانب، ط5، دار النهضة العربية، القاهرة 1988.

52. د. فؤاد عبد المنعم رياض، مبادئ القانون الدولي الخاص في القانونين المصري والبناني، ج1، بيروت، 1969.

53. د. فؤاد مرسي، الراسمالية تجدد نفسها، عالم المعرفة، الكويت، 1990.

54. د. فائز محمد علي، الشركات الراسمالية الاحتكارية والسيطرة على اقتصاديات البلدان النامية، دار الرشيد للنشر، بغداد، 1979.

55. د. فاضل حمه صالح الزهاوي، المشروعات المشتركة وفقا لقوانين الاستثمار، جامعة صلاح الدين، اربيل، 1990.

56. د. فخري رشيد مهنا، فكرة الشخصية القانونية والاهلية القانونية للمنظمة الدولية، مجلة جامعة صدام، المجلد الثاني، العدد (2)، جامعة صدام، بغداد، 1998.

57. د. فرناندو سيكويرا، معركة سياتل التي انقذت العالم، بحث مقدم الى ندوة (من اجل عالم عادل وتقدم دائم) نظمتها بيت الحكمة من 5-7 اذار، بيت الحكمة بغداد، 2000.

58. د. كامل ابو صقر، العولمة التجارية والادارية والقانونية، رؤية اسلامية، ط1، دار الوسام، بيروت، 2000.

59. د. كريمة عبد الرحيم حسن، منظمة الوحدة الافريقية: دراسة في المرحلة التاسيسية والشخصية القانونية، دار الكتب للطباعة والنشر، بغداد، 1987.

60. د. كمال مجيد، العولمة والديمقراطية: دراسة لاثر العولمة على العـالم والعراق، ط 1، دار الحكمـة، لندن، 2000، ص80.

61. د. لطيف جبر كو ماني، القانون التجاري، ط1، مطبعة الانتصار، الجامعة المفتوحة، طرابلس، 1993.

62. د. مازن الرمضاني، السياسة الخارجية: دراسة نظرية، مطبعة دار الحكمة، بغداد، 1991.

63. د. محسن شفيق، الوسيط في القانون التجاري المصري، ج1، ط3، النهضة المصرية، القاهرة، 1957.

64. د. محسـن شـفيق، نقل التكنولوجيـا مـن الناحيـة القانونيـة، مطبعـة جامعـة القاهرة والكتـاب الجامعي، القاهرة، 1984.

65. د. محمد إبراهيم فضة، مشكلات العلاقات الدولية: دور الشركات العالميـة في السياسـة الخارجيـة، ط1، مطابع الجمعية العلمية الملكية، عمان، 1981.

66. د. محمد السعيد الدقاق، القانون الدولي (المصادر-الاشخاص)، ط1، الـدار الجامعيـة، بـيروت، 1981.

67. د. محـمد السعيد الدقاق، المنظمات الدوليـة (العالميـة والاقليميـة) مؤسـة الثقافة الجامعيـة، الاسكندرية، 1978.

68. د. محمد السعيد الدقاق، د.مصطفى سلامة حسين، التنظيم الدولي، ج1 (الاشخاص) دار المطبوعات الجامعية، الإسكندرية، 1997.

69. د. محمد السيد سعيد، الشركات عابرة القومية ومستقبل الظاهرة القومية، عالم المعرفة، الكويت، 1986.

70. د. محمد حافظ غانم/ المسؤوليـة الدولية: دراسة لاحكـام القانون الـدولي وتطبيقاتهـا التـي تهـم الدول العربية، محاضرات القاها على طلبة قسم الدراسات القانونية بمعهد الدراسات العربية العالمية، جامعة الدول العربية، 1962.

71. د. محمد حافظ غانم، المنظمات الدولية، دار النهضة العربية، القاهرة، 1958.

72. د. محمد سامي عبد الحميد، أصول القانون الدولي العام، ج1، (الجماعة الدولية)ط5، 1989.

73. د. محمد سامي عبد الحميد، العلاقات الدولية: مقدمة لدراسة القانون الدولي العام، الدار الجامعية، بيروت، بدون سنة طبع.

74. د. محمد سامي عبد الحميد، د.مصطفى سلامة حسين، القانون الدولي العام، الدار الجامعية، بيروت، 1988.

75. د. محمد شوقي شاهين، الشركات المشتركة: طبيعتها واحكامها في القانون المصري والقانون المقارن، من دون ناشر، بدون سنة طبع.

76. د. محمد صبحي الاتربي، مدخل الى دراسة الشركات الاحتكارية المتعددة الجنسية، دار الثورة للصحافة والنشر، بغداد، 1977.

77. د. محمد طلعت الغنيمي، الاحكام العامة في قانون الامم (قانون السلام)، منشاة المعارف، الاسكندرية، 1970.

78. د. محمد طلعت الغنيمي، الغنيمي في التنظيم الدولي، منشاة المعارف، الاسكندرية، 1974.

79. د. محمد طلعت الغنيمي، الوجيز في التنظيم الدولي( النظرية العامة)، ط 3، منشأة المعارف، الاسكندرية، 1973.

80. د. محمد طلعت الغنيمي، شرط التحكيم في اتفاقيات البترول:بحث مقدم الى مؤتمر البترول العربي الثالث، الاسكندرية، 1961.

81. د. محمد كامل ياقوت، الشخصية الدولية في القانون الدولي العام والشريعة الاسلامية، ط1، دار الهنا للطباعة، القاهرة، 1971.

82. د. محمد مغربي، السيادة الدائمة على مصادر النفط: دراسة في الامتيازات النفطية في الشرق الأوسط والتغيير القانوني، ط1، دار الطليعة للطباعة والنشر بيروت، 1973.

83. د. محمد يوسف علوان، النظام القانوني لاستغلال النفط في الاقطار العربية: دراسة في العقود الاقتصادية الدولية، ط1، الكويت، 1982.
84. د. محمود مختار بريري، الشخصية المعنوية للشركة التجارية، دار الفكر العربي 1985.
85. د. مصطفى سلامة حسين، التنظيم الدولي للشركات متعددة الجنسية، دار النهضة العربية، القاهرة، 1982.
86. د. مفيد محمود شهاب، المنظمات الدولية، ط2، دار النهضة العربية، القاهرة، 1974.
87. د. هشام خالد، جنسة الشركة، دراسة مقارنة، دار الفكر الجامعي، الاسكندرية، 2000.
88. د. هشام علي صادق، الحماية الدولية للمال الاجنبي، الدار الجامعية، بيروت، بدون سنة طبع.
89. د. هناء عبد الغفار، الاستثمار الاجنبي المباشر والتجارة الدولية (الصين انموذجا)، بيت الحكمة، بغداد، 2000.
90. د. يحيى الجمل، الاعتراف في القانون الدولي العام، دار النهضة العربية، القاهرة، 1963.
91. دانيال كولار والعلاقات الدولية، ترجمة د.خضر حضر، دار الطليعة للطباعة والنشر بيروت، 1977.
92. روبرت ب.رايش، اقتصاد الامم وراسمالية القرن الحادي والعشرين ترجمة سمية شعبان، ط1، الجمعية المصرية لنشر المعرفة والثقافة العالمية، القاهرة، 1999.
93. سليمان صالح الغويل/ الدولة القومية: دراسة تحليلية مقارنة، ط3، المركز العالمي لدراسات وابحاث الكتاب الاخضر، طرابلس، 1989.
94. سمير كرم، الشركات متعددة الجنسية: بحث عام، ط1، معهد الانماء العربي، بيروت، 1976.

95. عوني محمد الفخري، التنظيم القانوني للشركات متعددة الجنسية والعولمة، ط1، بيت الحكمة، بغداد، 2002.

96. كامل عبد الحسين البلداوي، دمج وتحويل الشركات – دراسة في التشريع العراقي، مجلة اداب الرافدين، تصدرها كلية الاداب، جامعة الموصل، العدد 19، 1989.

97. كوفي عنان/ منع اندلاع الحروب وانتفاء الثروات تحد عالم متنامي (التقرير السنوي عن اعمال المنظمة) 1999.

98. مايكل تانزر واخرون، من الاقتصاد القومي الى الاقتصاد الكوني: دور الشركات متعددة الجنسية، ترجمة، عفيف الرزاز، ط1، مؤسسة الابحاث العربية، بيروت، 1981.

99. محمد الأطرش، العرب والعولمة ما العمل؟، مجلة المستقبل العربي، العدد 229، مركز دراسات الوحدة العربية، بيروت، 1998.

100. محمد السيد سعيد، الشركات متعددة الجنسية وآثارها الاقتصادية والاجتماعية والسياسية، الهيئة المصرية العامة للكتاب، القاهرة، 1978.

101. محمد عبد الرحمن، اثر الشركات المتعددة الجنسية على التنمية والعلاقات الدولية ( تقرير مجموعة كبار خبراء الامم المتحدة )، سلسلة الفكر الاداري المعاصر (44)، مطابع سجل العربي، بدون سنة طبع.

102. ناطق شاكر محمود، الشركات متعددة الجنسية ودورها الاستغلالي في نهب ثروات الشعوب، ط1، وزارة الثقافة والاعلام /السلسلة الاقتصادية(13)، بغداد، 1981.

103. نغم حنا رؤوف ننيس، النظام القانوني لزيادة راس مال الشركة المساهمة، سلسلة الرسائل القانونية، ط1، الدار العلمية الدولية ودار الثقافة للنشر والتوزيع، عمان، 2002.

104. يحيى اليحياوي، العولمة:أي عولمة؟ افريقيا الشرق، بيروت، 1999.

ب: الدوريات

1. بهجت محمد ابو النصر، التحول في دور الدولة واعادة اكتشاف الحكومة، مجلة الوحدة الاقتصادية العربية، العدد (24)، تصدر عن الامانة العامة لمجلس الوحدة الاقتصادية العربية، 1987.

2. جلال أمين/ العولمة والدولة/ مجلة المستقبل العربي، العدد (228)، مركز دراسات الوحدة العربية، بيروت، 1998.

3. حسن زكريا، السيادة على المصادر الطبيعية والسعي لنظام إقتصادي عالمي جديد، مجلة النفط والتعاون العربي، المجلد السادس، العدد (3)، منظمة الأقطار العربية المصدرة للنفط، 1980.

4. خالد عبد العزيز الجوهري، الاندماج ما بين الظاهرة والهوس، مجلة السياسة الدولية، العدد 140، مؤسسة الاهرام، القاهرة، 2000.

5. د. اسعد جواد العطار و د. أمين سلام، مشكلات نقل التكنولوجيا ودور المشروعات العربية المشتركة في مواجهتها، مجلة الخليج العربي، المجلد (13)، العدد(3)، مركز دراسات الخليج العربي بجامعة البصرة، البصرة، 1981.

6. د. إسماعيل صبري عبد الله، الكوكبة: الرأسمالية في مرحلة ما بعد الامبريالية، مجلة المستقبل العربي، عدد (222)، مركز دراسات الوحدة العربية، بيروت، 1997.

7. د. اسكندر النجار، الشركات متعددة الجنسية ودورها في التنمية الاقتصادية، مجلة العلوم الاجتماعية، العدد الاول، جامعة الكويت، 1976.

8. د. حسني الجمل، الخطورة الدولية للشركات متعددة الجنسية، مجلة السياسة الدولية العدد (34)، مؤسسة الأهرام، القاهرة، 1973.

9. د. سامي السعد، مبدا السيادة في القانون الدولي العام، مجلة القانون المقارن، العدد (5)، 1972.

10. د. رسلان خضور، د.سمير ابراهيم حسن، مستقبل العولمة: قضايا راهنة، العدد (7)، المركز العربي للدراسات الاستراتيجية، دمشق، 1998.

11. د. سامي عفيفي حاتم، مركز الشركات متعددة الجنسية في الاقتصاد العالمي والاخطار السياسية التي تتعرض لها في الدول النامية، مجلة النفط والتعاون العربي، المجلد (12)، العدد (2)، الكويت، 1986.

12. د. سميحة السيد فوزي، ظاهرة الشركات دولية النشاط والدول النامية، مجلة مصر- المعاصرة، العددان (415، 416)، الجمعية المصرية للاقتصاد السياسي والاحصاء والتشريع، القاهرة، 1989.

13. د. شريف محمد غنام، مدى مسؤولية الشركة الام الاجنبية عن ديون شركاتها الوليدة المصرية" دراسة في بعض جوانب الافلاس الدولي لمجموعة الشركات متعددة الجنسيات" , مجلة الحقوق، السنة السابعة والعشرون، العدد الاول، مجلس النشر العلمي-جامعة الكويت، الكويت، 2003.

14. د. صادق جلال العظم، نقد لمواقف المفكرين العرب، مجلة وجهات نظر، العدد 10، دمشق، 1999.

15. د. عامر الجومرد/ تدخل الامم المتحدة في شؤون الدول، مجلة الرافدين للحقوق العدد (7) كلية القانون-جامعة الموصل، 1997.

16. د. عامر الجومرد، السيادة، مجلة الرافدين للحقوق، العدد(1) كلية القانون –جامعة الموصل، 1996.

17. د. عبد الباري احمد عبد الباري، اتفاقيات الامتياز البترولي بين القانون الدولي والقوانين الداخلية، مجلة الادارة والاقتصاد، العدد (6)، تصدرها جامعة الملك عبد العزيز، 1978.

18. د. عبد الهادي علي النجار، الشركة دولية النشاط في العلاقات الاقتصادية الدولية مع الاشارة الى الاقتصاد المصري، مجلة مصر المعاصرة، العدد

(382)، الجمعية المصرية للاقتصاد السياسي والاحصاء والتشريع، القاهرة، 1980.

19. د. عماد الشربيني، موقف المشرع المصري من المشروعات متعددة القوميات، مجلة مصر المعاصرة، العدد (380)، الجمعية المصرية للاقتصاد السياسي والاحصاء والتشريع، القاهرة، 1980.

20. د. غفار عباس كاظم، نقل التكنلوجيا في اطار النظام الاقتصادي الدولي، مجلة الوحدة الاقتصادية العربية، العدد (2)، تصدر عن الامانة العامة لمجلس الوحدة الاقتصادية العربية، 1985.

21. د. فوزي عبد الله العكش، الشركات متعددة الجنسية ودورها في عملية نقل التكنولوجيا، مجلة البحوث الاقتصادية والادارية، العدد(2)، جامعة بغداد، 1981.

22. د. مازن عيسى الشيخ راضي/ العولمة والشركات العالمية والاثر المتبادل الشراع والذراع، مجلة كلية بغداد للعلوم الاقتصادية الجامعة، العدد 4، تصدر عن كلية بغداد للعلوم الاقتصادية الجامعة، بغداد، 2001، ص83.

23. د. محسن شفيق، المشروع ذو القوميات المتعددة، مجلة القانون والاقتصاد، العددان الاول والثاني، مطبعة جامعة القاهرة، 1977.

24. د. محمد السيد سعيد، التبعية والشركات متعددة الجنسية، مجلة المنار، السنة الاولى العدد (3)، دار الفكر العربي للابحاث والنشر، باريس، 1985.

25. د. محمد سعيد نابلسي، المنعكسات السلبية للمتغيرات الدولية على العمالة في الوطن العربي، مجلة البرلمان العربي، السنة (21)، العدد (77)، 2000.

26. د. محمد فتحي صقر، ظاهرة البطالة: الانماط السلوكية للشركات عابرة القوميات وتاثيرها على مستويات التشغيل في الدول النامية، مجلة المنار، العدد (53)، دار الفكر العربي للابحاث والنشر، باريس، 1989.

27. د. محمد يوسف علوان، الاتجاهات الحديثة في العقود الاقتصادية الدولية، مجلة الحقوقي، العددان (3-4) السنة الثامنة، جمعية الحقوقيين، 1976.

28. د. محمد يوسف علوان، القانون الدولي للعقود، مجلة الحقوق والشريعة، العدد(2) السنة الرابعة، تصدر عن كلية الحقوق والشريعة -جامعة الكويت، 1980.

29. د. محمود مرتضى، ظاهرة العولمة وتحديات المستقبل، مجلة الثوابت، العدد 10، صنعاء، 1999.

30. د. هالة مصطفى/ العولمة: دور جديد للدولة، مجلة السياسة الدولية، العدد (134)، مؤسسة الاهرام، القاهرة، 1998.

31. د. وهبي غبريال، البعد السياسي للشركات متعددة الجنسية، مجلة السياسة الدولية، العدد (44) مؤسسة الاهرام، القاهرة، 1976.

32. زكي العبيدي/ الحروب المتغيرة والعولمة/ مجلة الانساني، العدد(11) اللجنة الدولية للصليب الاحمر، جنيف، 2000.

33. الصادق رابح، وسائل الاعلام والعولمة، مجلة المستقبل العربي، العدد(243) مركز دراسات الوحدة العربية، بيروت، 1999.

34. محمد صبحي الاتربي، العمالة والاجور والشركات الاحتكارية متعددة الجنسية، مجلة دراسات عمالية، العدد (5)، المعهد العربي للثقافة العمالية، بغداد، 1979.

35. مها سراج الدين كامل/ القمة العالمية للتنمية المستدامة رؤية تحليلية، مجلة السياسة الدولية، العدد (105)، مؤسسة الاهرام، القاهرة، 2002.

36. نادية الشيشيني، نقل التكنولوجيا والتبعية التكنولوجية في الدول النامية، مجلة العلوم الاجتماعية، المجلد (11)، العدد (4)، جامعة الكويت، الكويت، 1983

37. نايف علي عبيد، العولمة... والعرب، مجلة المستقبل العربي، العدد 211، مركز دراسات الوحدة العربية، بيروت، 1997.

ج: الرسائل و الاطاريح الجامعية

1. محمد عبده سعيد، الشركات متعددة الجنسية ومستقبلها في الدول النامية، رسالة دكتوراه مقدمة الى جامعة عين شمس، كلية الحقوق، 1986.

2. دريد محمود علي السامرائي، النظام القانوني للشركات متعددة الجنسية، رسالة ماجستير، كلية القانون، جامعة بغداد، 1995.

3. طلعت جياد لجي علي الحديدي، مبادئ القانون الدولي العام والعولمة، رسالة ماجستير مقدمة الى كلية القانون، جامعة الموصل، 2001.

4. عماد خليل ابراهيم/ القانون الدولي لحقوق الانسان في ظل العولمة، رسالة ماجستير مقدمة من كلية القانون، جامعة الموصل، 2004.

5. فراس علي حسين عكلة الجبوري، اشخاص القانون الدولي العام في ظل العولمة، رسالة ماجستير، كلية القانون، جامعة الموصل، 2003.

6. قيس حسون الملا، الاثار المحتملة للعولمة واتفاقية الجات على المصارف التجارية العراقية، رسالة دبلوم عالي، كلية الادارة والاقتصاد، جامعة بغداد، 1998.

7. نغم اسحاق زيا، المعاهدات التي تبرمها المنظمات الدولية، رسالة ماجستير مقدمة الى كلية القانون، جامعة الموصل، 2000.

## د: المواثيق والاتفاقيات الدولية

1. ميثاق الامم المتحدة.
2. الاعلان العالمي لحقوق الانسان
3. النظام الاساسي لمحكمة العدل الدولية
4. العهد الدولي الخاص بالحقوق المدنية والسياسية
5. العهد الدولي الخاص بالحقوق الاقتصادية والاجتماعية والثقافية
6. اتفاقية فينا لقانون المعاهدات لعام 1969
7. الاتفاقية الامريكية لحقوق الانسان

8. الاتفاقية الاوربية لحقوق الانسان

9. اتفاقية دول الانديز المتعلقة بتنظيم عمل الشركات المتعددة الجنسية

10. الميثاق الافريقي لحقوق الانسان

11. الميثاق الافريقي لحقوق الانسان والشعوب

12. الاتفاقية رقم (87) المتعلقة بالحريات النقابية لعام 1948

13. الاتفاقية رقم (98) المتعلقة بحق التنظيم والمفاوضات الجماعية لعام 1949

14. اعلان القاهرة عن حقوق الانسان

15. مشروع الميثاق العربي لحقوق الانسان

## ثانيا: المصادر المسحوبة من الانترنيت

1- Christian Aid. The need for legally binding regulation of transnational corporations.

بحث مسحوب من الانترنت على الموقع

http://www.christian aid.org

2- Claude K.Akpokavi, International labor norms and code of conduct for transnational corporations.

مسحوب من الانترنت على الموقع

http://www.cetim.ch/active/activity.htm

3- Da-vid Baigun/ criminal responsibility of transnational Corporation

بحث مسحوب من الانترنت على الموقع

http://www.cetim.ch/active/activeny,htm

4- Francois Rigaux, An International Criminal Court for Transnational Corporations

بحث مسحوب من الانترنت على الموقع

http://www.cetim.ch/activ/actieny.htm

5- Harris Gleckman, UN Center on transnational corporations

مسحوب من الانترنت على الموقع

http://www.pgaconference.org

6- Human Rights sub-commission, transnational corporations and legal aspects

بحث مسحوب من الانترنت على الموقع

http://www.human-tor.org

7- International Labor Norms and Code of Conduct for TNCs

مسحوب من الانترنت على الموقع

http://www.cetimich/activ/activeny.htm

8- Saman zai-Sarifi, Applying International Law to Multinational Corporations

بحث مسحوب من الانترنت على الموقع

http://www.corporatewatch.org

9- Steven R. Ranter, International Law: The Trials of global Norms

بحث مسحوب من الانترنت على الموقع

http://www.ptea-law.org

10- Transnational corporations and human rights

بحث مسحوب من الانترنت على الموقع

www.niwi.knaw.nl/en/os/noderzek/ond1253962

11- Yanuar Nuyroho, The Power of Corporations Towards Good governance

بحث مسحوب من الانترنت على الموقع

http://www.globalpolicy.org

12- اتفاقيات العمل العالمية: اطار الحقوق، بحث مسحوب من الانترنيت على الموقع

http://www.oli.org

13- الاعلان المتعلق بقواعد مسؤوليات الشركات عبر الوطنية وغيرها من مؤسسات الاعمال في مجال حقوق الانسان، مسحوب من الانترنت على الموقع

http://www.umn.edu/humanrts/arab/commentary-aug2003.htm

14- الاعلان المتعلق بقواعد مسؤوليات الشركات عبر الوطنية وغيرها من مؤسسات الاعمال في مجال حقوق الانسان. مسحوب من الانترنت على الموقع

http://www.umn.edu/humanrts/arab/commentary-Any2003.htm

15- انياسيو رامونة، السلطة الخامسة، بحث مسحوب من الانترنت على الموقع

http://www.mifo.gov.ps/12.10.03.htm

16- بال بيير سين، العولمة والشركات متعددة الجنسية تهدد حقوق الانسان، مقال منشور في مجلة البيان ومسحوب من الانترنت على الموقع
http://www.albayan.com

17- برهان غليون/ رهانات العولمة، بحث مسحوب من الانترنت على الموقع
http://www.mafhoum.com

18- جيل كاربونييه، مسئوليات الشركات والمباديء الانسانية.
بحث مسحوب من الانترنيت على الموقع
http://www.icrc.org

19- د.صالح الرقب/ العولمة.
بحث منشور على الانترنت على الموقع
http://www.alima.org/awlama.htm

20- د.محمد شومان، عولمة الاعلام والسيادة الوطنية.
مقال مسحوب من الانترنت على الموقع
http://www.suhuf.net

21- دان غالين، أي حركة نقابية في زمن العولمة.
بحث مسحوب من الانترنت
http://www.maroc.attac.org

22- سعد المتدين، العولمة والدولة القومية اربع طروحات.
بحث مسحوب من الانترنت على الموقع
http://www.fikrwanakd.aljabriabed.com

23- الشركات متعددة الجنسيات ودور الاتحادات المهنية في مواجهة سياستها.
بحث مسحوب من الانترنت على الموقع
http://www.icatu.org/stu/stu06.asp.

24- القرار 8/1999 الصادر من اللجنة الفرعية لتعزيز وحماية حقوق الانسان التابعة للامم المتحدة.
مقال مسحوب من الانترنت على الموقع
http://www.1.umn.edu/humanrts/arab/sub1999.8.htm

25- لانس كومبا، لا بد من الربط بين التجارة الحرة وحقوق الانسان.
بحث مسحوب من الانترنت على الموقع

http://www.alwatan.com

26- للجنة الدولية للصليب الاحمر، المبادئ الاخلاقية التي توجه شراكات اللجنة الدولية للصليب الاحمر مع القطاع الخاص (تحديات جديدة تواجه العمل الانساني في المستقبل) التقرير السنوي 2003.
مسحوب من الانترنت على الموقع

http://www.icrc.org

27- المؤتمر العام العاشر/الوضع النقابي الدولي (1994-1999).
مسحوب من الانترنت على الموقع

http://www.icatu.org/conf.7.htm

28- مامون الباقر، الشركات متعددة الجنسية تلغي نفوذ الدولة القومية.
بحث مسحوب من الانترنت على الموقع

http://www.albayan.ae/servatt

29- منظمة العفو الدولية، طلب مشاركة في رسالة تاييد مشتركة لمسودة المعايير الخاصة بالشركات متعددة الجنسية والمؤسسات التجارية الاخرى.
مسحوب من الانترنت على الموقع

http://ara.ambesty.org

30- شرعة مبادئ لرجال الأعمال ومؤسساتهم والخاص بالبيئة.
مسحوب من الانترنت على الموقع

http://www.caurroundable.org

## ثالثا: المصادر الأجنبية

1. Allain Pellet, La Droit International du Development Mondial Troisiemectude, New York, 1983.
2. B.Madany. Sociétés transnationales et nouvel omer economique, Essai de problematique juridique, these Lyon II, 1982, p.188.
3. Badr Kasme, La Capacite de l'organisation des Nations Unies de conclure des traite's, Paris, 1960.

4.  Behrman, J.N, (Multinational Corporations, Transnational interests and national sovereignty), Columbia Journal of World Business, VOL.4, March, 1969.

5.  Brownlie, L. International Law on the Use of Force by state, Oxford, 1963.

6.  C. A. Michalet, Le Capitalisme Mondial, 2`ed, P.U.F, PARIS, 1985.

7.  Cavare, L. "Droit International Public postitif", 3ed, t1. Paris, 1969.

8.  Cellia Wells and Juanita Elias, Holding Multinational Corporations Accountable for Breaches of Human Rights, Center for business Relationships, Cardiff University, 2004.

9.  De visscher, Theories et Realites en Driot Internatinal, 2ed, Paris.

10. Dunning, j. H, ed., (the multinational enterprise),1ed. London, 1971.

11. Fredman W., The Changing Structure of the international Law. Stevens and Sons, London, 1964.

12. Jean Combacan, Droit International Public, 4e'd, editions Montchrestien, E.J.A. Paris, 1999.

13. Joseph Nisot, Art2 part7 of the United Nations charter, A.J.I.L, vol.43, October 1949.

14. Kanishka Jayasuriya, Globalization, law, and the Transformation of sovereignty: the Emergence of Global Regulatory Governance, Global legal studies Journal, vol.6:425. 1999.

15. Marcel Merle, Firmes multinationals et Relations Internationales, Revue Egyptienne De Droit internationals, Vol.27, 1971.

16. Multinational corporations in world development , United Nations , Department of Economic and Social Affair , St/ECA/190. New York. 1973.

17. Nguyen Quon Dinh. Patrik Dailliar. Allain Pellet, Droit International Public, Librairie General de driot et de jurisprudence, E.J.A. Paris, 1999.

18. Philippe leboulanger, les contrats Enter Etate et Enterprises e'trange'res, Economicay, Paris, 1999.

19. Pierre- Marie Dupuy , Driot International Public. 4e'd, Paris, 1998.

20. Schwarzenberger, Foreign Invesenment and International Law, Steven-London, 1969.

21. UN Transnational Corporations, Vol. 9, No.3, December 2000, P 99-101.

22. UN. The Impact of Multinational corporations on development and world politics. B/5500/Rev./st./ESA/60New York, 1974, p.42.

23. UN.Economic and Social Council, Code of conduct for transnational corporations, E/ CN.4/. sub.2/. 1998/. NGO./ 12.

24. UNCTAD, comparative Experiences with Privatization, United Nations Publication, February, 1996.

25. M. F. Sakr: Foreign direct investment and technology transfer, A case study of Egypt,